高职高专经济管理类规划教材

浙江省高等教育重点建设教材

税务会计实务

Practice of Tax Accounting

梁伟祥 主编　廖翊尧 主审

ZHEJIANG UNIVERSITY PRESS
浙江大学出版社

前　　言

2006年11月16日，教育部发布了《全面提高高等职业教育教学质量的若干意见》[教高(2006)16号]，提出要积极推行订单培养，探索工学交替、任务驱动、项目导向、顶岗实习等有利于增强学生能力的教学模式；要积极与行业企业合作开发课程，建立突出职业能力培养的课程标准，建设融“教、学、做”为一体、强化学生能力培养的优质教材。新的企业所得税法从2008年1月1日起施行，增值税从2009年1月1日起在全国范围内实行转型，由生产型增值税转为消费型增值税，营业税、消费税、出口退税等也有重大变化。税法在变、会计在变，教材也应及时更新。为此，我们组织相关高职院校教师和企业实务人员编写了税务会计教材，并入选浙江省重点教材建设项目(浙教高教[2009]196号)，成为浙江省“十一五”重点教材。

本教材正是以新的税法和会计准则为依据，根据税务会计实际工作过程设计项目和学习任务，按以培养学生职业能力为主线、理实一体的高职教育要求而编写。教材的重点在于让学生掌握税务会计工作的基本操作流程和操作要领，能计算企业常见税种的纳税金额，会办理各税款的纳税申报和相关的涉税会计处理。

编写时在内容体系、难易程度、案例等方面进行了特殊处理，具有明显的针对性和易读性，适合高职高专会计、税务、财政、投资理财等管理类专业税收课程的教学和学习，也可作为在职人员、经济理论工作者以及纳税单位和有关人员的学习用教材或参考书。为更好地帮助学生熟悉企业税务会计工作过程，进一步理解和掌握本教材的内容，实现教、学、做一体化，在每个项目的最后配备了职业能力判断与选择和项目实训材料。

本教材由梁伟样教授主编，朱丹、陈琛凝、陈冬妮任副主编，分工如下：浙江经济职业技术学院朱丹编写项目二；温州科技职业学院陈琛凝编写项目八；浙江商业职业技术学院陈冬妮编写项目七；丽水职业技术学院梁伟样编写项目一、项目三、项目四、项目五、项目六，并负责全书修改总纂定稿。本教材由丽水汽车运输集团公司财务总监、高级会计师廖翊尧主审。

本书在编写过程中参考了不少专著和教材，得到了有关专家学者、院校领导以及浙江大学出版社的大力支持，在此一并表示感谢！

由于编者水平有限，书中疏漏之处在所难免，敬请读者批评指正。

编　者

2010年10月

目　录

项目一　税务会计工作流程

【学习目标】

知识目标

1. 掌握税收的概念、职能和税制的构成要素；

2. 掌握税务会计的概念、对象、目标、职能、方法、基本前提、原则以及与财务会计的差异；

3. 掌握税务登记、发票管理的基本知识和要求；

4. 了解我国现行税收体制和纳税申报、税款缴纳的基本知识。

能力目标

1. 能办理企业各类税务登记(含开业、变更、停业、复业、注销登记)和税务登记的年检换证工作；

2. 能进行增值税一般纳税人的申请登记工作；

3. 会根据企业经营范围的需要领购普通发票和增值税专用发票。

【项目引言】

陈光是某高职院校的2010届会计专业毕业生。2010年5月，他在人才交流会上看到一家企业在招聘报税岗位的会计人员，于是前去应聘。由于陈光对企业税务会计实务这门专业课掌握得很扎实，所以当场被单位录用。在收到单位的录用通知后，陈光于2010年7月1日到单位报到。会计主管刚好要去税务部门办理企业新成立的一个公司的税务登记，便叫了陈光一起去，让他学习开业登记的具体工作流程，并告诉陈光，以后这个公司的报税岗位的会计由他来担任。当陈光接过这个任务后，他应该如何来办理这个新公司的税务登记呢？日后的发票领购、纳税申报、税款缴纳、会计处理等涉税事务如何操作？

税务会计是为了适应纳税人的需要，或者说是纳税人为了适应纳税的需要从财务会计中分离出来的，是介于税收学与会计学之间的一门新兴的边缘学科，是融国家税收法令和会计处理为一体的一种特殊的专业会计，可以说是税务中的会计、会计中的税务。

任务1.1　税务会计基础

【任务描述】

作为企业报税岗位人员，要想熟练运用相关知识与技能做好企业的税务会计工作，为企业节约税收、创造价值，必须首先学习税务会计的相关基础知识，并达到以下要求：

1.掌握税收的概念,理解税收的职能;

2.熟悉我国现行的税收体系,明确目前开征的税种以及税收的分类;

3.掌握税制构成的基本要素,并能分析运用;

4.掌握税务会计的概念、对象、目标、职能、方法、基本前提、原则;

5.熟悉税务会计和财务会计的联系与区别。

【教学准备】

《中华人民共和国税收征收管理法》、《中华人民共和国税收征收管理法实施细则》。

【相关知识】

1.1.1 税收的性质

1.税收的概念

税收又称"赋税"、"租税"、"捐税",是国家为了实现其职能,凭借政治权力按照法律规定,强制地、无偿地参与社会剩余产品分配,以取得财政收入的一种规范形式。对税收的概念可以从以下五个方面来理解。

(1)税收是一种分配

社会再生产包括生产、分配、交换、消费等环节,周而复始,循环不息。其中,生产创造社会产品;消费耗费社会产品;分配是对社会产品价值量的分割,并决定归谁占有,各占多少;交换是用自己占有的价值量去换取自己所需要的产品,解决使用价值的转移。国家征税,公民纳税,既不增加也不减少社会产品的总量,因此,税收不属于生产和消费范畴;它也不采取以物易物或钱物交易的方式,因而也不属于交换的范畴。征税只是从社会产品价值量中分割出一部分集中到政府手中,改变了社会成员与政府各自占有社会产品价值量的份额。因此,税收属于分配范畴。

(2)税收是以国家为主体,凭借政治权力进行的分配

社会产品的分配可以分为两大类,一类是凭借资源拥有权力进行的分配,一类是凭借政治权力进行的分配。税收是以国家为主体,凭借政治权力进行的分配。所谓以国家为主体,是指对什么征税、对谁征税、征多少税是由政府通过法律规定的,通过征税使一部分社会财富单方面地转移到政府手中。国家对不能直接占有的产品通过征税方式转变为国家所有,是利益的再分配,如果没有国家的政治权力为保证,征税就难以实现,因此,税收分配所凭借的只能是国家政治权力。

(3)税收分配的对象为剩余产品

社会产品按其价值构成可分为三部分:物化劳动的价值补偿部分;劳动者、经营者和所有者的劳动力再生产的补偿部分;用于积累和消费的扩大再生产的后备价值(即剩余价值)。显然,从维持纳税人简单再生产的角度出发,对前两部分一般不能进行社会性的集中分配,只有对第三部分可进行集中性的社会分配,但又不能全部用于社会性的集中分配,因为纳税人必要的扩大再生产也是社会发展与进步的经济前提。由此可见,剩余产品是税收分配的对象,也是税收分配的根本源泉,这是就税收收入的最终来源而言的。

(4)征税的目的是为了满足社会公共需要

有社会存在,就有社会的公共需要存在。国家安全、社会稳定、生活保障等公共需要的满足,必须要由政府集中一部分社会财富来实现。而征税就是政府集中一部分社会财富的

最好方式。与此相适应，社会成员之所以要纳税，是因为他们专门从事直接的生产经营活动，而不再兼职执行国家职能，因此需要为此付出一定的费用。

(5)税收具有无偿性、强制性和固定性的特征

国家筹集财政收入的方式除税收外，还有发行公债和收取各种规费等。税收分配方式与其他方式相比，具有无偿性、强制性和固定性的特征，习惯上称为税收的“三性”：

①无偿性。税收的无偿性是指国家征税不需要对具体纳税人付出任何报酬而占有和支配其一部分剩余产品。这是由社会费用补偿的性质决定的，由于公共需要的设施和服务是共享的，社会成员从公共需要的设施和服务中得到的利益是无法直接计量和收费的，这决定了国家对社会成员提供的公共服务只能是无偿的，相应的国家要筹集满足公共需要的社会费用也只能采取无偿形式。

②强制性。税收的强制性是指这种分配以国家的政治权力为依托，在税法规定的范围内，任何单位和个人都必须依法纳税，否则，就要受到法律的制裁。征税是为了满足社会公共需要，但在经济单位和个人看来，社会的共同利益是一种虚幻的东西，是“异己的”，他们所追求的仅仅是自己的特殊的利益，从而会抵制征税。这样国家就必须运用政治权力来进行实际的干涉和约束以保障征税权利，所以说税收具有强制性。税收的强制性，也不只要求纳税人必须依法纳税，对征税机关来说，收税也是强制的，如不依法征税，无论是多征了还是少征了，都要受到相应的制裁。

③固定性。税收的固定性是指国家通过法律形式预先规定了征税对象和征税标准，征纳双方都必须遵守，不能随意变动。由于作为征税对象的各种收入、财产或行为是普遍而大量存在的，征税对象和征收比例是相对固定的，这样税收固定性的特征就会有时间上的连续性和征收比例上的限度性两层意思。随着社会经济的发展和政治条件的变化，税收的纳税人、征税对象和征收比例都是会不断改变的，但税收制度的改革和调整必须通过一定的法律程序，以法律法令的形式进行，因而在一定时间内保持相对稳定。

2. 税收的职能

税收职能是指税收自身所固有的功能。我国税收具有组织财政收入、调节经济和监督社会经济活动的职能。

(1)组织财政收入

组织财政收入的职能是指税收通过参与社会产品的分配，形成国家财政收入，归国家支配使用，满足国家实现其职能的需要。组织财政收入的职能是税收最基本的职能，不论是什么性质国家的税收，不论是什么种类的税收，都具有这一职能。税收组织收入的职能，表现为从国家的需要和社会经济发展的实际情况出发，设置一定数量的税种，设计适当的税率，把社会组织和个人为社会创造的一部分剩余产品从分散在成千上万个经济单位和个人手中聚集起来，形成国家的财政资金。目前在我国，税收已经成为保证国家财政收入的重要支柱，是国家组织财政收入最主要的形式，它对于保证国家行政管理、文教卫生、国防战略和社会主义经济建设的资金需要具有重要意义。

(2)调节经济

税收调节经济的职能是指税收在积累国家财政资金过程中，通过设置不同的税种、税目，确定不同的税率，对不同的部门、单位、个人以及不同产业、产品的收入进行调节，以调整经济利益关系，促进社会经济按照客观规律的要求发展。税收是一种经济杠杆，通过征、不

征、多征、少征、加征、减免等办法，造成对纳税人物质利益的不同影响，引导纳税人调整自己的活动，如放弃某项活动或对某物的占有转而从事另一项活动或对另一物的占有，以配合产业政策，促进生产结构、消费结构的调整，优化资源配置。

(3)监督社会经济活动

税收监督社会经济活动的职能是指税收在参与社会产品分配和再分配过程中，对社会产品的生产、流通、分配和消费进行制约和控制。税收监督职能是通过税收征管来实现的，通过税收监督一方面要求纳税人依法纳税，以保证国家履行其职能的物质需要；另一方面，对社会再生产的各个环节进行监督，制止、纠正经济运行中的违法现象，打击经济领域的犯罪活动，保证税收分配的顺利进行，促进国民经济的健康发展。

我国税收组织财政收入、调整经济、监督社会经济活动的三个职能，是相互联系、相互依存、相互制约、相辅相成的。组织财政收入是税收的基本职能，是税收其他职能的前提，没有组织财政收入的职能，不去参与社会产品的分配，也就不可能对经济进行调节和监督。如果在参与社会产品分配过程中不注意对经济进行合理调节，使之取之有度，取之合理；在组织财政收入的过程中，不能促进经济协调发展，也就不可能为国家积累更多的财政资金。税收监督经济的职能是实现组织财政收入和调节经济职能的重要保证，没有税收的监督职能，组织财政收入和调节经济的职能也就变成一句空话。

3.我国现行的税收体系

1994年我国通过大规模的工商税制改革，在主体上形成了我国工商税制的整体格局，连同其他税种，我国现行税法体系中共有26种税，现已开征的有24种，可分为3大类：①由税务机关负责征收的税种，包括增值税、消费税、营业税，车辆购置税，企业所得税、外商投资企业和外国企业所得税(从2008年1月1日起改征企业所得税)、个人所得税，资源税、房产税、城市房地产税(从2009年1月1日起改征房产税)、城镇土地使用税、车船税、车船使用牌照税(从2007年1月1日起改征车船税)、土地增值税、印花税(含证券交易)、城市维护建设税、固定资产投资方向调节税(2000年1月1日起暂停征收)、筵席税(2003年起已经停征)、屠宰税(2006年2月17日起废止)共19种，这就是通常所说的工商税；②由海关负责征收的关税；③由财政机关负责征收的农业税、牧业税、耕地占用税、契税共4种(从1996年起少数地区改由税务机关负责征收，从2005年起，契税由地方税务机关直接征收，2006年起农业税、牧业税全部废止，增设烟叶税)。另外，在1994年的《工商税制改革实施方案》中所提及的证券交易税、遗产和赠与税，目前尚未开征。

我国现行开征的17个税种根据分税制财政管理体制，税收收入分为中央收入、地方收入和中央地方共享收入，现将其列表简述如表1-1。

表 1-1 我国现行税种

序号	税 种	中央税	地方税	中央地方共享税	备注
1	增值税	√		√	海关代征的增值税为中央固定收入;其他为共享,中央分享75%,地方分享25%
2	消费税	√			含海关代征的消费税
3	营业税	√	√		铁道部门、各银行总行、各保险公司等集中缴纳的营业税,金融、保险企业缴纳的营业税中,按提高3%税率征收的部分,为中央固定收入,其他为地方固定收入
4	车辆购置税	√			2001年1月1日起开征
5	关税	√			
6	企业所得税	√		√	从2002年起铁道运输、邮电、国有商业银行、开发行、农发行、进出口行以及海洋石油天然气企业缴纳的所得税为中央收入;其他由中央与地方共享,中央分享60%,地方政府分享40%
7	个人所得税			√	从2002年开始调整为共享税,中央分享60%,地方政府分享40%
8	资源税			√	按不同的资源品种划分,大部分资源税作为地方税,海洋石油企业缴纳的资源税作为中央收入
9	房产税		√		
10	契税		√		
11	城镇土地使用税		√		
12	车船税		√		2007年1月1日起由车船使用税改为车船税
13	土地增值税		√		
14	印花税		√		证券交易印花税,中央与地方分成,97%归中央,3%和其他印花税收入归地方
15	城市维护建设税	√	√		铁道部门、各银行总行、各保险总公司等集中缴纳的城市维护建设税为中央固定收入,其他为地方收入
16	耕地占用税		√		
17	烟叶税		√		2006年4月1日起开征

注:表中"√"表示"是"。

4. 税收分类

(1)按征税对象分类

征税对象是税法的一个基本要素,是一种税区别于另一种税的主要标志。按征税对象的不同来分类,是税收最基本和最主要的分类方法。

①流转税。是指以商品或劳务的流转额为征税对象征收的一种税。这类税是以商品的

货币交换为前提的，只要纳税人销售了货物或提供了劳务，取得了销售收入、营业收入或发生了支付金额，就应依法纳税。这类税涉及商品的生产和流通各个环节，主要有增值税、营业税、消费税，关税也可归入这一类。流转税是我国现行税制中最大一类税收。

②所得税。是指以所得额为征税对象征收的一类税。所得额是指全部收入减除为取得收入所耗费的各项成本费用后的余额。主要有：企业所得税、个人所得税。

③财产税。指以纳税人所拥有或支配的财产为征税对象征收的一种税。财产税以财产为征税对象，应税财产额在一般情况下总是相对稳定的，因此财产税收入比较稳定。主要有：房产税等。

④行为税。是指为了调节某些行为，以这些行为为征税对象征收的一种税。主要有：印花税、车船税、契税等。

⑤特定目的税。是指为了达到特定目的而征收的一种税。主要有城市维护建设税、耕地占用税、土地增值税等。

⑥资源税。是指对开发、利用和占有国有自然资源的单位和个人征收的一种税。征收这类税的目的：一是为了取得资源消耗的补偿基金，保证国有资源的合理开发利用；二是为了调节资源级差收入，以利于企业在平等的基础上开展竞争。主要有：资源税、城镇土地使用税等。

⑦烟叶税。是指国家对收购烟叶的单位按照收购烟叶金额征收的一种税。

(2)按税负能否转嫁分类

按税负能否转嫁，税收可以分为直接税和间接税。这是西方国家较为流行的税收分类方法。其中，凡纳税人一般不能直接将税负转嫁给他人的为直接税，如所得税、财产税等；凡纳税人能将税负转嫁给他人负担，也就是纳税人与负税人不一致的为间接税。间接税主要是指课征于一般消费品或劳务的税收，如增值税、营业税、消费税、关税等。

(3)按计税依据分类

按计税依据不同，税收可以分为从量税和从价税。从量税是以征税对象的一定数量单位(重量、件数、容积、面积、长度等)为标准，采用固定单位税额征收的税种。从价税则是以征税对象的价值、价格与金额为标准，按规定税率征收的税种。从表面上看，从价税与从量税只是计税依据上的区别，而实质上，在这两种计税依据下，税收与价格的关系不同。一般地说，由于从价税的税额直接或间接与商品销售收入挂钩，因此可以随商品价格的变化而变化，适用范围很广；而从量税的税额不随商品价格增减而变动，单位商品税负固定，由于通货膨胀等因素的影响，税负实际上处于下降的趋势，因此从量税不能大范围适用。

(4)按税收管理与使用权限分类

按税收管理与使用权限的不同，税收可以分为中央税、地方税、中央地方共享税。一般来说，中央税是指管理权限归中央，税收收入归中央支配和使用的税种。地方税是指管理权限归地方，税收收入归地方支配和使用的税种。中央和地方共享税则是指主要管理权限归中央，税收收入由中央政府和地方政府共同享有，按一定比例分成的税种。

(5)按税收与价格的关系分类

按税收与价格的关系划分，税收可分为价内税和价外税。所谓价内税就是商品税金包含在商品价格之中，商品价格由“成本＋税金＋利润”构成。价外税则是指商品价格中不包含商品税金，仅由成本和利润构成，商品税金只作为商品价格之外的一个附加额。价内税有利于国家通过对税负的调整，直接调节生产和消费，但往往容易造成对价格的扭曲。价外税与企业的成本核算和利润、价格没有直接联系，能更好地反映企业的经营成果，不致因征税而影响公平竞争；同时，不干扰价格对市场供求状况的正确反映，因此更适应市场经济的要求。

(6)按会计核算中使用的会计科目分类

按会计核算中使用的会计科目分类，税收可分为销售税金、费用性税金、资本性税金、所得税及增值税。销售税金是指在销售过程中实现，按销售收入或数量计税并作为销售利润减项，在“营业税金及附加”科目核算的税金，如消费税、营业税、资源税、土地增值税、城市维护建设税、教育费附加等；费用性税金是指在生产经营过程中发生，记入“管理费用”科目的税金，如房产税、印花税、车船税、土地使用税等；资本性税金是指在投资活动中发生，记入资产价值的税金，如契税、耕地占用税等；对净利润来说，所得税也是费用性税收，但它是通过“所得税费用”科目核算的；增值税是价外税，会计核算有它的特殊性。

1.1.2 税制构成的基本要素

1. 纳税人

纳税人是税法规定直接负有纳税义务的单位和个人，也称纳税主体，它规定了税款的法律承担者。纳税人可以是自然人，也可以是法人。

(1)自然人

自然人是对能够独立享受法律规定的民事权利，承担相应民事义务的普通人的总称。凡是在我国居住，可享受民事权利并承担民事义务的中国人、外国人或无国籍人，以及虽不在我国居住，但受我国法律管辖的中国人或外国人，都属于负有纳税义务的自然人。

(2)法人

法人，是指依照法定程序成立，有一定的组织机构和法律地位，能以自己的名义独立支配属于自己的财产、收入，承担法律义务，行使法律规定的权利的社会组织。如企业、事业单位、国家机关、社会团体、学校等都属于法人。法人若有税法规定的应税财产、收入和特定行为，就对国家负有纳税义务。

在实际纳税工作中要注意纳税人与扣缴义务人的区别。扣缴义务人是指按照税法规定负有扣缴税款义务的单位和个人。确定扣缴义务人有利于加强税收的源泉控制，简化征税手续，减少税款流失。但扣缴义务人不是纳税主体，而是纳税人和税务机关的中介。如果扣缴义务人按照税务机关和税法的要求，认真履行了扣缴义务，税务机关将给予其一定的手续费；反之，如果他们未按规定代扣代缴，使代扣代缴的税款不能按时缴入国库或帮助纳税人偷逃税收，就要追究其法律责任。

2. 征税对象

征税对象又称课税对象，是征税的目的物，即对什么东西征税，是征税的客体，是一种税区别于另一种税的主要标志。征税对象体现不同税种征税的基本界限，决定着不同税种名称的由来以及各种税种在性质上的差别，并对税源、税收负担等产生直接影响。与课税对象密切相关的有以下三个概念：

(1)税目

税目是税法上规定的应征税的具体项目，是征税对象的具体化，反映各种税种具体的征税项目。它体现每个税种的征税广度。并不是所有的税种都有规定税目,对征税对象简单明确的税种,如房产税等,就不必另行规定税目。对大多数税种,由于征税对象比较复杂,而且对税种内部不同征税对象又需要采取不同的税率档次进行调节,这样就需要对税种的征税对象做进一步地划分,做出具体的界限规定,这个规定的界限范围就是税目。税目一般分为列举税目和概括税目两种:①列举税目。列举税目就是将每一种商品或经营项目等,采用一一列举的方法,分别规定税目,必要时还可以在税目之下划分若干子目。②概括税目。概括税目就是按照商品大类或行业,采用概括方法设计税目。

(2)计税依据

计税依据是征税对象的数量化,是应纳税额计算的基础。从价计征的税收,以计税金额为计税依据。从量计征的税收,以征税对象的数量、容积、体积为计税依据。计税依据的确定不是随意的,它会受到一些条件的制约:①计税对象所限定的征税范围的限制;②税率形式的制约,如采用定额税率时,计税依据一般为实物形态,而采用比例税率和累进税率时,计税依据一般为价值形态;③计税方法的制约,如消费税采用从价计征时,计税依据为销售收入,采用从量计征时,则以销售数量为计税依据。

(3)税源

税源,即税收的源泉。从根本上说,税源来自当年的剩余产品。税源与征税对象有时是重合的,但大多数情况下两者并不一致。征税对象只是表明对什么征税,税源则表明税收收入的来源。

3. 税率

税率是应纳税额与征税对象数量之间的法定比例,是计算税收负担的尺度,体现了课税的深度。税率是最活跃、最有力的税收杠杆,是税收制度的中心环节。每种税的税率高低,反映国家在一定时期的有关经济政策,直接关系国家财政收入的多少和纳税人税收负担的大小。因此,税率要体现国家的政治、经济、社会发展等政策,要体现公平、简化的要求。

按照税率的表现形式,税率可以分为以绝对量形式表示的税率和以百分比形式表示的税率。

常用的有以下几种形式:

(1)比例税率

比例税率是对同一征税对象或同一税目,不论数额大小,都按同一比例征税的税率,税额与纳税对象数额之间的比例是固定的。比例税率在具体运用上又可以分为产品比例税率、行业比例税率、地区差别比例税率、幅度比例税率等多种形式。

比例税率的优点是:对同一纳税对象的不同纳税人税收负担相同,有利于企业在大体相同的条件下开展竞争,促进企业加强管理,提高经济效益;计算方便,有利于企业核算、缴纳,也有利于加强税收稽征管理工作。主要缺点是:不分纳税人的收入多少、设备好坏、生产经营地点等,都按同一税率征税,这与纳税人的负担能力不相适应,在调节企业利润水平方面有一定的局限性。

(2)累进税率

累进税率是指按征税对象数额的大小,从低到高分别规定逐级递增的税率。征税对象数额越大,税率就越高,相反就越低。累进税率的基本特点是税率等级与征税对象的数额等级同方向变动。这一特点使其能够按纳税人的不同负担能力设计不同的税率,因此较比例税率更符合税收公平的要求。它对调节纳税人的利润和收入有明显的作用，因此更适宜于对所得额的征税。

按照累进依据和累进方式不同，累进税率可分为全额累进、超额累进、超率累进等具体税率形式，其中使用时间较长、应用较多的是超额累进税率。

①全额累进税率。是指对纳税对象的全部数额都按照与之相适应的等级税率征税。同一征税对象只适用于一个税率，在纳税对象提高到一个新的级距时，对其全额都提高到一级新的与之相适应的税率计算纳税。它的累进幅度较大，对纳税人的所得具有较强的调节作用，计算方法简单，但存在税负不尽合理的弊端。

②超额累进税率。是指对不同等级征税对象的数额每超过一个级距的部分，按照与之相适应的税率分别计算税额。其特点是同一个征税对象同时适用几个等级的税率，每超过一级，超过部分则按提高一级的税率征收，这样分别计算税额，各等级应纳税额之和，就是纳税人的应纳税额。它的累进程度比较缓和，纳税人的税负比全额累进税率要轻一些，但在计算上比较复杂。

③超率累进税率。是以征税对象的某种比率为累进依据，按超额累进方式计算应纳税额的税率。在道理上与超额累进税率相同，不过税率累进的依据不是纳税对象数额的大小，而是销售利润率、资金利润率或增值率的高低。例如现行的土地增值税，就是采用超率累进税率。

(3)定额税率

定额税率是指按征税对象的简单数量直接规定一个固定的税额，而不是规定征收比例，因此也称为固定税额，是税率的一种特殊形式。它一般适用于从量计征的税种，在具体运用上又可分为地区差别税额、幅度税额和分类分级税额。

定额税率的基本特点是税率与征税对象的价值量脱离了联系，不受征税对象价值量变化的影响。它适合于对价格稳定或质量等级和品种规格较为单一的征税对象征收。

4.纳税环节和纳税地点

纳税环节是指按税法规定对处于不断运动中的纳税对象选定的应当征税的环节。从具体税种来说，每个税种都有特定的纳税环节，不同税种因涉及的纳税环节多少不同，就形成了不同的课征制。凡只在一个环节征税的称为一次课征制，如我国的资源税只在开采环节征税；凡在两个环节征税的称为两次课征制；凡在两个以上的环节征税的称为多次课征制，如我国的增值税对商品的生产、批发和零售均征税。

与纳税环节密切相关的是纳税地点，它是指与征纳税活动有关的各种地理位置。如纳税人的户籍所在地、居住地、营业执照颁发地、税务登记地、生产经营所在地等。一般说来，这些地点接近或一致，但也有许多不一致的情况。如在此地登记，而跨地区经营；又如在本国经营和注册，而在国外支付应税收入。这些地点上的不一致，给税源控管带来了很大的难度。

5.纳税时间

纳税时间，又称为征税时间，是税务机关征税和纳税人纳税的时间范围。它是税收的强制性、固定性在时间上的体现。具体又分纳税周期和纳税期限：纳税周期是指法律规定的两次纳税行为发生的正常时间间隔，如流转税每月履行一次纳税义务；纳税期限是指纳税人正式向国库缴纳税款的时间期限，如企业所得税法规定，按年计算，分月或分季预缴，月度或季度终了后 15 日内预缴，年度终了后 5 个月内汇算清缴，多退少补。

6. 减税免税

减税免税是对某些纳税人或征税对象的鼓励或照顾措施。减税是对应纳税额少征一部分税款，而免税是对应纳税额全部免征税款。减税免税是税率的重要补充，它的最大优点就在于把税法的普遍性与特殊性、统一性与灵活性结合起来，可以对不同类型的纳税人和征税对象实行不同层次的减免，有利于全面地、因地制宜地贯彻国家社会经济政策。减税免税可以分为税基式减免、税率式减免和税额式减免 3 种形式。

(1)税基式减免

税基式减免是通过直接缩小计税依据的方式来实现的减税免税。其涉及的概念包括起征点、免征额、项目扣除以及跨期结转等。

起征点是征税对象达到一定数额开始征税的起点，对征税对象数额未达到起征点的不征税，达到起征点的按全部数额征税。免征额是在征税对象的全部数额中免予征税的数额，对免征额的部分不征税，仅对超过免征额的部分征税。项目扣除则是指在征税对象中扣除一定项目的数额，以其余额作为依据计算税额。跨期结转是指将以前纳税年度的经营亏损从本纳税年度经营利润中扣除。

(2)税率式减免

税率式减免即通过直接降低税率的方式实现的减税免税。具体概念包括重新确定税率、选用其他税率、零税率。

(3)税额式减免

税额式减免即通过直接减少应纳税额的方式实现的减税免税。具体概念包括全部免征、减半征收、核定减免率以及另定减征额等。

7. 附加与加成

附加也称为地方附加，是地方政府按照国家规定的比例随同正税一起征收的列入地方预算外收入的一种款项。正税是指国家正式开征并纳入预算内收入的各种税收。税收附加由地方财政单独管理并按规定的范围使用，不得自行变更。例如，教育费附加只能用于发展地方教育事业。税收附加的计算方法是以正税税额为依据，按规定的附加率计算附加额。

加成是指根据税制规定的税率征税以后，再以应纳税额为依据加征一定成数的税额。加成一成相当于应纳税额的 10%，加征成数一般规定在 1 成至 10 成之间。

无论是附加还是加成，都增加了纳税人的负担，但这两种加税措施的目的是不同的，实行地方附加是为了给地方政府筹措一定的机动财力，用于发展地方建设事业。实行加成则是为了调节和限制某些纳税人获取过多的收入或者是对纳税人的违章行为进行处罚。

8. 法律责任

法律责任一般是指由于违法而应当承担的法律后果。违法行为是承担法律责任的前提，而法律制裁是追究法律责任的必然结果。法律制裁，习惯上又称为罚则或违章处理，是对纳税人违反税法的行为所采取的惩罚措施，它是税收强制性特征的具体体现。

1.1.3 税务会计的性质

1. 税务会计的概念

税务会计是以现行税法为准绳，以货币为主要计量单位，运用会计的专门方法对纳税单位税基的形成、税款的计算、申报和缴纳所引起的资金运动进行连续、系统的核算和监督的一门专业会计。它是近代新兴的一门边缘学科，是融税收法规和会计核算为一体的一种特殊的专业会计，可以说是税务中的会计，会计中的税务。

2.税务会计的对象

税务会计的对象，即税务会计核算和监督的内容。凡是企业在生产经营过程中能够用货币表现的各种税务活动，都是企业税务会计核算和监督的内容。主要包括：

(1)税基的确定

税基是指课税基础，一是指某类税的经济基础，如流转税的课税基础是流转额，所得税的课税基础是所得额，财产税的课税基础是财产额等等；二是指计算缴纳税金的依据或标准，既有从价计征，又有从量计征。在企业中，属于计税基础和依据的业务内容有：

①应税流转额。是指社会产品在流通中取得的营业收入或数量。它包含了企业用于取得该收入的成本和费用，也包含了利润、价内税金，既是计算流转税、资源税的计税依据，也是计算所得税的前提之一。

②生产、经营成本(费用)扣除额。是指企业在生产经营过程中物化劳动和活劳动消耗的总和，是价值补偿的尺度。一定会计期间的成本(费用)与经营收入总额相比较，可以反映企业的盈亏、劳动生产率高低等情况。成本(费用)扣除额的计算直接影响利润的高低，它是计算会计所得、税务所得的基础，直接影响所得税纳税额的多少。

③应税收益额。是指利润总额。利润是企业生产经营成果，是以货币表现的企业的纯收入。它是经营收入减除生产、经营成本(费用)和价内税金以及营业外损益后的余额。对利润(会计所得)的计算是否符合法规，直接影响应纳税所得额(应税所得)及所得税应纳税额的计算，直接关系到国家税收和企业净利润。

④应税财产额。是指企业在某一个时点上占用或支配的需要纳税的财产数量和价值，包括不动产、有形资产、无形资产等。企业应税财产额是财产税征收的税基和依据。

⑤应税行为计税额。是指税法规定的企业应纳税的特定行为。如为了生产经营拥有一定资金要订立合同开立账簿，就要缴纳印花税。企业行为的结果，是“行为税”的税基。

(2)税款的计算与核算

对每一税种应纳税额的计算是企业税务会计核算和监督的基本内容，它要求企业按照税收法规进行计算，并按税务会计的核算方法进行核算。包括征税对象、征税范围的界定，计税依据和标准的确定，计算方法的正确使用，应纳税额的正确核算等。

(3)税款的缴纳、退补和减免

正确地计算应缴各种税款后，应按各税法规定的纳税期限、纳税环节、纳税时间和地点的要求，及时进行纳税申报并及时缴纳。退税、补税、减税、免税都是企业税务活动中的特殊业务，也应按税法规定执行，它的过程与结果也应及时在税务会计中得到反映。

(4)税收滞纳金和罚款

企业作为纳税义务人，应按税法规定，及时足额上缴税款。由于企业生产经营情况或其他原因，未经税务部门同意拖欠了税款，或是为了企业小团体利益，违背了税法规定等，必须按规定缴纳税收滞纳金或税收罚款，这些也属于税务活动，是税金支出的附加支出，也是税务会计核算和监督的内容。

3.税务会计的目标

税务会计的目标是指税务会计工作所要达到的最终目的。税务会计最终是向其利害关系人提供有关纳税人税务活动的信息，具体可概括为以下三个方面。

(1)依法纳税，保证国家财政收入，并为国家宏观经济管理提供纳税信息。

(2)正确进行税务会计处理，为投资者、债权人进行决策提供有用的会计信息。

(3)科学进行纳税筹划，合理选择纳税方案，为企业内部加强经营管理提供信息。

4. 税务会计的职能

企业税务会计的职能是指税务会计本身所固有的内在功能。税务会计是会计学的一个分支，其基本职能与一般会计相同，主要是核算和监督两大职能，但税务会计与税收联系密切，其核算和监督的具体内容与一般会计有所不同。

(1)核算职能

核算职能是指税务会计根据国家的税收法规、会计准则和财务报告条例等，全面、真实、系统地记录和核算企业生产经营过程中的税务活动，即税务资金的形成、计算、缴纳、退补等，为国家组织税收提供可靠的依据。同时税务会计又要在遵守税法的前提下，针对纳税人自身的特点，利用会计特有的方法，科学筹划纳税人的纳税活动，使纳税人充分享受税收的优惠政策，最大限度地减轻或推迟纳税。通过税务会计活动及提供的资料进行分析，为企业改善经营管理、提高经济效益提供保证。

(2)监督职能

监督职能是指税务会计根据国家的税收法令和有关方针、政策、制度等，通过一系列核算方法，监督企业应纳税款的形成、计算和解缴情况，监督企业的收益分配，实现税收杠杆的经济调节作用。通过税务会计对企业税务活动的监督和控制及其提供的税收信息，保证国家税收法规的贯彻实施和适时修正。

5. 税务会计的方法

税务会计的方法是实现税务会计目标的技术和措施。由于税务会计是财务会计中一个专门处理会计收益与应税收益之间差异的会计程序，其目的在于协调财务会计与税务会计之间的关系，并保证财务报告充分揭示真实的会计信息，因此，财务会计中所使用的一系列会计方法同样适用于税务会计。如财务会计中的账户设置、复式记账、审核和填制会计凭证、登记账簿、成本计算、财产清查、编制财务报告等。这就是说，税务会计并非是在财务会计之外另起炉灶，另设一套凭证、账簿、报表，而是在此基础上进行纳税计算和调整。

除上述相同部分外，税务会计也有其某些特定方法，如纳税调整方法、计算税金方法、纳税筹划方法和纳税报告方法等。

6. 税务会计的基本前提

税务会计的目标是提供有助于企业税务决策的信息，而企业错综复杂的经济业务使会计实务存在种种不确定因素，为此要进行正确的判断和估计，即明确税务会计的基本前提。税务会计源于财务会计，财务会计中的有些基本前提也适用于税务会计，如会计分期、货币计量等，税务会计在具体运用时，也有其某些特殊性，主要有：

(1)纳税主体

纳税主体是指税务会计工作为之服务的法人或自然人，也就是税法所规定的纳税人，是税务会计所作用的空间范围。税务会计主体是指税务会计工作为其服务的特定单位或组织。纳税主体的税务活动与其他活动以及投资者个人经济业务是有区别的，只有纳税主体的税务活动才属于税务会计反映、监督的内容，换言之，企业税务会计人员只能站在企业的立场上，对企业税务活动的过程和结果予以揭示和管理。至于企业投资者的有关税务活动，则是投资者个人或另一个法人的事情，不属于这一纳税主体的活动范围。税务会计由纳税主体基本前提所决定，就要求企业税务会计人员既要严格依据税收法规进行计税和纳税，也要维护企业纳税人利益，经济合理地筹划和控制税款费用的发生。

(2)持续经营

持续经营是指纳税主体的生产经营活动将无限期地延续下去，在可以预见的未来不会进行清算。也就是说，纳税人与税收相关的经济活动将不断地开展下去，其应纳税款的时间也是无限期的。在持续经营基本前提下，财务会计建立了一系列会计原则和方法。同样税务会计也以此为基本前提，对在不同情况下影响税务活动的收入与费用，分别按照收付实现制原则或权责发生制原则予以确认，从而决定了各种具体税务方法的应用取舍，如存货计价方法的选择和固定资产折旧方法的选择，以便决定时间性差异的发生和后期转回。并且尽管事项发生期内各个时间的应纳税额不尽相同，但会随着该事项的递延消失而达到总量上的一致。

(3)货币时间价值

货币时间价值通常是指货币资金由于时间的推移而能够使自身增值的效能。即今天的一元钱比若干年后收到或付出一元钱的价值要大得多，随着时间的推移，投入周转使用的资金价值将会发生增值，这种增值的能力或数额，就是货币的时间价值。这一基本前提已成为税收立法、税务征管和纳税人选择会计方法的立足点，它深刻地揭示了纳税人进行纳税筹划的内在原因，也同时说明了所得税会计中采用“债务法”进行纳税调整的必要性。

(4)纳税年度

纳税年度是指纳税人应向国家缴纳各种税款的起止时间。在我国为了便于协调税务会计与财务会计的有关数据，应纳税年度与日历年度、财政年度、会计年度是相同的，都是每年公历 1 月 1 日到 12 月 31 日止。在其他一些国家，应纳税年度多同于财政年度和会计年度，但却不同于日历年度，如美国是每年的 7 月 1 日起到次年的 6 月 30 日止。对于在应纳税年度中间开始营业的纳税人来说，应纳税年度是指其营业开始日至同期应纳税年度终止日。

(5)年度会计核算

年度会计核算是指财务会计依据会计准则的规定，遵循财务会计理论的要求，在会计年度内对企业的各项经济活动运用专门的会计方法，进行正确、及时的记录、整理和汇总，并定期地结账和决算，编制公允的年度财务会计报告的全过程。年度会计核算是税务会计中最根本的前提，即税务会计是建立在年度会计核算期间的基础上，而不是建立在某一特定业务的基础上，课税只针对某一特定纳税期间里发生的全部事件的净结果，而不考虑当期事件在后续年度中的可能结果如何，后续事件将在其发生的年度内考虑，从而使税务会计数据具有更多的可稽核性，以揭示税款分配的影响额。比如在“所得税跨期摊配”中应用递延法，由于强调原始差异对税额的影响而不强调转回差异对税额的影响，因此它与未来税率没有关联性。当暂时性差异后来转回时，按暂时性差异产生时递延的同一数额调整所得税费用。

7.税务会计的原则

由于税务会计是会计领域的一个分支学科，因此财务会计中的总体要求原则、会计信息质量要求原则以及会计要素的确认与计量原则，大部分或基本上也适用于税务会计。但税务会计与税法的特定联系，税收理论和立法中的实际支付能力原则、公平税负原则、社会效益原则等,也会非常明显地影响税务会计。根据税务会计的特点,结合财务会计原则与税收原则,可将体现在税务会计上的特定原则归纳如下:

(1)合法性

税务会计在核算收入与费用、计算应纳税额、筹划税务活动和申报缴纳税款的过程中,一切均需以税收法规为准绳,不能违背法律。而税法因国家的政治、经济发展与政策调整会有所变更。因此,税法是有时效的,这就要求税务会计人员时刻紧跟税法的变化,坚持按现行税收法规处理业务。

(2)调整性

税务会计对财务会计的依存关系,决定了计税基础对会计账簿数据的依赖性。但税务会计与财务会计目标的分歧,又决定了两者之间会计概念上的差异。为达到正确计税和及时纳税的目的,税务会计必须对财务会计处理中与现行税法不符的会计事项进行调整。因此,调整性原则是税务会计有别于其他专业会计的突出标志。

(3)公平性

税收是调整国家与企业单位、国家与个人之间经济利益的手段,税务会计则是落实税收政策、达成公平课税的工具。在税法面前,每一个纳税人的权利和义务都是平等的。因此,税务会计必须客观、真实地核算纳税人的收入与费用,只有这样,才能达到合理、公平税收负担的效果。

(4)经济性

税务会计信息具有的双向服务特点,决定了税务会计的经济性原则具有双向含义。也就是说,对于纳税人来讲,为了维护自身的经济利益,理应依法筹划税务活动,力求经济纳税;而对于税收机关来讲,为了实现国家的宏观管理职能,必然依法强化税收征管,以保证财政收入。因此,经济性原则就要求税务会计精确计算纳税人应纳税额,合理地完成纳税义务。

(5)修正的权责发生制

收付实现制是指所有关于收入和费用的确认,均以现金流入或现金流出为标准。也就是说,只有收到现金的经济活动才作收入;只有为取得收入而形成现金付出的经济活动,才作费用。收付实现制体现了公平负税和支付能力的原则,是确保纳税人有能力支付应纳税款而使政府获取财政收入的基础。但是,由于收付实现制不符合《企业会计准则——基本准则》的规定,一般不能用于财务会计报告目的,只适用于个人和不从事商品购销业务的中小企业的纳税申报。

权责发生制是指所有收入和费用的确认,均以权利已经形成或义务(责任)已经发生为标准,也就是说,一项收入之所以计入当期,是因为当期能取得它,所以具有享有该项收入的权利;一项费用之所以列入当期,是因为当期接受了它所提供的服务,所以负有承担该项费用的责任。权责发生制广泛用于财务会计报告,当它被用于税务会计时,与财务会计上的权责发生制存在一些区别:一是必须考虑支付能力原则,使得纳税人在最有能力支付时支付税款;二是确定性的需要,使得收入和费用的实际实现具有确定性;三是保护政府财政税收收入,如在收入的确认上,权责发生制的税务会计由于在一定程度上被支付能力原则所覆盖而包含着一定的收付实现制的方法,而在费用的扣除上,财务会计采用稳健原则列入的某些估计费用,在税务会计中不能采用。税务会计强调“该经济行为已经发生”的限制条件,从而起到保障政府税收收入的目的。

在税法和税务会计实务中，世界上大多数国家实际采用的是修正的权责发生制原则。在美国税制中，有一条著名的定律，即克拉尼斯基定律，它可以充分说明修正的权责发生制原则的"真谛"：如果纳税人的财务会计方法致使收益立即得到确认，而费用永远得不到确认，则税务当局可能会因所得税目的允许采用这种会计方法；如果纳税人的财务会计方法致使收益永远得不到确认，而费用立即得到确认，则税务当局可能会因所得税目的不允许采用这种会计方法。在该原则下，如果纳税人采用收付实现制，其发生的一次性资产租金支出，税务当局不允许将其一次扣除，而要求企业将租金资本化，在租赁期内平均摊销。如果纳税人采用权责发生制，其取得的一次性资产租金收入，税务当局则要求将租金收入全部计入当期的应税收入，而不允许在租赁期内分期确认应税收入。

1.1.4 税务会计与财务会计的比较

税务会计是社会经济发展到一定阶段而产生的，它是从财务会计中分离出来的，因此它与财务会计有着密切的联系；但是税务会计又是融现行税法和会计核算为一体的一门特殊专业会计，因此又与财务会计有着一定的区别。

1.税务会计与财务会计的联系

税务会计作为一项实质性工作并不是独立存在的，而是企业财务会计的一个特殊领域，是以财务会计为基础的，是税务中的会计，会计中的税务。税务会计并不要求企业在财务会计的凭证、账簿、报表之外再设一套会计账表，也不需要独立设置税务会计机构。企业只需要设置一套完整的会计账表，平时只需按财务会计准则、会计制度作会计处理，需要时按现行税法进行调整。所以，税务会计的资料来源于财务会计。同时在计量单位、使用的文字和通用的基本会计原则等方面，税务会计与财务会计都是相同的。

2.税务会计与财务会计的区别

(1)目标不同

财务会计所提供的信息，除为综合部门及外界有关经济利益者服务外，也为企业本身的生产、经营服务；税务会计在为利害关系人提供有关纳税人税务活动的信息时，要求按现行税法和缴纳办法，正确履行纳税人的纳税义务，充分享受纳税人的权利。

(2)对象不同

企业财务会计核算和监督的对象是企业以货币计量的全部经济事项，包括资金的投入、循环、周转、退出等过程，而税务会计核算和监督的对象只是与纳税人的纳税义务相关的经济活动，即税务活动。也就是说，原来在财务会计中有关税款的核算、申报、解缴的内容，划归税务会计，并由税务会计作为核心内容分门别类地阐述，企业财务会计只对这部分内容作必要的提示即可。

(3)核算基础、处理依据不同

税收原则与会计准则存在某些差异，其中最主要差别在于收益实现的时间和费用的可扣减性上。税收制度是收付实现制与权责发生制的结合，是修正的权责发生制，因为计算应税所得要考虑纳税人立即支付货币资金的能力、管理上的方便和征收当期收入的必要性，所以税务纳税年度自身存在独立性的倾向。财务会计只是遵循会计准则，依照会计制度处理各种经济业务，会计人员对某些相同的经济业务可能有不同的表述、出现不同的会计结果是正常的。而税务会计不仅要遵循一般的会计原则，更要严格按现行税法的要求进行会计处理，具有强制性、客观性、统一性。

(4)计算损益的程序不同

税收法规中包括了修正一般收益概念的社会福利、公共政策和权益条款，强调“会计所得”与“应税所得”的不同。各国所得税法都规定法定收入项目及税法允许扣除项目，在按税法确定两者金额后，其差额即为应税所得额。税务会计以此为法定依据。在实际计算时，在会计所得的基础上调整为应税所得，是税务会计的主要内容。

任务 1.2 税务登记

【任务描述】

1.能办理税务登记，即开业登记、变更登记、停业复业登记、外出经营报验登记、核查登记及注销登记工作；

2.能办理增值税一般纳税人的认定手续。

【教学准备】

《中华人民共和国税收征收管理法》、《中华人民共和国税收征收管理法实施细则》。

【相关知识】

1.2.1 税务登记的流程

税务登记是税务机关依据税法规定对纳税人的生产经营活动进行登记管理的一项基本制度。凡经国家工商行政管理机关批准，从事生产经营活动的纳税义务人，包括国有企业、集体企业、私营企业、外商投资企业和外国企业，以及各种联营、联合、股份制企业，个体工商户，从事生产经营的机关团体、部队、学校和其他事业单位，均应按照税法的规定向当地主管税务机关申报办理纳税登记。

税务登记的基本步骤：先由纳税人申报办理税务登记，然后经主管税务机关审核，最后由税务机关填发税务登记证件。

税务登记的基本类型：开业登记、变更登记、停业复业登记、外出经营报验登记、核查登记及注销登记。

1.2.2 开业登记

开业登记是指从事生产经营活动的纳税义务人经工商行政管理机关批准开业并发给营业执照后，在30日内向所在地主管税务机关申报办理税务登记，也称注册登记。办理开业登记的程序如下：

1.纳税人提出书面申请报告，并提供下列证件、资料

(1)营业执照副本或其他核准执业证件原件及其复印件；(2)注册地址及生产、经营地址证明(产权证、租赁协议)原件及其复印件；(3)公司章程复印件；(4)法定代表人(负责人)居民身份证、护照或其他证明身份的合法证件原件及其复印件；(5)组织机构代码证书副本原件及其复印件；(6)书面申请书；(7)有权机关出具的验资报告或评估报告原件及其复印件；

(8)纳税人跨县(市)设立的分支机构办理税务登记时,还须提供总机构的税务登记证(国、地税)副本复印件;(9)改组改制企业还须提供有关改组改制的批文原件及其复印件;(10)税务机关要求提供的其他证件资料。

2. 填报税务登记表

纳税人领取并填写《税务登记表》。如表 1-2。

表 1-2 税务登记表

(适用单位纳税人)

填表日期:

<table>
<tr><td colspan="2">纳税人名称</td><td colspan="3"></td><td colspan="2">纳税人识别号</td><td colspan="4"></td></tr>
<tr><td colspan="2">登记注册类型</td><td colspan="3"></td><td colspan="2">批准设立机关</td><td colspan="4"></td></tr>
<tr><td colspan="2">组织机构代码</td><td colspan="3"></td><td colspan="3">批准设立证明或文件号</td><td colspan="3"></td></tr>
<tr><td colspan="2">开业(设立)日期</td><td></td><td colspan="2">生产经营期限</td><td></td><td>证照名称</td><td></td><td>证照号码</td><td colspan="2"></td></tr>
<tr><td colspan="2">注册地址</td><td colspan="4"></td><td>邮政编码</td><td></td><td>联系电话</td><td colspan="2"></td></tr>
<tr><td colspan="2">生产经营地址</td><td colspan="4"></td><td>邮政编码</td><td></td><td>联系电话</td><td colspan="2"></td></tr>
<tr><td>核算方式</td><td colspan="5">请选择对应项目打“√”□独立核算□非独立核算</td><td>从业人数</td><td colspan="4">——其中外籍人数</td></tr>
<tr><td>单位性质</td><td colspan="10">请选择对应项目打“√” □企业 □事业单位 □社会团体 □民办非企业单位 □其他</td></tr>
<tr><td>网站网址</td><td colspan="5"></td><td>国标行业</td><td colspan="4">□□ □□ □□ □□</td></tr>
<tr><td colspan="2">适用会计制度</td><td colspan="9">请选择对应项目打“√” □企业会计制度 □小企业会计制度
□金融企业会计制度 □行政事业单位会计制度</td></tr>
<tr><td colspan="4">经营范围</td><td colspan="7">请将法定代表人(负责人)身份证复印件粘贴在此处</td></tr>
<tr><td colspan="2" rowspan="2">内容 项目
联系人</td><td rowspan="2">姓名</td><td colspan="3">身份证件</td><td rowspan="2">固定电话</td><td rowspan="2">移动电话</td><td colspan="3" rowspan="2">电子邮箱</td></tr>
<tr><td>种类</td><td colspan="2">号码</td></tr>
<tr><td colspan="2">法定代表人(负责人)</td><td></td><td></td><td colspan="2"></td><td></td><td></td><td colspan="3"></td></tr>
<tr><td colspan="2">财务负责人</td><td></td><td></td><td colspan="2"></td><td></td><td></td><td colspan="3"></td></tr>
<tr><td colspan="2">办税人</td><td></td><td></td><td colspan="2"></td><td></td><td></td><td colspan="3"></td></tr>
<tr><td colspan="2">税务代理人名称</td><td colspan="3">纳税人识别号</td><td colspan="3">联系电话</td><td colspan="3">电子邮箱</td></tr>
<tr><td colspan="2"></td><td colspan="3"></td><td colspan="3"></td><td colspan="3"></td></tr>
<tr><td colspan="2">注册资本或投资总额</td><td>币种</td><td colspan="2">金额</td><td>币种</td><td colspan="2">金额</td><td>币种</td><td colspan="2">金额</td></tr>
<tr><td colspan="2"></td><td></td><td colspan="2"></td><td></td><td colspan="2"></td><td></td><td colspan="2"></td></tr>
<tr><td colspan="2">投资名称</td><td>投资方
经济性质</td><td>投资比例</td><td>证件种类</td><td colspan="3">证件号码</td><td colspan="3">国籍或地址</td></tr>
<tr><td colspan="2"></td><td></td><td></td><td></td><td colspan="3"></td><td colspan="3"></td></tr>
<tr><td colspan="2"></td><td></td><td></td><td></td><td colspan="3"></td><td colspan="3"></td></tr>
<tr><td colspan="2"></td><td></td><td></td><td></td><td colspan="3"></td><td colspan="3"></td></tr>
<tr><td colspan="2"></td><td></td><td></td><td></td><td colspan="3"></td><td colspan="3"></td></tr>
</table>

续表

自然人投资比例		外资投资比例		国有投资比例	
分支机构名称		注册地址		纳税人识别号	
总机构名称			纳税人识别号		
			经营范围		
法定代表人姓名		联系电话		注册地址邮政编码	
代扣代缴、代收代缴税款业务情况	代扣代缴、代收代缴税款业务内容			代扣代缴、代收代缴税种	
附报资料：					
经办人签章： ____月____日		法定代表人（负责人）签章： ____年____月____日		纳税人公章： ____年____月____日	

以下由税务机关填写：

纳税人所处街乡				隶属关系	
国税主管税务局		国税主管税务所（课）		是否属于国税、地税共管户	
地税主管税务局		地税主管税务所（课）			
经办人（签章）： 国税经办人： 地税经办人： 受理日期： ____年____月____日		国家税务登记机关 （税务登记专用章）： 批准日期： ____年____月____日 国税主管税务机关：		地方税务登记机关 （税务登记专用章）： 批准日期： ____年____月____日 地税主管税务机关：	
国税核发《税务登记证副本》数量：		本	发证日期：________年____月____日		
地税核发《税务登记证副本》数量：		本	发证日期：________年____月____日		

纳税人填写完相关内容后，在相关位置盖上单位公章、法人代表章，然后将《税务登记表》及其他相关材料送交税务登记窗口。

3. 税务机关审核、发证

纳税人报送的《税务登记表》和提供的有关证件、资料，经主管国家税务机关审核批准后，应当按照规定的期限到主管国家税务机关领取税务登记证及其副本，并按规定缴付工本管理费。

1.2.3　变更登记

变更税务登记是指纳税人原税务登记表上的内容发生变化需要重新办理的税务登记变更手续。如：纳税人名称，法定代表人(负责人)或个体业主姓名及其居民身份证、护照或其他合法证明的号码，注册地址，生产经营地址，生产经营范围，经营方式，登记注册类型，隶属关系，行业，注册资本，投资总额，开户银行及账号，生产经营期限，从业人数，营业执照及号码，财务负责人，办税人员，会计报表种类，低值易耗品摊销方式，折旧方式等。

1. 办理变更登记的程序

(1)提出书面申请，并提供资料

纳税人税务登记内容发生变化时，应在发生变更后三十日内，持营业执照或其他核准执业的证件向原税务登记机关提出书面变更申请，同时依照以下不同情形提交附送资料(查验原件，提供复印件)：

因工商登记发生变更而需变更税务登记内容的，需要提供以下资料：①营业执照、工商变更登记表及复印件；②纳税人变更登记内容的决议及有关证明文件；③《税务登记证》(正、副本)原件。

非工商登记变更因素而变更税务登记内容的，需要提供纳税人变更登记内容的决议及有关证明文件。

(2)填写《税务变更登记表》

纳税人领取并填写《税务登记变更表》。如表1-3。

表1-3　税务登记变更表

税务登记号				
纳税人名称				
变更登记事项				
序号	变更项目	变更前内容	变更后内容	变更时间
送交证件：				
			纳税人(盖章)	
法定代表人(负责人)：		经办人：	年　月　日	
变更税务登记证号情况 原税务登记证号码： 现税务登记证号码： 经办人： 变更日期：　年　月　日		(税务登记专用章)		

纳税人填写完相关内容后，在相关位置盖上单位公章、法人代表章、经办人章以及税务登记专用章，然后将《税务登记变更表》交至税务登记窗口。如果有涉及税种变更时，同时领取并填写《纳税人税种登记表》，纳税人根据填表要求填写表格，经负责人签章并加盖公章后将表格交税务登记窗口。

(3)税务机关审核、发证

主管税务机关登记窗口对纳税人填写的申请表格，审核是否符合要求，所提交的附列资料是否齐全，符合要求的给予受理，开具《税务文书领取通知单》给纳税人。

纳税人按照《税务文书领取通知单》注明的日期到主管税务机关的税务登记窗口领取变更结果，涉及登记证内容变更的，登记窗口要收缴原《税务登记证》(正、副本)，纳税人缴纳变更登记工本费后，领取新的《税务登记证》(正、副本)和《税务登记变更表》。

2. 注意事项

(1)纳税人改变单位名称的必须先缴销发票；

(2)如果纳税人未在规定期限内办理变更税务登记的，税务机关按照规定进行违章处罚；

(3)纳税人经营地址发生跨征收区域变更(指迁出原主管税务机关)的，必须按照迁移税务登记程序办理跨区迁移。

1.2.4 注销登记

纳税人发生解散、破产、撤销以及依法终止纳税义务情形的，应当在向工商行政管理机关或者其他机关办理注销登记前，持有关证件向原税务登记机关申报办理注销税务登记。

按照规定不需要在工商行政管理机关或者其他机关办理注销登记的，应当在有关部门批准或宣告注销之日起十五日内，持有关证件向原税务登记机关申报办理注销税务登记。

纳税人被工商行政管理机关吊销营业执照或者被其他机关予以撤销登记的，应当自营业执照被吊销或者被撤销登记之日起十五日内，持有关证件向原税务登记机关申报办理注销税务登记。

1. 办理注销登记的程序

(1)提出书面申请，并提供资料

纳税人在办理工商登记注销前和营业执照被吊销或终止日起十五日内或迁出日前，向原税务登记机关申报办理注销税务登记，同时向税务登记窗口提供如下资料：①主管部门或董事会(职代会)的决议以及其他有关证明文件；②营业执照被吊销的应提交工商行政管理部门发放的吊销决定；③税务机关发放的原税务登记证件(《税务登记证》正、副本及《税务登记表》等)；④分支机构的注销税务登记通知书(涉外企业提供)；⑤发票、发票购领证；⑥税务机关要求提供的其他有关证件和资料。

如属增值税一般纳税人，还需提供以下资料及设施：增值税一般纳税人资格证书；企业用金税卡、IC卡(指已纳入防伪税控的纳税人)。

(2)填写《注销税务登记申请审批表》

纳税人领取并填写《注销税务登记申请审批表》，如表1-4。

表 1-4　注销税务登记申请审批表

纳税人识别号：□□□□□□□□□□□□□□□□□□

纳税编码：□□□□□□□

纳税人名称：　　　　　　是否双定户　□　　　　是否一般纳税人　□

<table>
<tr><td>联系地址</td><td colspan="4"></td><td>联系电话</td><td></td></tr>
<tr><td>注销原因</td><td colspan="4"></td><td>经济性质</td><td></td></tr>
<tr><td rowspan="2">批 准机 关</td><td>名　称</td><td colspan="5"></td></tr>
<tr><td>批准文号及日期</td><td colspan="5"></td></tr>
<tr><td>迁入地税务机关代码</td><td colspan="3"></td><td>税务机关名称</td><td colspan="2"></td></tr>
<tr><td>迁入地址</td><td colspan="6"></td></tr>
<tr><td colspan="7">纳税人(签章)
法定代表人(负责人)：　　办税人员：　　年　月　日</td></tr>
<tr><td colspan="7">以下由税务机关填写</td></tr>
<tr><td>实际经营期限</td><td colspan="3"></td><td>已享受税收优惠</td><td colspan="2"></td></tr>
<tr><td colspan="7">负责人：　　经办人：　　年　月　日</td></tr>
<tr><td rowspan="7">发票管理
环节缴纳
发票情况</td><td>购领发票名称</td><td></td><td></td><td></td><td colspan="2"></td></tr>
<tr><td>购领发票数量</td><td></td><td></td><td></td><td colspan="2"></td></tr>
<tr><td>已使用发票数量</td><td></td><td></td><td></td><td colspan="2"></td></tr>
<tr><td>结存发票数量</td><td></td><td></td><td></td><td colspan="2"></td></tr>
<tr><td>起至号码</td><td></td><td></td><td></td><td colspan="2"></td></tr>
<tr><td>发票领购簿名称</td><td></td><td></td><td></td><td colspan="2"></td></tr>
<tr><td colspan="6">负责人：　　经办人：　　年　月　日</td></tr>
<tr><td>稽查环节
清查情况</td><td colspan="6">负责人：　　经办人：　　年　月　日</td></tr>
<tr><td>征收环节结算清缴
税款情况</td><td colspan="6">负责人：　　经办人：　　年　月　日</td></tr>
<tr><td rowspan="4">登记管理
环节审批
意　见</td><td rowspan="3">封存税务
机关发放
证件情况</td><td>税务登记证</td><td colspan="2">税务登记证副本</td><td colspan="2">其他有关证件</td></tr>
<tr><td></td><td colspan="2"></td><td colspan="2"></td></tr>
<tr><td></td><td colspan="2"></td><td colspan="2"></td></tr>
<tr><td colspan="6">负责人：　　经办人：　　年　月　日</td></tr>
<tr><td colspan="2">分支机构名称</td><td colspan="3">税务登记注销情况</td><td colspan="2">主管税务机关</td></tr>
<tr><td colspan="2"></td><td colspan="3"></td><td colspan="2"></td></tr>
<tr><td>税证环节资格
取消情况</td><td colspan="6">负责人：　　经办人：　　年　月　日</td></tr>
<tr><td>批准意见</td><td colspan="6">主管税务机关：
局长签字：</td></tr>
</table>

纳税人填写完相关内容后，在相关位置盖上单位公章、法人代表章、经办人章，然后将《注销税务登记申请审批表》交税务登记窗口。

(3)税务机关核准

纳税人正常注销的，必须经过主管税务机关收缴证件、清缴发票、结清税款、有关资格注销等步骤，由主管税务机关核准后领取《注销税务登记通知书》。

2. 注意事项

(1)如果纳税人未在规定期限内办理注销税务登记的，税务机关按照规定进行违章处罚；

(2)纳税人有在查案件的，必须办理结案后才能办理注销登记；

(3)纳税人注销手续办结前尚需向主管税务机关进行纳税申报。

1.2.5 停业、复业登记

1. 办理停业、复业登记的程序

(1)申请并提供相关资料

纳税人在营业执照核准经营期限内停业 15 天以上时(或停业后复业)，应向主管税务机关的税务登记窗口提出停业(或复业)登记申请报告，连同如下资料交税务登记窗口：工商行政管理部门要求停业的，提交工商行政管理部门的停业文件；主管税务机关原发放的《税务登记证》正、副本；《发票购领证》及未使用的发票。

(2)领取并填写《停业登记表》(或《复业单证领取表》)。

纳税人领取并填写《停业登记表》(或《复业单证领取表》)，如表 1-5。

表 1-5 停业登记表

纳税人识别号：| | | | | | | | | | | | | | | |

纳税人名称：

<table>
<tr><td colspan="6">停业原因：</td></tr>
<tr><td rowspan="2">批准机关</td><td>名　称</td><td colspan="4"></td></tr>
<tr><td>批准文号及日期</td><td colspan="4"></td></tr>
<tr><td>申请停业期限</td><td colspan="5">年　　月　　日至　　年　　月　　日</td></tr>
<tr><td colspan="6">纳税人(签章)
法定代表人(负责人)：　　办税人员：　　年　　月　　日</td></tr>
<tr><td colspan="6">以下由税务机关填写</td></tr>
<tr><td rowspan="7">发票管理
环节封存
发票情况</td><td>序号</td><td></td><td>证件名称</td><td colspan="2"></td></tr>
<tr><td>数量</td><td></td><td>证件号码</td><td>证件顺序号</td><td></td></tr>
<tr><td>发票名称</td><td></td><td></td><td></td><td></td></tr>
<tr><td>结存发票数量</td><td></td><td></td><td></td><td></td></tr>
<tr><td>起止编号</td><td></td><td></td><td></td><td></td></tr>
<tr><td>发票领购簿名称</td><td colspan="4"></td></tr>
<tr><td colspan="5">负责人：　　经办人：　　年　　月　　日</td></tr>
</table>

续表

<table>
<tr><td>稽查环节
清查情况</td><td colspan="6">负责人： 经办人： 年 月 日</td></tr>
<tr><td>征收环节
结算清缴
税款情况</td><td colspan="6">负责人： 经办人： 年 月 日</td></tr>
<tr><td rowspan="7">登记管理环
节审核意见</td><td>序号</td><td colspan="2"></td><td colspan="2">证件名称</td><td></td></tr>
<tr><td>数量</td><td></td><td>证件名称</td><td></td><td>证件顺序号</td><td></td></tr>
<tr><td rowspan="3">封存税务
机关发放
证件情况</td><td colspan="2">税务登记正本</td><td colspan="2">税务登记副本</td><td>其他有关证件</td></tr>
<tr><td colspan="2"></td><td colspan="2"></td><td></td></tr>
<tr><td colspan="2"></td><td colspan="2"></td><td></td></tr>
<tr><td>核准停业
期　　限</td><td colspan="5">年 月 日至 年 月 日</td></tr>
<tr><td colspan="6">负责人： 经办人： 年 月 日</td></tr>
<tr><td>批准意见</td><td colspan="6">主管税务机关：
（公章）
局长签字： 年 月 日</td></tr>
</table>

纳税人在按税务机关要求如实填写《停业登记表》(或《复业单证领取表》)后，把表交税务登记窗口。

(3)税务机关审核、批准

主管税务机关税务登记窗口确认申请停业的纳税人税款已结清，已清缴发票并收缴税务登记证件等涉税证件后，核准其停业申请，制发《核准停业通知书》和《复业单证领取表》给纳税人。

纳税人按期或提前复业的，应当在停业期满前持《复业单证领取表》到主管税务机关办理复业手续，领回或启用税务登记证件和《发票领购证》等，纳入正常营业纳税人管理。

2. 注意事项

(1)对需延长停业时间的，纳税人应在停业期满 5 天前提出申请，报税务机关重新核批停业期限；

(2)对停业期满未申请延期复业的，税务机关视为已恢复营业，实施正常的税收管理；

(3)纳税人提前复业的，按提前复业的日期作为复业日期。

1.2.6 税务登记验证、换证

《税务登记证》实行定期验证和换证制度，一般每年验证一次，三年更换一次。纳税人应当在规定的期限内，持税务登记证(正、副本)到主管税务机关办理验证或换证手续。

1. 税务登记验证、换证的程序

(1)申请并提供资料

纳税人按照税务机关发布的验证、换证或与有关部门联合年检公告要求的时间、地点到主管税务机关税务登记窗口，申请办理验证、换证或联合年检手续，需换证的纳税人，还应领取并填写相应类型的《税务登记表》。

纳税人办理税务登记验证、换证或联合年检时，应提交以下资料：《税务登记证》正、副本；营业执照副本及复印件；全部银行账号证明及复印件；组织机构统一代码证书及复印件。

(2)领取并填写《税务登记验证(换证)登记表》

纳税人领取《税务登记验证(换证)登记表》，并按规定填写齐全后，盖章确认，交税务机关税务登记窗口。

(3)税务机关审核

主管税务机关税务登记窗口受理、审阅纳税人填报的表格是否符合要求，所提交的资料是否齐全。符合条件的给予受理，按规定收缴工本费。

纳税人按照税务机关通知的时间领回有关证件及资料。不需重新发证的，在纳税人的税务登记证件上贴上验证贴花标识；需换证的，重新制发税务登记证件。

2. 注意事项

(1)纳税人未按期验换证的，视作未按期办理税务登记，税务机关按规定进行违章处罚；

(2)纳税人有变更事项而未办理变更登记的，必须先按程序办理变更手续；

(3)验证和换证必须提供原登记证件，换证的收缴证件，如有遗失的应先在新闻媒体上公开声明作废后申请补发。

1.2.7 外出经营活动税收管理

从事生产、经营的纳税人到外县(市)进行生产经营的，应向主管税务机关申请开具《外出经营活动税收管理证明》。

1. 办理外出经营活动税收管理证明程序

(1)申请

纳税人持税务登记证(副本)及书面证明到主管税务机关领取并填写《外出经营活动税收管理证明申请审批表》。

(2)税务机关审核、发证

纳税人向主管税务机关登记窗口提交《外出经营活动税收管理证明申请审批表》及相关资料，税务机关审核后，符合要求的制发《外出经营活动税收管理证明》，加盖公章后交给纳税人。

纳税人到外埠销售货物的，《外出经营活动税收管理证明》有效期一般为三十日；到外埠从事建筑安装工程的，有效期一般为一年，因工程需要延长的，应当向核发税务机关重新申请。

(3)核销

外出经营纳税人在其经营活动结束后，纳税人应向经营地税务机关填报《外出经营活动情况申报表》，按规定结清税款、缴销未使用完的发票。

《外出经营活动税收管理证明》有效期届满十日内，纳税人应回到主管税务机关办理核销手续，需延长经营期限的，必须先到主管税务机关核销后重新申请。

2. 注意事项

(1)纳税人到外县(市)进行生产经营的，必须向主管税务机关申请开具《外出经营活动税收管理证明》,未持有该证明的,经营地税务机关一律按6%的征收率征收税款,并处以10000元以下的罚款。

(2)纳税人应当向经营地税务机关结清税款、清缴未使用的发票,在证明上加盖经营地税务机关印章。

1.2.8 增值税一般纳税人的认定

增值税纳税人分为一般纳税人和小规模纳税人两类,分别规定其计税办法和管理办法,并对增值税一般纳税人实行认定制度。

1.增值税一般纳税人认定条件

新开业的符合以下一般纳税人条件的,应在办理税务登记的同时申请办理一般纳税人认定手续:

(1)会计核算健全,能够准确提供税务资料。

(2)预计年应税销售额超过小规模企业标准:①从事货物生产或者提供应税劳务的纳税人,以及以从事货物生产或者提供应税劳务为主,并兼营货物批发或者零售的纳税人,年应征增值税销售额(以下简称应税销售额)达到或超过50万元以上;②从事货物批发或零售的纳税人,年应税销售额在80万元以上。

(3)具有固定生产经营场所。

一般纳税人总、分支机构不在同一县(市)的,应分别向其机构所在地主管税务机关申请办理一般纳税人认定手续。

小规模纳税人会计核算健全,能够提供准确税务资料的,可以向主管税务机关申请资格认定,不作为小规模纳税人,依照一般纳税人计算应纳税额。

2.一般纳税人的申请程序

(1)申请并提供资料

纳税人根据税务机关的规定,在符合上面的一般纳税人认定条件后,向税务机关提出书面申请,并提供如下资料(适用于内资企业):①《增值税一般纳税人申请认定表》;②工商企业发票管理员登记审批表;③申请报告;④营业执照副本复印件;⑤开户许可证复印件;⑥税务登记证副本复印件;⑦租房协议书;⑧会计证复印件;⑨代码证复印件;⑩法人代表身份证复印件;⑪财务报表(资产负债表、损益表);⑫税务登记证副本原件。

(2)领取并填写《增值税一般纳税人申请认定表》等相关表格

纳税人领取并填写《增值税一般纳税人申请认定表》(如表1-6)、《一般纳税人纳税申报方式选择表》、《增值税专用发票自行保管责任书》。

(3)税务机关审核、确认

税务机关接到纳税人的申请资料后,制发《税务文书领取通知单》交纳税人。纳税人凭《税务文书领取通知单》到受理窗口领取《增值税(临时)一般纳税人认定通知书》、《增值税一般纳税人资格证书》,并在纳税人持有的《税务登记证》副本的首页盖上“增值税一般纳税人”确认专用章,作为纳税人领取专用发票的依据。

表 1-6 增值税一般纳税人申请认定表

纳税人识别号：

企业编码：

纳税人名称： 申请时间： 年 月 日

联系电话		企业类别	
年度实际销售额或年度预计销售额	生产货物的销售额		
	加工、修理修配的销售额		
	批发、零售的销售额		
	应税销售额合计		
	固定资产规模		
会计财务核算情况	专业财务人员人数		
	设置账簿种类		
	能否准确核算进项税、销项税额		
申请核发税务登记证副本数量		经批准核发数量	
主管税务机关意见： （公章） 经办人： 负责人： 年 月 日		上级税务机关： （公章） 经办人： 负责人： 年 月 日	

期限： 年 月 日至 年 月 日

任务 1.3 账证管理

【任务描述】

1. 能根据企业实际设置账簿，管理账簿；
2. 能正确领购发票，正确开具发票。

【教学准备】

《中华人民共和国税收征收管理法》、《中华人民共和国税收征收管理法实施细则》、《中华人民共和国发票管理办法》、《中华人民共和国发票管理办法实施细则》。

【相关知识】

1.3.1 涉税账簿的设置

从事生产、经营的纳税人应当自领取营业执照之日起 15 日内设置账簿，一般企业要设置的涉税账簿有总分类账、明细账(按具体税种设置)及有关辅助性账簿。“应交税费——应交增值税”明细账使用特殊的多栏式账页,其他明细账使用三栏式明细账页,总分类账使用总分类账页。扣缴义务人应当自税法规定的扣缴义务发生之日起10日内,按照所代扣、代收的税种设置代扣代缴、代收代缴税款账簿。同时从事生产、经营的纳税人应当自领取税务登记证件之日起15日内,将其企业的财务制度、会计处理办法及会计核算软件报送税务机关备案。

生产经营规模小又确无建账能力的纳税人,可以聘请注册会计师或者经税务机关认可的财会人员代为建账和办理账务;聘请上述机构或者人员有实际困难的,报经县以上税务机关批准,可以按照税务机关的规定,建立收支凭证粘贴簿、进货销货登记簿或者使用税控装置。

1.3.2 发票的领购

纳税人领取税务登记证后,应携带有关证件向税务机关提出领购发票的申请,然后凭税务机关发给的发票领购簿中核准的发票种类、数量以及购票方式,向税务机关领购发票。

发票是指在购销商品、提供或者接受劳务和其他经营活动中,开具、收取的收付款凭证。发票是确定经济收支行为发生的证明文件,是财务收支的法定凭证和会计核算的原始凭证,也是税务稽查的重要依据。《征管法》规定:税务机关是发票主管机关,负责发票印制、领购、开具、取得、保管、缴销的管理和监督。发票一般分为普通发票和增值税专用发票。

1. 普通发票的领购

(1)发票领购簿的申请、核发

纳税人凭税务登记证副本到主管税务机关领取并填写《发票领购簿申请审批表》(见表1-7),同时提交如下材料:经办人身份证明(居民身份证或护照)、财务专用章或发票专用章印模及主管税务机关要求报送的其他材料。

表1-7　普通发票领购簿申请审批表

纳税人识别号:□□□□□□□□□□□□□□□

企业编码:□□□□□□□

纳税人名称:

发票名称	联次	金额版	文字版	数量	每月用量
申请理由: 申请人签章: 办税人员签章:　　年　月　日	申请人财务专用章或发票专用章印模				

续表

以下由税务机关填写						
发票名称	规格	联次	金额版	文字版	数量	每次限购数量
购票方式				保管方式		
主管税务机关发票管理环节审批意见： （公章） 负责人：　　　经办人：　　　年　月　日						

主管税务机关发票管理环节对上述资料审核无误后，将核批的发票名称、种类、购票数量、购票方式(包括批量供应、验旧供新、交旧供新)等填发在发票领购簿上，同时对发票领购簿号码进行登记。

(2)领购普通发票

领购普通发票时，纳税人须报送税务登记证副本、发票领购簿及经办人身份证明，一般纳税人购增值税普通发票还需提供税控IC卡，供主管税务机关发票管理环节在审批发售普通发票时查验，对验旧供新和交旧供新方式售票的，还需提供前次领购的发票存根联。

审验合格后，纳税人按规定支付工本费，领购发票，并审核领购发票的种类、版别和数量。

2.增值税专用发票的领购

(1)增值税专用发票领购簿的申请、核发

已经认定的增值税一般纳税人，凭增值税一般纳税人申请认定表，到主管税务机关发票管理环节领取并填写增值税专用发票领购簿申请书。然后提交下列资料：①《领取增值税专用发票领购簿申请书》(表1-8)；②盖有增值税一般纳税人确认专用章的税务登记证副本；③办税员的身份证明；④财务专用章或发票专用章印模；⑤《最高开票限额申请表》(表1-9)。

表1-8　领取增值税专用发票领购簿申请书

________国家税务局：　　　企业编码：□□□□□□□

我单位已于____年____月____日被认定为增值税一般纳税人。纳税人识别号：□□□□□□□□□□□□□□□现申请购买增值税专用发票。

发票名称	发票代码	联次	每次领购最大数量
			本/份
			本/份
			本/份

为做好专用发票的领购工作，我单位特指定______(身份证号：____________)和______(身份证号：____________)____位同志为购票员。

我单位将建立健全专用发票管理制度。严格遵守有关专用发票领购、使用、保管的法律和法规。

法定代表人(负责人)(签章)：

申请单位(签章)

年　　月　　日

主管税务机关审核意见：

(公章)

年　　月　　日

主管税务机关审核意见：

(公章)

年　　月　　日

注：本表一式三份，一份纳税人留存，各级税务机关留存一份。

表 1-9　最高开票限额申请表

申请事项(由企业填写)	企业名称		税务登记代码	
	地址		联系电话	
	申请最高开票限额	□一亿元　□一千万元　□一百万元 □十万元　□一万元　□一千元		
	经办人(签字)： 年　月　日		企业(印章)： 年　月　日	
区县级税务机关意见	批准最高开票限额： 经办人(签字)：　批准人(签字)：　税务机关(印章) 年　月　日　年　月　日　年　月　日			
地市级税务机关意见	批准最高开票限额： 经办人(签字)：　批准人(签字)：　税务机关(印章) 年　月　日　年　月　日　年　月　日			
省级税务机关意见	批准最高开票限额： 经办人(签字)：　批准人(签字)：　税务机关(印章) 年　月　日　年　月　日　年　月　日			

注：本申请表一式两联：第一联，申请企业留存；第二联，区县级税务机关留存。

主管税务机关发票管理环节对上述资料审核无误后，填发增值税专用发票领购簿，签署准购发票名称、种类、数量、面额、购票方式、保管方式等审核意见。

(2)增值税专用发票的初始发行

一般纳税人领购专用设备后，凭《最高开票限额申请表》、《发票领购簿》到主管税务机关办理初始发行，即主管税务机关将一般纳税人的下列信息载入空白金税卡和IC卡：①企业名称；②税务登记代码；③开票限额；④购票限量；⑤购票人员姓名、密码；⑥开票机数量；⑦国家税务总局规定的其他信息。

一般纳税人发生上列信息变化，应向主管税务机关申请变更发行；发生第②项信息变化，应向主管税务机关申请注销发行。

(3)增值税专用发票的领购

增值税专用发票一般由县级主管税务机关发票管理环节发售，发售增值税专用发票实行验旧供新制度。

审批后日常领购增值税专用发票，需提供以下资料：《发票领购簿》；IC 卡；经办人身份证明；上一次发票的使用清单；税务部门规定的其他材料。

对资料齐备、手续齐全、符合条件而又无违反增值税专用发票管理规定行为的，主管税务机关发票管理环节予以发售增值税专用发票，并按规定价格收取发票工本费，同时开具收据交纳税人。

1.3.3 发票的开具

纳税义务人在对外销售商品、提供服务以及发生其他经营活动收取款项时，必须向付款方开具发票。在特殊情况下由付款方向收款方开具发票(收款单位和扣缴义务人支付给个人款项时开具的发票)，未发生经营业务一律不准开具发票。

1. 普通发票的开具要求

开具普通发票应遵守以下开具要求：①发票开具应该按规定的时限，顺序、逐栏、全联、全部栏次一次性如实开具，并加盖单位财务印章或发票专用章；②发票限于领购单位在本省、自治区、直辖市内开具；未经批准不得跨越规定的使用区域携带、邮寄或者运输空白发票；③任何单位和个人都不得转借、转让、代开发票；未经税务机关批准，不得拆本使用发票；不得自行扩大专用发票使用范围；④开具发票后，如果发生销货退回需要开红字发票，必须收回原发票并注明“作废”字样，或者取得对方有效证明；发生折让的，在收回原发票并注明“作废”字样后重新开具发票。

2. 专用发票的开具要求

开具增值税专用发票，除要按照普通发票的要求外，还要遵守以下规定：①项目齐全，与实际交易相符；②字迹清楚，不得压线、错格；③发票联和抵扣联加盖财务专用章或者发票专用章；④按照增值税纳税义务的发生时间开具。

1.3.4 账证的保管

单位和个人领购使用发票，应建立发票使用登记制度，设置发票登记簿，定期向主管税务机关报告发票的使用情况。增值税专用发票要专人保管，在启用前要检查有无缺号、串号、缺联以及有无防伪标志等情况，如发现问题应整本退回税务机关，并设立发票分类登记簿以记录增值税专用发票的购、领、存情况，每月进行检查统计并向税务机关汇报。

对已开具的发票存根和发票登记簿要妥善保管，保存期为五年，保存期满需要经税务机关查验后销毁。

纳税人、扣缴义务人必须按有关规定保管会计档案，对会计凭证、账簿、会计报表，以及完税凭证和其他有关纳税资料，应当保管 10 年，不得伪造、变造或者擅自销毁。

任务 1.4　纳税申报

【任务描述】

1.能根据不同税种办理正常纳税申报手续；

2.能根据企业的实际办理延期申报和零申报工作。

【教学准备】

《中华人民共和国税收征收管理法》、《中华人民共和国税收征收管理法实施细则》。

【相关知识】

1.4.1　一般纳税申报

纳税申报是指纳税人、扣缴义务人、代征人为正常履行纳税、扣缴税款义务，就纳税事项向税务机关提出书面申报的一种法定手续。进行纳税申报是纳税人、扣缴义务人、代征人必须履行的义务。

1.纳税申报的主体

凡是按照国家法律、行政法规的规定负有纳税义务的纳税人或代征人、扣缴义务人（含享受减免税的纳税义务人），无论本期有无应纳、应缴税款，都必须按税法规定的期限如实向主管税务机关办理纳税申报。

纳税人应指派专门办税人员持《办税员证》办理纳税申报。纳税人必须如实填报纳税申报表，并加盖单位公章，同时按照税务机关的要求提供有关纳税申报资料，纳税人应对其申报的内容，承担完全的法律责任。

2.纳税的申报方式

一般来说，纳税申报主要有直接申报（上门申报）、邮寄申报、数据电文申报（电子申报）、简易申报和其他申报等方式。

直接申报是目前最常用的申报方式，是指由纳税人和扣缴义务人在法定税款征收期内自行到税务机关报送纳税申报表和其他有关纳税申报资料。

邮寄申报是指经税务机关批准的纳税人、扣缴义务人使用统一规定的纳税申报特快专递专用信封，通过邮政部门办理交寄手续，并向邮政部门索取收据作为申报凭证的方式。

数据电文申报（电子申报）是指经税务机关批准的纳税人通过电话语音、电子数据交换和网络传输等形式办理的纳税申报，纳税人采用电子方式办理纳税申报的，应当按照税务机关规定的期限和要求保存有关资料，并定期书面报送主管税务机关。

简易申报是指实行定期定额的纳税人，经税务机关批准，通过以缴纳税款凭证代替申报或简并征期的一种申报方式。

其他方式是指纳税人、扣缴义务人采用直接办理、邮寄办理、数据电文以外的方法向税务机关办理纳税申报或者报送代扣代缴、代收代缴报告表。

3.纳税申报应报送的有关资料

纳税人依法办理纳税申报时，应向税务机关报送纳税申报表及规定报送的各种附表资料、异地完税凭证、财务报表以及税务机关要求报送的其他有关资料。

代扣代缴义务人发生代扣代缴义务，在其第一次向税务机关报送资料时，需领取并填写代扣代缴义务人情况表一式两份(一份税务机关留存，一份扣缴义务人留存)，由税务机关确认代扣税种、代扣税种的税目或品目、代扣期限、结缴期限、征收率(单位税额)等有关事宜。如代扣代缴义务人的代扣代缴情况发生变化，需到税务机关重新领取并填写代扣代缴义务人情况表。

4. 滞纳金和罚金

我国税法规定，纳税人未按规定纳税期限缴纳税款的，扣缴义务人未按规定期限解缴税款的，税务机关除责令限期缴纳外，从滞纳税款之日起，按日加收滞纳税款0.5‰的滞纳金。

税法还规定，纳税人发生违章行为的，按规定可以处一定数量的罚款。企业支付的各种滞纳金、罚款等不得列入成本费用，不得在税前列支，应当计入企业的营业外支出。

1.4.2 延期申报与零申报

1. 延期申报

纳税人、扣缴义务人因不可抗力原因需延期申报的，应于其所延期申报税种的纳税期限终了前5日内向主管税务机关提出延期申报申请，并填写延期申报申请审批，经主管税务机关批准并向其发送核准延期申报通知书后，可以延期办理纳税申报。

2. 零申报

纳税人和扣缴义务人在有效期间内，没有取得应税收入或所得，没有应缴税款发生，或者已办理税务登记但未开始经营或者开业期间没有经营收入的纳税人，除已办理停业审批手续的以外，必须按规定的纳税申报期限进行零申报。纳税人进行零申报，应在申报期内向主管税务机关正常报送纳税申报表及有关资料，并在纳税申报表上注明“零”或“无收入”字样。

任务1.5 税款缴纳

【任务描述】

1. 能根据企业实际确定税款缴纳方式；
2. 能办理税款的缴纳、减免、退还等工作。

【教学准备】

《中华人民共和国税收征收管理法》、《中华人民共和国税收征收管理法实施细则》。

【相关知识】

1.5.1 税款征收方式

税款缴纳是纳税义务人依税法规定的期限，将应纳税款向国库解缴的活动。它是纳税义务人完成纳税义务的体现，是纳税活动的中心环节。税款缴纳按税法规定的征收方式进行，我国实行的税款征收方式有以下六种：

1. 查账征收

查账征收是税务机关按照纳税人提供的账表所反映的经营情况，依照适用的税率计算缴纳税款的方法。其具体步骤包括：先由纳税人在规定的纳税期限内，用纳税申报表的形式向税务机关办理纳税申报，经税务机关审查核实后，填写缴款书，并由纳税人到当地开户银行（国库）缴纳税款。这种征收方式适用于账簿、凭证和财务会计核算比较健全的纳税人。

2. 查定征收

查定征收是由税务机关依据纳税人的生产设备、生产能力、从业人员数量和正常情况下的生产销售情况，对其生产的应税产品实行查定产量、销售量或销售额，依率计征的一种征收方法。它适用于生产不固定、账册不健全的纳税人。

3. 查验征收

查验征收是税务机关对某些零星、分散的高税率货物，在纳税人申报缴税时，由税务机关派人到现场实地查验，并贴上查验标记或盖上查验戳记，据以计算征收税款的一种征收方法。

4. 定期定额

定期定额是税务机关对一些营业额和所得额难以准确计算的纳税人，采取由纳税人自报自议，由税务机关核定一定时期的营业额和所得税附征率，实行多税种合并征收的一种征收方式。纳税人在核定期内营业额达到或超过核定定额 20%～30%时，应及时向税务机关申报调整定额。它一般适用于小型的个体工商户。

5. 代扣代缴、代收代缴

代扣代缴，是指按照税法规定负有扣缴税款的法定义务人，负责对纳税人应纳的税款进行代扣代缴的方式。即由支付人在向纳税人支付款项时，从所支付款项中依法直接扣收税款并代为缴纳。其目的在于对零星分散、不易控管的税源进行源泉控制。如个人所得税以所得人为纳税义务人，其扣缴义务人为支付个人所得的单位。

代收代缴是指按照税法规定负有收缴税款的法定义务人，负责对纳税人应纳的税款进行代收代缴的方式。即由与纳税人有经济业务往来的单位和个人在向纳税人收取款项时依法收取税款并代为缴纳。其目的在于对税收网络覆盖不到或者难以控管的领域进行源泉控制。如增值税暂行条例规定，工业企业委托加工产品，一律于委托方提货时由受托方代收代缴税款。

6. 委托代征

委托代征是指受托的有关单位按照税务机关核发的代征证书的要求，以税务机关的名义向纳税人征收一些零散税款的方式。目前，各地对零散、不易控管的税源，大多是委托街道办事处、居委会、乡政府、村委会及交通管理部门等代征税款。

纳税人采用哪一种方式缴纳税款，应由纳税义务人向税务机关申报后，由税务机关根据具体情况决定，纳税人无权自行确定或变更。

1.5.2 税款缴纳程序

1. 正常缴纳税款

税款缴纳程序因征收方式不同而有所不同。一般来说是由纳税义务人、扣缴义务人直接向国库或者国库经收处缴纳，也可以由税务机关自收或者委托代征税款。如果自收或者委托代征税款，应由税务机关填制汇总缴纳书，随同税款缴入国库经收处。国库经收处收纳的税款，随同缴款书划转入库后，才完成了税款征收手续。无论采取哪种缴纳程序，征缴税款后，税务机关必须给纳税人开具完税凭证——中华人民共和国税收缴款书（盖有国库经收处收款章）或者税收完税证。

纳税人、扣缴义务人申报期限的最后一天如遇国家法定的公休假日，可以顺延。公休假日是指元旦、春节、五一节、国庆节以及双休日。纳税人、扣缴义务人为了错开集中休息时间，经有关部门批准把双休日改在一周之内其他时间休息的，也应视同公休假日。

2. 延期缴纳税款

纳税人或扣缴义务人必须按法律、法规规定的期限缴纳税款，但有特殊困难不能按期缴纳税款的，按照《税收征管法》的规定，可以申请延期缴纳税款。

纳税人申请延期缴纳税款应符合下列条件之一，并提供相应的证明材料：

(1)水、火、风、雹、海潮、地震等自然灾害的灾情报告；

(2)可供纳税的现金、支票以及其他财产遭受查封、冻结、偷盗、抢劫等意外事故，由法院或公安机关出具的执行通告或事故证明；

(3)国家经济政策调整的依据；

(4)货款拖欠情况说明及所有银行账号的银行对账单、资产负债表。

纳税人延期缴纳税款申报的操作程序分为两步：

第一步：向主管税务机关填报《延期缴纳税款申请审批表》进行书面申请；

第二步：主管税务机关审核无误后，必须经省（自治区、直辖市）国家税务局或地方税务局批准方可延期缴纳税款。

需要注意的是，延期期限最长不能超过3个月，且同一笔税款不得滚动审批。

1.5.3 税款的减免和退税

1. 税款的减免

按照税法的规定，纳税人可以用书面形式向税务机关申请减税、免税，但减税、免税申请必须经法律、行政法规规定的减免税审批机关审批，程序如下：

(1)企业申请。符合减免条件的企业，应在规定的期限内向所在地主管税务机关提交申请减免税报告，详细说明该单位的基本情况、相关指标、减免条件、政策依据，以及要求减免的税种、金额、期限等，并填写纳税单位减免税申请书。

(2)调查核实。主管税务机关在收到企业提交的申请后15日内派人员深入企业进行调查，核实企业实际情况。对不符合条件者以书面形式通知申请企业；对申请报告数据不实或不完善者，以书面形式告知并退回申请书，要求限期重报；对符合条件者，在纳税单位减免申请书中注明调查核实意见，详细说明减免条件、减免依据等，盖章后上报减免税管理部门审批。

(3)研究审批。减免税管理部门研究决定通过后，由经办人签注意见，并由主管领导审核后加盖公章，然后按减免税审批权限审批。

(4)纳税人领取减免税审批通知。

2. 税款的退还

退税的前提是纳税人已经缴纳了超过应纳税额的税款。退税情形有两种：一是技术差错和结算性质的退税；二是为加强对收入的管理，规定纳税人先按应纳税额如数缴纳入库，经核实后再从中退还应退的部分。

(1)退还的方式。可以是税务机关发现后立即退还，也可以是纳税人发现后申请退还。

(2)退税的时限要求：①税务机关发现的多征税款，无论多长时间都必须退还给纳税人；②纳税人发现的多征税款，可以自结算缴纳税款之日起3年内要求退还；③多征税款必须于发现或接到纳税人退款申请之日起60日内，予以退还，也可以按照纳税人的要求抵缴下期应纳税款。

(3)纳税人申请退税需报送的资料和证件。主要有税务登记证副本、退税申请表一式三份、有关的税款缴纳凭证及纳税申报表。

能力测试1.1　职业能力判断与选择

一、判断题

1.财政机关和税务机关是发票主管机关，但增值税专用发票必须由主管税务机关进行监督管理。　(　　)

2.税务机关对可不设或应设而未设账簿的，或虽设账簿但难以查账的纳税人，可以采取查定征收方式。　(　　)

3.从事生产经营的纳税人到外县(市)从事生产经营活动的，必须持所在地税务机关填发的外出经营活动税收管理证明，向营业地税务机关报验登记，接受税务管理。　(　　)

4.纳税人须办理注销税务登记的，应在申报办理注销工商登记前，向原税务机关申报办理注销税务登记；在办理注销税务登记前，应当向税务机关结清应纳税款，缴销发票和其他税务证件。　(　　)

5.税务机关可依法到纳税人的生产、生活、经营场所和货物存放地检查纳税人应纳税的商品、货物或其他财产。　(　　)

6.税务登记证应每年换证一次。　(　　)

7.纳税人因偷税未缴或少缴的税款，税务机关可以无限期追缴。　(　　)

8.纳税人经营地点变动而涉及改变税务登记机关的，须向原税务机关办理变更税务登记。　(　　)

9.纳税人在纳税申报期内若有收入，应按规定的期限办理纳税申报；若申报期内无收入或在减免税期间，可以不办理纳税申报。　(　　)

10.在税收法律关系中，代表国家行使征税职权的税务机关是权利主体，履行纳税义务的法人、自然人是义务主体或称为权利客体。　(　　)

11.纳税人因有特殊困难，不能按期缴纳税款的，经县级税务局批准，可以延期纳税3个月；延期纳税3个月以上者，需经市(地)级税务局批准。　(　　)

12.税法对每一税种都要确定纳税环节和税目。　(　　)

13.税务会计作为一项实质性工作是独立存在的，它要求企业在财务会计凭证、账簿、报表之外再设一套会计账表。　(　　)

二、单项选择题

1.《税收征管法》规定，从事生产经营的纳税人应当自领取(　　)之日起15日内，将其财务、会计制度或者财务、会计处理办法报送税务机关备案。

A. 税务登记证件　　B. 发票领购簿

C. 营业执照　　D. 财务专用章

2. 纳税人办理税务登记后，其登记事项发生变化且需在工商行政管理部门办理变更登记的，应在自工商部门办理变更登记之日起(　　)内，持有关证件向主管税务机关申报办理变更税务登记。

A. 5日　　B. 10日　　C. 15日　　D. 30日

3. 纳税人被工商行政管理机关吊销营业执照的，应当自营业执照被吊销之日起(　　)内，向原税务登记机关申请办理注销税务登记。

A. 7日　　B. 10日　　C. 15日　　D. 30日

4. 税务登记不包括(　　)。

A. 开业登记　　B. 变更登记　　C. 停业登记　　D. 减免税登记

5. 纳税申报的对象不包括(　　)。

A. 纳税人　　B. 征收人员　　C. 扣缴义务人　　D. 代收代缴义务人

6. 下列(　　)不需要办理注销登记。

A. 纳税人解散　　B. 破产

C. 撤销不独立核算的营业部　　D. 吊销营业执照

7. 纳税人、扣缴义务人和纳税担保人未按规定期限缴纳或解缴税款或缴纳应担保的税款，在限期(　　)内仍未缴纳的，经依法批准可采取强制执行措施。

A. 10日　　B. 15日　　C. 30日　　D. 60日

8. 如果由于不可抗力或财务会计处理上的特殊情况等原因，纳税人不能按期进行纳税申报的，经税务机关核准，可以延期申报，但最长不得超过(　　)。

A. 1个月　　B. 3个月　　C. 半年　　D. 1年

9. 发票的存放和保管应按税务机关的规定办理，不得丢失和擅自损毁。已经开具的发票存根联和发票登记簿，应当保存(　　)。

A. 1年　　B. 2年　　C. 3年　　D. 5年

10. 因税务机关的责任，致使纳税人、扣缴义务人未缴或少缴税款的，税务机关在(　　)内可以要求纳税人、扣缴义务人补缴税款，但是不得加收滞纳金。

A. 1年　　B. 2年　　C. 3年　　D. 5年

11. 对账簿、凭证、会计等核算制度比较健全的纳税人应采取的税款征收方式为(　　)。

A. 查账征收　　B. 查定征收　　C. 查验征收　　D. 邮寄申报

12. 根据《税收征管法》的规定，致使纳税人未按规定的期限缴纳或者解缴税款的，税务机关除责令限期缴纳外，应当从滞纳税款之日起，按日加收滞纳税款(　　)的滞纳金。

A. 1‰　　B. 2‰　　C. 0.3‰　　D. 0.5‰

三、多项选择题

1. 税务登记的种类，主要有(　　)。

A. 开业税务登记　　B. 变更税务登记

C.注销税务登记　　D. 停业与复业税务登记

2.纳税人办理开业登记时，需提供以下哪些材料（　　）。

A.营业执照副本原件　　B.生产、经营地址证明复印件

C.公司章程复印件　　D.法定代表人（负责人）居民身份证

3.税务部门在（　　）时候会取消纳税人的一般纳税人资格。

A.上一年度应税销售额没有达到规定的增值税一般纳税人限额标准

B.会计账簿设置不符合要求

C.有虚开增值税专用发票行为

D.连续两个月没按时报税

4.依据《税收征管法》规定，纳税人发生下列（　　）情形时，应依法办理变更税务登记。

A.法定代表人发生变化的　　B.纳税人名称发生变化的

C.依法吊销营业执照的　　D.纳税人发生解散的

5.纳税人（　　）情况下可以申请延期纳税

A.遇到人力不可抗拒的自然灾害　　B.可供纳税的财产等遭遇偷盗

C.可供纳税的货款拖欠　　D.可减免税时

6.税务检查权是税务机关在检查活动中依法享受的权利，税收征管法规定税务机关有权（　　）。

A.检查纳税人的账簿、记账凭证、报表和有关资料

B.责成纳税人提供与纳税有关的文件、评审材料和有关资料

C.到纳税人的生产、经营场所和货物存放地检查纳税人应纳税的商品、货物或者其他财产

D.对纳税人的住宅及其他生活场所进行检查

7.根据发票管理办法及其实施细则的规定，税务机关在发票检查中享有的职权有（　　）。

A.调出发票转让　　B.调出发票查验

C.鉴定发票真伪　　D.复制与发票有关的资料

8.下列可以采用“核定征收”方式征税的有（　　）。

A.依《税收征管法》可以不设账簿的　　B.账目混乱、凭证不全、难以查账的

C.外国企业会计账簿以外币计价的　　D.因偷税受两次行政处罚后再犯的

9.纳税人有逃避纳税义务行为或欠税需出境等情形时，税务机关可要求纳税人采取下列（　　）方式提供担保。

A.提交纳税保证金　　B.提供财产担保

C.提供纳税担保人　　D.变卖财产抵缴

10.税务机关检查纳税人存款账户时，须做到（　　）。

A.经县以上税务局（分局）局长批准　　B.凭全国统一格式的检查存款账户许可证

C.指定专人　　D.为纳税人保密

项目二 增值税会计核算与申报

【学习目标】

知识目标

1. 理解增值税的基本法规知识；

2. 掌握增值税一般纳税人销项税额、进项税额的确定方法，掌握增值税应纳税额的计算；

3. 熟悉增值税涉税业务的会计处理；

4. 理解增值税的填报规定；

5. 掌握增值税出口货物退(免)税的计算方法及适用范围。

能力目标

1. 能根据学习内容的需要查阅有关资料；

2. 能判断企业所属的增值税纳税人类型，能判断哪些项目应征增值税，适用何种税率；

3. 会根据业务资料计算增值税一般纳税人、小规模纳税人及进口货物应纳税额；

4. 能根据业务资料进行增值税会计业务处理；

5. 会根据业务资料填制增值税一般纳税人和小规模纳税人纳税申报表，能办理增值税纳税申报；

6. 能用“免、抵、退”办法计算增值税应免抵和应退的税款，能对增值税“免、抵、退”办法进行会计核算；

7. 培养敬业精神、团队合作能力和良好的职业道德修养。

【项目引言】

增值税是对商品流转过程中产生的增值额征税，是一种道道征税的税种，其在我国开征不过 20 年，但已是我国第一大税种，占全部税收收入的 40%。从 2009 年 1 月 1 日起，我国增值税从“生产型增值税”全面转型为“消费型增值税”，它的调整和变动，无论对于我国现行税制还是对于整个税收收入而言，具有“牵一发而动全身”之效，必将对相关企业和宏观经济层面产生较大影响。学完本项目相关内容后，你会对增值税有个全面的了解。

任务 2.1 纳税人和征税范围的确定

【任务描述】

1. 确定增值税征税范围、视同销售行为，区分混合销售行为和兼营非应税劳务行为及各自的税务处理；

2. 确定增值税一般纳税人、小规模纳税人和法定扣缴义务人；

3. 正确选择增值税税率；

4. 运用税收优惠政策，明确减免税项目；

5. 使用增值税专用发票。

【教学准备】

1.《中华人民共和国增值税暂行条例》、《中华人民共和国增值税暂行条例实施细则》和增值税其他相关法规；

2. 增值税两类纳税人的经济业务资料。

【相关知识】

2.1.1 纳税人的确定

增值税纳税人是在我国境内销售货物或提供加工、修理修配劳务，以及进口货物的单位和个人。所称“单位”，是指企业、行政单位、事业单位、军事单位、社会团体及其他单位。所称“个人”，是指个体工商户和其他个人。单位租赁或者承包给其他单位或者个人经营的，以承租人或者承包人为纳税人。

境外的单位或者个人在境内提供应税劳务，在境内未设有经营机构的，以其境内代理人为扣缴义务人；在境内没有代理人的，以购买方为扣缴义务人。

为了严格增值税的征收管理，《增值税暂行条例》将纳税人按其经营规模及会计核算健全与否划分为一般纳税人和小规模纳税人。

1. 小规模纳税人和一般纳税人的认定标准

小规模纳税人是指年销售额在规定标准以下，会计核算不健全，不能够提供准确税务资料的增值税纳税人。根据《增值税暂行条例》的相关规定，小规模纳税人的认定标准为：①从事货物生产或提供应税劳务的纳税人，以及以从事货物生产或提供应税劳务为主，并兼营货物批发或零售的纳税人，年应税销售额在 50 万元及以下的；②从事货物批发或零售的纳税人，年应税销售额在 80 万元及以下的。

一般纳税人是指年应征增值税销售额超过小规模纳税人标准的企业和企业性单位。年应税销售额未超过标准的企业和企业性单位，账簿健全，能准确核算并提供销项税额、进项税额，并能按规定报送有关税务资料的，经企业申请，税务部门可将其认定为一般纳税人。

年应税销售额超过小规模纳税人标准的除个体工商户之外的其他个人按小规模纳税人纳税；非企业性单位、不经常发生应税行为的企业可选择按小规模纳税人纳税。

2. 小规模纳税人和一般纳税人的管理

小规模纳税人实行简易征税办法，不能自行领购和使用增值税专用发票，并不得抵扣进项税额。但对那些能认真履行纳税义务的小规模企业，经县（市）税务局批准，其销售货物或应税劳务可由税务机关代开增值税专用发票。

增值税一般纳税人须向主管税务机关申请资格认定，以取得法定资格。经税务机关审核认定的一般纳税人，可按规定领购和使用增值税专用发票，按增值税条例规定计算缴纳增值税。需要注意的是，除国家税务总局另有规定外，纳税人一经认定为一般纳税人后，不得转为小规模纳税人。

2.1.2 征税范围的确定

我国现行增值税征收范围为在我国境内销售的货物或者提供加工、修理修配的劳务，以及进口的货物。

1.征税范围的一般规定

(1)境内销售货物

境内销售货物是指有偿转让货物的所有权。所称的"货物"是指除土地、房屋和其他建筑物等不动产之外的有形动产，包括电力、热力、气体在内。所谓"在境内销售"，是指所销售货物的起运地或所在地在我国境内。所称的"有偿转让"是指从购买方取得货币、货物或者其他经济利益。

(2)境内提供加工、修理修配劳务

所谓"加工"是指受托加工货物，即委托方提供原料及主要材料，受托方按照委托方的要求制造货物并收取加工费的业务；"修理修配"是指受托方对损伤和丧失功能的货物进行修复，使其恢复原状和功能的业务。

(3)进口货物

进口货物是指将货物从我国境外移送至我国境内的行为。凡是进入我国关境内的货物，应在进口报关时向海关缴纳进口环节增值税。

2.属于征税范围的特殊行为

(1)视同销售行为

单位或个体户的下列行为，视同销售货物，征收增值税：

①将货物交付其他单位或者个人代销；

②销售代销货物；

③设有两个以上机构并实行统一核算的纳税人，将货物从一个机构移送至其他机构用于销售，但相关机构设在同一县(市)的除外；

④将自产或委托加工的货物用于非增值税应税项目；

⑤将自产或委托加工的货物用于集体福利或个人消费(包括业务招待性的消费)；

⑥将自产、委托加工或购进的货物作为投资，提供给其他单位或个体工商户；

⑦将自产、委托加工或购进的货物分配给股东或者投资者；

⑧将自产、委托加工或购进的货物无偿赠送给其他单位或者个人。

(2)混合销售行为

一项销售行为如果既涉及货物又涉及非增值税应税劳务，为混合销售行为。所谓非增值税应税劳务是指属于应缴营业税的交通运输业、建筑业、金融保险业、文化体育业、娱乐业、服务业税目征收范围的劳务。需要注意的是，混合销售行为中销售货物和提供非增值税应税劳务两者之间是紧密相连的从属关系，即非应税劳务是为了销售一批货物而提供，两者是针对一项销售行为而言的。

混合销售行为的一般税务处理方法为：从事货物生产、批发或零售的企业、企业性单位及个体工商户，以及以从事货物生产、批发或零售为主(≥50%)并兼营非增值税应税劳务的单位及个体经营者的混合销售行为，视为销售货物，应当缴纳增值税；其他单位和个人的混合销售行为，视为销售非增值税应税劳务，缴纳营业税。

需要注意的是，具有建筑业资质的纳税人提供建筑业劳务的同时销售自产货物的混合销售行为，应当分别核算货物的销售额和非增值税应税劳务的营业额，并根据其销售货物的销售额计算缴纳增值税，非增值税应税劳务的营业额缴纳营业税；未分别核算的，由主管税务机关核定其货物的销售额。

(3)兼营非增值税应税劳务

兼营非增值税应税劳务是指增值税纳税人在从事销售货物或提供增值税应税劳务的同时，还从事非增值税应税劳务，且二者之间并无直接联系和从属关系。

兼营非增值税应税劳务的税务处理方法为：应分别核算货物的销售额和非增值税应税劳务的营业额，并根据货物销售额和劳务营业额分别计算缴纳增值税和营业税；未分别核算的，由主管税务机关核定增值税应税货物销售额或者非增值税应税劳务营业额。

2.1.3　税率的选择

增值税一般纳税人适用的税率有三档，即基本税率17%、低税率13%和出口货物零税率；小规模纳税人则适用征收率。

1. 税率

增值税一般纳税人销售或进口适用13%低税率以外的货物，以及提供加工、修理修配劳务，税率为17%。

增值税一般纳税人销售或进口下列货物，按低税率13%计征增值税：粮食、食用植物油；自来水、暖气、冷气、热水、煤气、石油液化气、天然气、沼气、居民用煤炭制品；图书、报纸、杂志、音像制品、电子出版物；饲料、化肥、农药、农机、农膜；国务院规定的其他货物，如农产品。

除国家另有规定外，纳税人出口货物，税率为零。纳税人出口国务院另有规定的货物，不得适用零税率，纳税人出口的原油、援外出口货物、国家禁止出口的货物，包括天然牛黄、麝香、铜及铜基合金、白金等，应按规定缴纳增值税。

纳税人兼营不同税率的货物或者应税劳务，应分别核算不同税率货物或者应税劳务的销售额；未分别核算销售额的，从高适用税率。

2. 征收率

自2009年1月1日起，小规模纳税人增值税的征收率为3%。

2.1.4　优惠政策的运用

1. 减免税政策

根据增值税实施细则规定，现行免征增值税的项目主要有：农业生产者销售的自产初级农产品；避孕药品和用具；古旧图书；直接用于科学研究、科学实验和教学的进口仪器、设备；外国政府、国际组织无偿援助的进口物资和设备；由残疾人组织直接进口供残疾人专用的物品；销售自己使用过的物品(指其他个人自己使用过的物品)。

免税是指对货物或应税劳务在本生产环节的应纳税额全部免缴增值税。免税只免征本环节的应纳税额，对货物在以前生产流通环节所缴纳的税款不予退还，因此，免税货物仍然负担一定的增值税税负。

一般纳税人销售自己使用过的不得抵扣且未抵扣进项税额的固定资产，按简易办法依

4%征收率减半征收增值税。小规模纳税人(除其他个人外)销售自己使用过的固定资产,减按2%征收率征收增值税。

纳税人销售旧货按照简易办法依照4%征收率减半征收增值税,"旧货"是指进入二次流通的具有部分使用价值的货物(含旧汽车、旧摩托车和旧游艇),但不包括个人自己使用过的物品。

一般纳税人销售货物属于下列情形之一的,暂按简易办法依照4%征收率计算缴纳增值税:①寄售商店代销寄售物品(包括居民个人寄售的物品在内);②典当业销售死当物品;③经国务院或国务院授权机关批准的免税商店零售的免税品。

增值税的免税、减税项目由国务院规定,任何地区、部门均不得规定免税、减税项目。纳税人兼营免税、减税项目的,应当分别核算免税、减税项目的销售额;未分别核算销售额的,不得免税、减税。

2.起征点

对销售额未达到起征点的个人,可免征增值税。增值税起征点的适用范围限于个人,起征点的幅度规定如下:

(1)销售货物的,为月销售额2000～5000元;

(2)销售应税劳务的,为月销售额1500～3000元;

(3)按次纳税的,为每次(日)销售额150～200元。

省、自治区、直辖市财政厅(局)和国家税务局应在规定的幅度内,根据实际情况确定本地区适用的起征点,并报财政部、国家税务总局备案。

2.1.5 增值税专用发票的使用

增值税专用发票是一般纳税人销售货物或者提供应税劳务开具的发票,是购买方支付增值税额并可按照增值税有关规定据以抵扣增值税进项税额的合法证明。由于其所具备的特殊作用,我国对增值税专用发票制定了严格的管理规定。

1.增值税专用发票的领购和开具范围

(1)领购范围

一般纳税人可以凭《发票领购簿》、IC卡和经办人身份证明领购增值税专用发票。一般纳税人有下列情形之一的,不得领购开具专用发票:

①会计核算不健全,不能向税务机关准确提供增值税销项税额、进项税额、应纳税额数据及其他有关增值税税务资料的。

②有《税收征管法》规定的税收违法行为,拒不接受税务机关处理的。

③有下列行为之一,经税务机关责令限期改正而仍未改正的:虚开增值税专用发票;私自印制专用发票;向税务机关以外的单位和个人买取专用发票;借用他人专用发票;未按本规定第十一条开具专用发票;未按规定保管专用发票和专用设备;未按规定申请办理防伪税控系统变更发行;未按规定接受税务机关检查。

(2)开具范围

一般纳税人销售货物或者应税劳务,应当向索取增值税专用发票的购买方开具增值税专用发票,并在增值税专用发票上注明销售额和销项税额。

属于下列情形之一的,不得开具增值税专用发票:

①向消费者个人销售货物或者应税劳务的；

②销售货物或者应税劳务适用免税规定的；

③小规模纳税人销售货物或者应税劳务的。

商业企业一般纳税人零售的烟、酒、食品、服装、鞋帽(不包括劳保专用部分)、化妆品等消费品不得开具专用发票。

增值税小规模纳税人需要开具专用发票的，可向主管税务机关申请代开。

2. 增值税专用发票的基本内容和开具要求

增值税专用发票由基本联次或者基本联次附加其他联次构成。基本联次为三联，依次为抵扣联、发票联和记账联。抵扣联，作为购买方报送主管税务机关认证和留存备查的凭证；发票联，作为购买方核算采购成本和增值税进项税额的凭证；记账联，作为销售方核算销售收入和增值税销项税额的凭证。其他联次用途，由一般纳税人自行确定。各基本联次样式见图 2-1、图 2-2、图 2-3 所示。

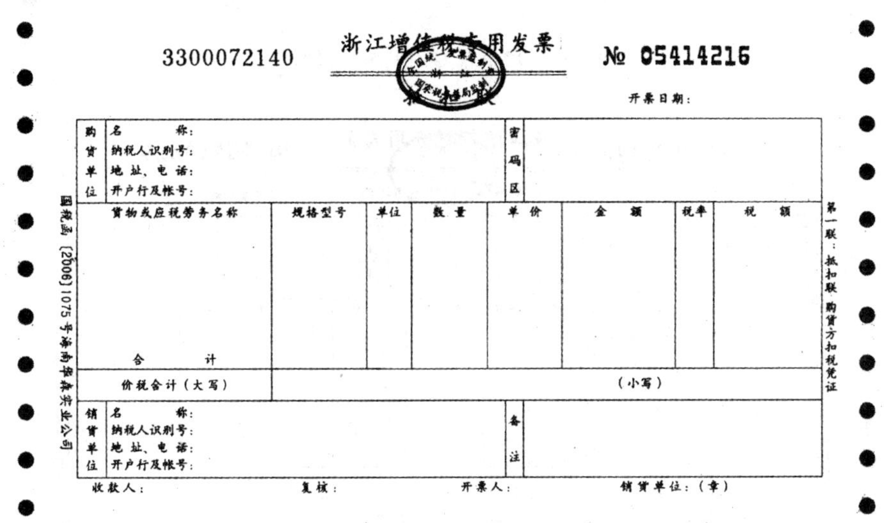

3300000072140　浙江增值税专用发票　№ 05414216

开票日期：

购货单位：名称：　纳税人识别号：　地址、电话：　开户行及帐号：　密码区

货物或应税劳务名称	规格型号	单位	数量	单价	金额	税率	税额
合计							

价税合计(大写)　(小写)

销货单位：名称：　纳税人识别号：　地址、电话：　开户行及帐号：　备注

收款人：　复核：　开票人：　销货单位：(章)

国税函〔2006〕1075号海南华森实业公司

第一联：抵扣联　购货方扣税凭证

图 2-1　增值税专用发票抵扣联

增值税一般纳税人应通过增值税防伪税控系统使用专用发票。防伪税控系统是指经国务院同意推行的，使用专用设备和通用设备、运用数字密码和电子存储技术管理专用发票的计算机管理系统。其中专用设备包括金税卡、IC 卡、读卡器等，通用设备包括计算机、打印机、扫描器具等。纳税人可以购买专用开票设备自行开票，也可以不购买上述专用开票设备，按《国家税务总局增值税防伪税控主机共享服务系统管理暂行办法》的规定，聘请社会中介机构代为开票。

增值税专用发票应按照增值税纳税义务的发生时间开具，不得提前或滞后，并与实际交易相符。开具时应项目齐全，字迹清楚，不得压线、错格，发票联和抵扣联加盖财务专用章或者发票专用章。对不符合上列要求的专用发票，购买方有权拒收。

对已开具增值税专用发票的销售货物，销货方要及时足额计入当期销售额计税。凡开具了增值税专用发票，其销售额未按规定计入销售账户核算的，一律按偷税论处。

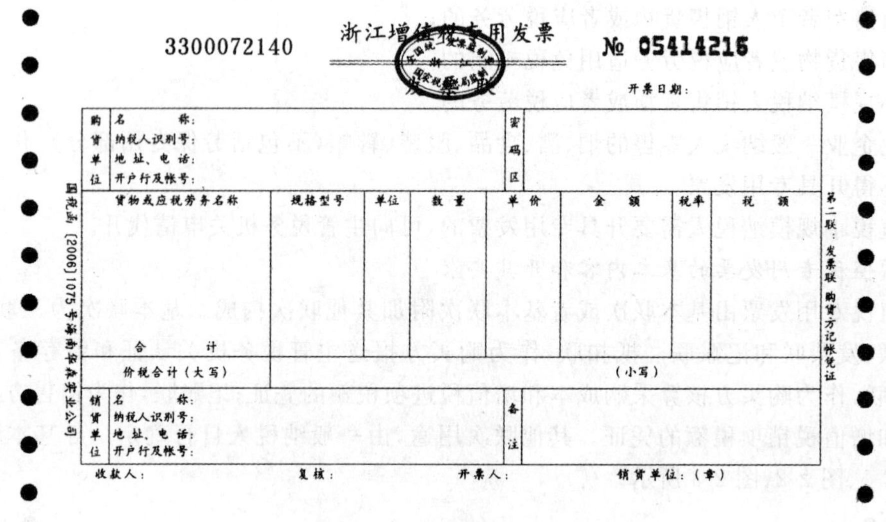

3300072140　　浙江增值税专用发票　　№ 05414216

发票联

开票日期：

购货单位	名称： 纳税人识别号： 地址、电话： 开户行及帐号：				密码区			
货物或应税劳务名称	规格型号	单位	数量	单价	金额	税率	税额	
合计								
价税合计（大写）					（小写）			
销货单位	名称： 纳税人识别号： 地址、电话： 开户行及帐号：				备注			

收款人：　　复核：　　开票人：　　销货单位：（章）

国税函[2006]1075号海南华森实业公司

第二联：发票联 购货方记帐凭证

图 2-2　增值税专用发票发票联

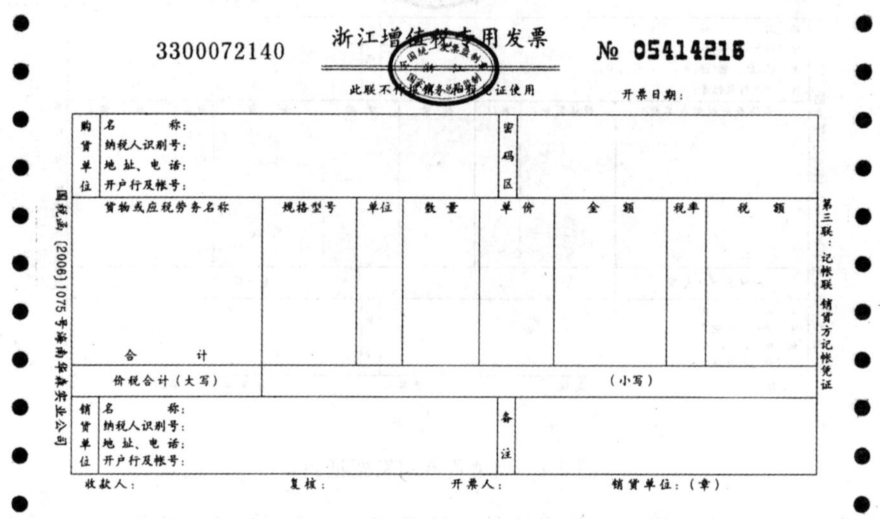

3300072140　　浙江增值税专用发票　　№ 05414216

此联不作报销、扣税凭证使用

开票日期：

购货单位	名称： 纳税人识别号： 地址、电话： 开户行及帐号：				密码区			
货物或应税劳务名称	规格型号	单位	数量	单价	金额	税率	税额	
合计								
价税合计（大写）					（小写）			
销货单位	名称： 纳税人识别号： 地址、电话： 开户行及帐号：				备注			

收款人：　　复核：　　开票人：　　销货单位：（章）

国税函[2006]1075号海南华森实业公司

第三联：记帐联 销货方记帐凭证

图 2-3　增值税专用发票记账联

3. 增值税专用发票抵扣联进项税额的抵扣

除国家税务总局另有规定外，用于抵扣增值税进项税额的专用发票应经税务机关认证相符。纳税人可以自行采集增值税专用发票抵扣联电子信息报送税务部门批量认证（企业自行扫描、识别或人工录入抵扣联票面信息，生成电子数据，以磁盘或通过互联网方式报送税务机关，由税务机关完成认证比对，并将认证结果信息返回企业）。2010 年 1 月 1 日以后由防伪税控系统开具的增值税专用发票，必须自开具之日起 180 日内到税务机关认证，否则不予抵扣进项税额。经过认证的增值税专用发票，应在认证通过的当月按规定核算当期进项税额并申报抵扣，否则不予抵扣进项税额。税务机关认证后，应向纳税人提供一份《增值税专用发票抵扣联认证清单》，以备企业作为纳税申报附列资料。

未经认证或未在规定时间内认证的增值税专用发票，以及认证不符的增值税专用发票，其进项税额不得抵扣。

4. 开具增值税专用发票后发生退货或销售折让的处理

一般纳税人在开具专用发票当月，发生销货退回、开票有误等情形，收到退回的发票联、抵扣联符合作废条件的(即：收到退回的发票联、抵扣联时间未超过销售方开票当月；销售方未抄税并且未记账；购买方未认证或者认证结果为“纳税人识别号认证不符”、“专用发票代码、号码认证不符”)，按作废处理；开具时发现有误的，可即时作废。作废专用发票须在防伪税控系统中将相应的数据电文按“作废”处理，在纸质专用发票(含未打印的专用发票)各联次上注明“作废”字样，全部联次留存。

一般纳税人取得专用发票后，发生销货退回、开票有误等情形但不符合作废条件的，或者因销货部分退回及发生销售折让的，购买方应向主管税务机关填报《开具红字增值税专用发票申请单》(以下简称《申请单》)。

主管税务机关对一般纳税人填报的《申请单》进行审核后，出具《开具红字增值税专用发票通知单》(以下简称《通知单》)。《通知单》应与《申请单》一一对应。除不符合作废条件的销货退回、部分退回及销售折让等情况外，购买方必须暂依《通知单》所列增值税税额从当期进项税额中转出，未抵扣增值税进项税额的可列入当期进项税额，待取得销售方开具的红字专用发票后，与留存的《通知单》一并作为记账凭证。销售方凭购买方提供的《通知单》开具红字专用发票，在防伪税控系统中以销项负数开具。红字专用发票应与《通知单》一一对应。

5. 丢失已开具增值税专用发票的处理

一般纳税人丢失已开具增值税专用发票的发票联和抵扣联，购买方凭销售方提供的相应增值税专用发票记账联复印件及销售方所在地主管税务机关出具的《丢失增值税专用发票已报税证明单》，经购买方主管税务机关审核同意后，可作为增值税进项税额的抵扣凭证。如果丢失前尚未认证的，购买方需凭销售方提供的相应增值税专用发票记账联复印件到主管税务机关进行认证。

一般纳税人丢失已开具专用发票的抵扣联，如果丢失前已认证相符的，可使用专用发票发票联复印件留存备查；如果丢失前未认证的，可使用专用发票发票联到主管税务机关认证，专用发票发票联复印件留存备查。

一般纳税人丢失已开具专用发票的发票联，可将专用发票抵扣联作为记账凭证的附件，专用发票抵扣联复印件留存备查。

任务 2.2 增值税税款计算

【任务描述】

1. 计算一般纳税人当期销项税额、进项税额和实际应纳税额；
2. 计算小规模纳税人当期应纳税额；
3. 计算进口货物应纳税额。

【教学准备】

1.《中华人民共和国增值税暂行条例》、《中华人民共和国增值税暂行条例实施细则》和增值税其他相关法规；

2.增值税两类纳税人的经济业务资料。

【相关知识】

2.2.1 一般纳税人应纳税额的计算

增值税一般纳税人在计算应纳税额时，实行购进扣税法，即凭进货发票按照税法规定的范围，从当期销项税额中抵扣购进货物或应税劳务已缴纳的增值税税额(即进项税额)。应纳税额计算公式为：

应纳税额＝当期销项税额－当期进项税额

1.计算销项税额

销项税额是指纳税人销售货物或提供加工、修理修配的应税劳务，按照销售额或应税劳务收入以及规定的税率计算并向购买方收取的增值税税额，其计算公式为：

销项税额 ＝ 销售额 × 税率

1)确定一般销售方式下的销售额

销售额是指纳税人销售货物或提供应税劳务向购买方收取的全部价款和价外费用，但是不包括收取的销项税额，体现出增值税价外税的性质。其中，价外费用包括价外向购买方收取的手续费、补贴、基金、集资费、返还利润、奖励费、违约金、滞纳金、延期付款利息、赔偿金、代收款项、代垫款项、包装费、包装物租金、储备费、优质费、运输装卸费以及其他各种性质的价外收费。但下列项目不包括在内：

(1)受托加工应征消费税的消费品所代收代缴的消费税。

(2)同时符合以下条件的代垫运费：承运者的运费发票开具给购货方；纳税人将该项发票转交给购货方。

(3)同时符合以下条件代为收取的政府性基金或者行政事业性收费：①由国务院或者财政部批准设立的政府性基金，由国务院或省级人民政府及其财政、价格主管部门批准设立的行政事业性收费；②收取时开具省级以上财政部门印制的财政票据；③所收款项全额上缴财政。

(4)销售货物的同时代办保险等而向购买方收取的保险费，以及向购买方收取的代购买方缴纳的车辆购置税、车辆牌照费。

2)确定特殊销售方式下的销售额

(1)纳税人采取折扣销售方式销售货物，如果销售额和折扣额在同一张发票上注明，可以按减除折扣后的销售额计税；如果折扣额另开发票，无论财务会计上如何处理，均不得按折扣后的销售额计税。

(2)纳税人因销货退回或折让而退回给购买方的增值税，应从发生销货退回或折让当期的销项税额中冲减。

(3)采取以旧换新方式销售货物，应按新货物同期售价确定，不能扣除旧货物的回收价格。考虑到金银首饰以旧换新业务的特殊情况，对金银首饰以旧换新业务，可以按销售方实际收取的不含增值税的全部价款征收增值税，即可扣除旧金银首饰的回收价格。

(4)采取以物易物方式销售货物，双方都应各自作购销处理，以各自发出的货物核算销售额并计算销项税额，以各自收到的货物按规定核算购货额并计算进项税额。

(5)采取还本方式销售货物，应以货物的销售价格确定销售额，不得从销售额中减除还本支出。

(6)为销售货物而出租出借包装物收取的押金，单独记账核算的，不并入销售额计税。但对逾期(一年)未收回的包装物不再退还的押金，应先换算成不含税收入，按所包装的货物适用的税率计算增值税。另外，对销售除啤酒、黄酒外的其他酒类产品收取的包装物押金，无论是否返还以及会计上如何核算，均应并入销售额计税。

(7)纳税人销售价格明显偏低并无正当理由或者发生视同销售行为而无销售额的，税务机关有权核定其销售额。核定顺序为：

①按纳税人最近时期同类货物的平均销售价格确定；

②按其他纳税人最近时期同类货物的平均销售价格确定；

③按组成计税价格确定：

组成计税价格＝成本×(1＋成本利润率)

属于应征消费税的货物，其组成计税价格中应加上消费税税额，即：

组成计税价格＝成本×(1＋成本利润率)＋消费税

＝成本×(1＋成本利润率)÷(1－消费税税率)

公式中的“成本”，如销售自产货物的为实际生产成本，销售外购货物的为实际采购成本；公式中的“成本利润率”按《增值税若干具体问题的规定》由国家税务总局确定为10％，但属于应征消费税的货物，其组成计税价格中的成本利润率为《消费税若干具体问题的规定》中规定的成本利润率。

3)含税销售额的换算

在销项税额的计算过程中，销售额如果为含税价的，需要还原成不含税价计算销项税额。计算公式为：

不含增值税销售额 ＝ 含税销售额÷(1＋税率)

常见的需要还原计算的情形主要包括：

(1)价税合计的销售额：商业企业零售价、普通发票上注明的销售额都是价税合计数；

(2)增值税混合销售：销售额为增值税应税货物销售额和非应税劳务销售额合计，其中非应税劳务销售额视为含税销售额；

(3)价外费用；

(4)包装物押金收入。

4)销售自己使用过的固定资产

一般纳税人销售自己使用过的固定资产，应区分不同情形征收增值税：

(1)一般纳税人销售2008年12月31日以前购进或自制的使用过的固定资产，以及2009年1月1日以后购进或自制，按规定不得抵扣且未抵扣进项税额的使用过的固定资产，按4％征收率减半征收增值税。计算公式为：

增值税应纳税额＝售价÷(1＋4％)×4％÷2

(2)一般纳税人销售2009年1月1日以后购进或自制，已抵扣进项税额的使用过的固定资产，按正常销售货物适用税率征收增值税。计算公式为：

增值税销项税额＝售价÷(1＋适用税率)×税率

2. 计算进项税额

进项税额是纳税人购进货物或接受应税劳务所支付或负担的增值税额，它与销售方取得的销项税额相对应。增值税一般纳税人应将其收取的销项税额抵扣其所支付的进项税额，其余额即为应缴纳的增值税额。但是根据增值税暂行条例规定，并非所有的进项税额都可以抵扣。

1)准予从销项税额中抵扣的进项税额

准予从销项税额中抵扣的进项税额可以分为两类：一类是取得法定扣税凭证，并符合税法规定允许抵扣的进项税额；另一类是虽然没有取得法定扣税凭证，但按税法规定准予按一定的抵扣率计算抵税的进项税额。

(1)取得法定扣税凭证准予抵扣的进项税额

法定扣税凭证主要包括购买货物或接受劳务时从销售方取得的增值税专用发票，以及进口货物从海关取得的海关进口增值税专用缴款书。

一般纳税人取得上述两类凭证上注明的增值税额符合税法规定的准予从销项税额中抵扣。

(2)按抵扣率计算抵税的进项税额

税法规定，在以下特殊情况下，虽然不能取得增值税专用发票或海关进口增值税专用缴款书，但能按一定的抵扣率计算抵扣进项税额：

①购进农产品。纳税人购进免税农产品，可按农产品收购发票或者销售发票上注明的农产品买价和13%的扣除率计算进项税额。计算公式为：

进项税额＝买价×扣除率13%

需要注意的是，收购农产品的买价，包括纳税人购进农产品在农产品收购发票或者销售发票上注明的价款和按规定缴纳的烟叶税。

②支付运输费用。纳税人购进或者销售货物，以及在生产经营过程中支付运输费用的，可按运输费用结算单据上注明的运输费用金额和7%的扣除率计算进项税额。计算公式为：

进项税额＝运费×扣除率7%

运输费用金额，是指运输费用结算单据上注明的运输费用(包括铁路临管线及铁路专线运输费用)和建设基金，不包括装卸费、保险费等其他杂费。

需要注意的是，准予计算抵扣进项税额的运输费，不包括购买或销售免税货物(购进免税农产品除外)的运输费。

2)不得从销项税额中抵扣的进项税额

按现行《增值税暂行条例实施细则》规定，下列项目的进项税额不得从销项税额中抵扣：

(1)用于非增值税应税项目、免征增值税项目、集体福利或者个人消费的购进货物或者应税劳务。

(2)非正常损失的购进货物及相关的应税劳务。

(3)非正常损失的在产品、产成品所耗用的购进货物或应税劳务。

以上所称“非正常损失”，是指因管理不善造成被盗、丢失、霉烂变质的损失。

(4)国务院财政、税务主管部门规定的纳税人自用消费品。

所称“自用消费品”，指纳税人自用的应征消费税的游艇、汽车、摩托车等。

(5)上述第(1)项至第(4)项规定的货物的运输费用和销售免税货物的运输费用。

(6)纳税人购进货物或者应税劳务,取得的增值税扣税凭证不符合法律、行政法规或者国务院税务主管部门有关规定。

以上六项即使纳税人取得合法扣税凭证,也不得抵扣进项税额。

此外,一般纳税人兼营免税项目或者非增值税应税劳务而无法划分不得抵扣的进项税额的,可按下列公式计算不得抵扣的进项税额:

不得抵扣的进项税额=当月无法划分的全部进项税额×当月免税项目销售额、非增值税应税劳务营业额合计÷当月全部销售额、营业额合计

3)进项税额转出

已抵扣进项税额的购进货物或者应税劳务,发生上述第(1)—(5)项情形的,应当将该项购进货物或者应税劳务的进项税额从当期的进项税额中扣减;无法确定该项进项税额的,应按当期实际成本计算应扣减的进项税额。

3. 计算增值税应纳税额

应纳税额=当期销项税额—当期进项税额

计算时如出现当期销项税额小于当期进项税额的,当期进项税额不足抵扣部分可结转下期继续抵扣。

1)销项税额的确认时限

确认销项税额,总的要求是不得滞后,销售货物或者应税劳务,为收讫销售款项或者取得索取销售款项凭据的当天;先开具发票的,为开具发票的当天。

2)进项税额的抵扣时限

(1)取得2010年1月1日以后防伪税控系统开具的增值税专用发票、公路内河货物运输业统一发票(以下简称货运发票)的,必须自发票开具之日起180日内到税务机关认证,否则不予抵扣进项税额。经过认证的增值税专用发票和货运发票,应在认证通过的当月核算当期进项税额并申报抵扣,否则不予抵扣进项税额。

(2)实行海关进口增值税专用缴款书"先比对后抵扣"管理办法的增值税一般纳税人,取得2010年1月1日以后开具的海关进口增值税专用缴款书的,应自开具之日起180日内向主管税务机关报送《海关完税凭证抵扣清单》,否则不予抵扣进项税额。增值税一般纳税人应在取得税务机关提供的《海关进口增值税专用缴款书稽核结果通知书》的当月核算当期进项税额并申报抵扣,否则不予抵扣进项税额。

(3)未实行海关进口增值税专用缴款书"先比对后抵扣"管理办法的增值税一般纳税人,取得2010年1月1日以后开具的海关进口增值税专用缴款书的,应当自开具之日起180天后的第一个纳税申报期结束以前向主管税务机关申报抵扣,逾期不得抵扣进项税额。

2.2.2 小规模纳税人应纳税额的计算

小规模纳税人销售货物或应税劳务,实行简易办法计税,一律按不含税销售额乘以3%征收率计算增值税应纳税额,不得抵扣进项税额。计算公式为:

应纳税额=不含税销售额×征收率

由于小规模纳税人在销售货物或应税劳务时一般只能开具普通发票,因此取得的销售收入为含税销售额,应先换算成不含税销售额才能计算应纳税额。换算公式为:

不含税销售额＝含税销售额÷(1＋征收率)

2.2.3 进口货物应纳税额的计算

纳税人进口货物,一律按组成计税价格计算应纳增值税税额。计算公式为:

组成计税价格＝关税完税价格＋关税

应纳税额＝组成计税价格×税率

如果进口货物属于消费税应税消费品,其组成计税价格中还应包括消费税税额,即:

组成计税价格＝关税完税价格＋关税＋消费税

【任务设计一】

工作实例:

甲公司为一生产企业,增值税一般纳税人,主要生产A、B两种产品,2009年10月发生下列业务:

(1)1日,购入原材料一批,取得增值税专用发票,价款为200000元,增值税34000元。同时支付运费32000元,取得货运发票。货款及运费均以银行存款支付。

(2)3日,购进一批免税农产品作为原材料,农产品收购凭证上注明价款为75000元,款项以银行存款支付。

(3)9日,收到乙企业投资的原材料,双方协议不含税作价1000000元,该原材料的增值税率为17%,取得防伪税控增值税专用发票一张。

(4)11日,收到某公司捐赠低值易耗品一批,双方确定的货物价值为不含税价24000元,取得增值税专用发票,注明的增值税为4080元。

(5)12日,将某企业逾期未退还的包装物押金6000元转作其他业务收入。

(6)13日,购入小汽车一辆,取得增值税专用发票,注明的价款为200000元,增值税34000元,用银行存款支付。

(7)14日,销售A产品一批,开具增值税专用发票,注明的价款为1000000元,增值税170000元,货款已收到。

(8)15日,公司将B产品一批用于公司在建工程建设,按公司销售同类产品的价格计算,价款为72000元,该批产品的成本为50000元,增值税率适用17%。

(9)18日,某单位将A产品一部分退还给公司,价款为120000元,增值税20400元,退货款已用银行存款支付,已开具红字增值税专用发票一张。

(10)20日,公司向某小学捐赠A产品一批,按当月该种产品的平均售价计算,不含税价款为50000元,成本为40000元,产品适用税率17%,开具普通发票。

(11)23日,公司将自产新产品分配给股东,未开具发票。该批新产品无同类产品市场售价,适用的增值税率为17%,产品成本为720000元。

(12)25日,为促销A产品,用以旧换新方式向消费者个人销售A产品900000元(已扣除收购旧货支付的款项100000元),开具普通发票6张。

(13)26日,公司将外购的原材料一批用于在建工程。该批材料成本为62400元,其进项税额为10608元。该批原材料系以前购入,已在购入当月申报抵扣进项税额。

(14)27日,公司进口原材料一批,海关核定的完税价格为800000元,海关征收的进口关税为200000元,增值税税率17%,取得海关完税凭证,当月已申报抵扣。货款以银行存款支付。

(15)29 日,公司在清库时发现 A 产品盘亏 12000 元,B 产品盘亏 8000 元,原因待查。经过计算,其所耗用的原材料的进项税额为 2040 元。

以上所取得的增值税专用发票均已通过认证并申报抵扣。

请问:甲公司 2009 年 10 月应纳的增值税是多少?

【操作步骤】

第一步:分析以上各项业务,确定该业务涉及的是销项税额还是进项税额,并计算出具体数额。

业务(1):进项税额=34000+32000×7%=36240(元)

业务(2):进项税额=75000×13%=9750(元)

业务(3):进项税额=1000000×17%=170000(元)

业务(4):进项税额=4080(元)

业务(5):销项税额=6000÷(1+17%)×17%=871.79(元)

业务(6):购入小汽车属于自用消费品,进项税额不得抵扣。

业务(7):销项税额=170000(元)

业务(8):将自产产品用于在建工程应视同销售,按同类产品售价计算增值税销项税额。销项税额=72000×17%=12240(元)

业务(9):销项税额=-20400(元)

业务(10):将自产产品对外捐赠应视同销售,按同类产品售价计算增值税销项税额。销项税额=50000×17%=8500(元)

业务(11):将自产产品分配给股东应视同销售,因无同类产品售价,按组成计税价格计算销项税额。销项税额=720000×(1+10%)×17%=134640(元)

业务(12):销项税额=(900000+100000)÷(1+17%)×17%=145299.15(元)

业务(13):将外购原材料用于在建工程,其进项税额不得抵扣,由于其进项税额已在购进当月申报抵扣,故应作进项税额转出处理。进项税额转出=10608(元)

业务(14):进口原材料应按组成计税价格计算进项税额。进项税额=(800000+200000)×17%=170000(元)

业务(15):产品盘亏,其所用原材料的进项税额不得抵扣,故应作进项税额转出处理。进项税额转出=2040(元)

第二步:将以上各业务中的销项税额汇总,计算出当期销项税额。

当期销项税额=871.79+170000+12240-20400+8500+134640+145299.15=451150.94(元)

第三步:将以上各业务中的进项税额汇总,减去进项税额转出额后,计算出当期可抵扣的进项税额。

进项税额=36240+9750+170000+4080-10608+170000-2040=377422(元)

第四步:计算当期增值税应纳税额。

当期应纳税额=当期销项税额-当期进项税额=451150.94-377422=73728.94(元)

【任务设计二】

工作实例:

乙公司为一小型私营企业，增值税小规模纳税人。2009 年 12 月购进商品 1000000 元，取得销售方开具的普通发票。当月零售商品 500000 元，开具普通发票；销售给某一般纳税人商品一批，委托税务机关开具增值税专用发票，注明的价款为 300000 元。请问：该企业 2009 年 12 月应交的增值税税额是多少？

【操作步骤】

第一步：分析销售额是否含税。

普通发票上的销售额为含税销售额，应还原成不含税销售额计税；增值税专用发票上的销售额为不含税销售额，直接按征收率计税。

第二步：计算增值税应纳税额。

小规模纳税人不得抵扣进项税额，则其应纳税额＝500000÷(1＋3％)×3％＋300000×3％＝23563.11(元)

任务 2.3 增值税会计核算

【任务描述】

1. 核算一般纳税人增值税业务：设置会计科目，增值税销项税额、进项税额、增值税期末结转及上缴业务的会计处理；

2. 核算小规模纳税人增值税业务。

【教学准备】

1.《企业会计准则应用指南——会计科目和主要账务处理》；

2.《中华人民共和国增值税暂行条例》、《中华人民共和国增值税暂行条例实施细则》和增值税其他相关法规；

3. 增值税两类纳税人会计核算的经济业务资料。

【相关知识】

2.3.1 核算一般纳税人增值税业务

1. 设置会计科目

一般纳税人应交的增值税，在“应交税费”账户下设置“应交增值税”明细账户进行核算。

“应交税费——应交增值税”账户的借方发生额，反映企业购进货物或接受应税劳务所支付的进项税额、实际已缴纳的增值税额；其贷方发生额反映企业销售货物或提供应税劳务所收取的销项税额、出口货物退税额、进项税额转出数；期末贷方余额反映企业应缴未缴的增值税额，期末借方余额反映企业尚未抵扣的增值税额。

在“应交税费——应交增值税”二级账户下，可设置以下专栏：

(1)“进项税额”专栏。记录企业购进货物或接受应税劳务而支付的并准予从销项税额中抵扣的增值税税额；若发生购货退回或折让，应以红字记入，表示冲销的进项税额。

(2)“已交税金”专栏。记录企业当月上缴本月应缴增值税额；收到退回的当月多缴增值税时，以红字记入。

(3)“减免税款”专栏。记录企业按规定直接减免的增值税税额。

(4)“出口抵减内销产品应纳税额”专栏。记录企业按规定退税率计算的出口货物的当期抵免税额。

(5)“销项税额”专栏。记录企业销售货物或应税劳务应收取的增值税税额;若发生销货退回或销售折让,应以红字记入,表示冲销的销项税额。

(6)“出口退税”专栏。记录企业出口货物申报办理出口退税而确认的应予退回的税款及应免抵税款;若办理退税后又发生退货或退关而补交已退税款的,应用红字记入。

(7)“进项税额转出”专栏。记录企业的购进货物、在产品、产成品等发生非正常损失及其他情况时,不得从销项税额中抵扣而应按规定转出的进项税额。在出口退税业务中,还记录不予抵扣或退税的税额。

“应交税费——应交增值税”账簿应按明细项目设置多栏式明细账,如表 2-1 所示。

表 2-1　应交税费——应交增值税

<table>
<tr><th colspan="2">年</th><th rowspan="2">凭证号数</th><th rowspan="2">摘要</th><th colspan="5">借方</th><th colspan="4">贷方</th><th rowspan="2">余额</th></tr>
<tr><th>月</th><th>日</th><th>合计</th><th>进项税额</th><th>已交税金</th><th>减免税款</th><th>出口抵减内销产品应纳税额</th><th>合计</th><th>销项税额</th><th>出口退税</th><th>进项税额转出</th></tr>
<tr><td></td><td></td><td></td><td></td><td></td><td></td><td></td><td></td><td></td><td></td><td></td><td></td><td></td><td></td></tr>
<tr><td></td><td></td><td></td><td></td><td></td><td></td><td></td><td></td><td></td><td></td><td></td><td></td><td></td><td></td></tr>
</table>

2. 核算销项税额

1)不同结算方式下销项税额的核算

(1)现销方式销售货物销项税额的核算

企业应根据销售结算凭证,借记“银行存款”、“应收账款”等;按增值税专用发票上所列示的增值税税额或普通发票上所列示货款按税率折算出的增值税税额,贷记“应交税费——应交增值税(销项税额)”,按实际销售额,贷记“主营业务收入”。

(2)赊销、分期收款方式销售货物销项税额的核算

企业赊销货物或提供应税劳务,借记“应收账款”、“应收票据”等账户,按照规定收取的增值税税额,贷记“应交税费——应交增值税(销项税额)”账户,按实现的销售收入,贷记“主营业务收入”、“其他业务收入”等账户。

企业采用分期收款方式销售商品,实质上具有融资性质,在满足收入确认条件时,应按应收合同或协议价款,借记“长期应收款”账户,按应收合同或协议价款的公允价值,贷记“主营业务收入”账户,按销售商品应交纳的增值税税额,贷记“应交税费——应交增值税(销项税额)”账户,按其差额贷记“未实现融资收益”账户。每期收到价款时,借记“银行存款”账户,贷记“长期应收款”账户。月末一并计算并结转销售商品成本。同时应按期采用实际利率法计算确定利息收入,借记“未实现融资收益”账户,贷记“财务费用”账户。

2)混合销售行为销项税额的核算

从事货物生产、批发或零售的企业,在一项销售行为中发生既涉及货物又涉及非增值税应税劳务的,为混合销售行为,应缴纳增值税。此时非增值税应税劳务收入应视同含税收入。

发生混合销售行为，应根据销售结算凭证，借记“银行存款”、“应收账款”等账户；按货物实际销售额，贷记“主营业务收入”账户，按提供的劳务金额转化为不含税金额后贷记“其他业务收入”账户，按增值税专用发票上所列示的增值税税额或普通发票上所列示的货款按税率折算的增值税税额，贷记“应交税费——应交增值税(销项税额)”账户。

3)视同销售销项税额的核算

(1)委托代销商品销项税额的核算

委托代销商品一般有两种方式，一是支付手续费方式的委托代销，即委托方与受托方签订代销合同，规定代销货物的售价和手续费，受托方以收取手续费作为报酬；二是不采取支付手续费的方式委托代销，即委托方与受托方只规定交接价，而不管受托方以什么价格出售，对受托方来讲相当于自购自销商品，一般通过提高商品售价作为代销单位的报酬。

支付手续费方式的委托代销在委托方发出代销商品时，应按委托代销商品成本借记“委托代销商品”账户，贷记“库存商品”账户；收到代销清单或其他方式确认收入实现时，应借记“应收账款”等账户，按不含税销售收入贷记“主营业务收入”账户，按增值税专用发票上所列示的增值税税额或普通发票上所列示的货款按税率折算的增值税税额，贷记“应交税费——应交增值税(销项税额)”；同时结转代销商品成本，借记“主营业务成本”，贷记“委托代销商品”账户，并将支付的手续费作为“销售费用”。

委托单位不采取支付手续费的方式委托代销商品，其账务处理基本同前，只是不支付手续费而已。

(2)受托代销商品销项税额的核算

在受托代销中由于受托代销方式的不同，受托方的会计处理也不相同。

以收取手续费方式的受托代销中，受托方在收到代销商品时，根据接受进价借记“受托代销商品”，贷记“代销商品款”；销售代销商品时，借记“银行存款”或“应收账款”等账户，由于此项销售收入不属于受托方自己的收入，因此根据不含税销售额(委托方和受托方在合同中约定的销售价格)和增值税销项税额贷记“应付账款”和“应交税费——应交增值税(销项税额)”，同时结转代销商品成本，借记“代销商品款”，贷记“受托代销商品”；在交付委托代销清单后，收到委托单位增值税专用发票时，根据委托方开具的增值税专用发票上的增值税借记“应交税费——应交增值税(进项税额)”，贷记“应付账款”；开具代销手续费收入普通发票时，借记“应付账款”，贷记“其他业务收入”；扣除代销手续费后的代销款支付时，借记“应付账款”，贷记“银行存款”等账户。

不收取手续费即作为自购自销的受托代销中，受托方在收到代销商品时，根据接受进价借记“受托代销商品”，贷记“代销商品款”；销售代销商品时，借记“银行存款”或“应收账款”等账户，按不含税售价和增值税税额贷记“主营业务收入”和“应交税费——应交增值税(销项税额)”，同时按不含税进价结转代销商品成本，借记“主营业务成本”，贷记“受托代销商品”；在开出委托代销清单，收到委托方开具的增值税专用发票时，根据委托方开具的增值税专用发票上的销售额和增值税分别借记“代销商品款”和“应交税费——应交增值税(进项税额)”，贷记“应付账款”；支付代销商品款时，借记“应付账款”，贷记“银行存款”等账户。

(3)货物在两个机构之间转移销项税额的核算

设有两个以上机构并实行统一核算的纳税人，将货物从一个机构移送另一机构用于销售，且两个机构不在同一县(市)，移送时应视同销售。货物移送时，调出方应计算销项税额，调入方计算进项税额。

(4)将自产、委托加工的货物用于非应税项目、集体福利销项税额的核算

企业将自产、委托加工的货物用于非应税项目、集体福利，属于自用性质。如用于提供非应税劳务、转让无形资产、销售不动产、固定资产、在建工程和集体福利时，从会计角度看属于非销售活动，不确认收入。但需按税法规定将其视同销售货物计算销项税额，即视同销售但不作销售收入处理。其纳税义务发生时间为货物移送的当天，并开具普通发票。

将自产、委托加工的货物用于非应税项目、集体福利时，应按账面成本贷记“库存商品”、“原材料”、“低值易耗品”等账户，按售价或组成计税价格计算出增值税贷记“应交税费——应交增值税(销项税额)”，借方根据用途分别计入“在建工程”、“无形资产”、“其他业务成本”、“应付职工薪酬”等账户。

(5)将自产、委托加工或购买的货物无偿赠送他人销项税额的核算

将自产、委托加工或购买的货物无偿赠送他人时，应借记“营业外支出”账户，按账面成本贷记“库存商品”、“原材料”、“低值易耗品”等账户，按售价或组成计税价格计算出增值税贷记“应交税费——应交增值税(销项税额)”。

(6)将自产、委托加工的货物用于个人消费销项税额的核算

企业以其自产、委托加工的产品作为非货币性福利提供给职工个人的，应作为销售来处理。按照该产品的公允价值和销项税额，借记“应付职工薪酬”等账户，按货物的公允价值，贷记“主营业务收入”、“其他业务收入”等账户，按同类货物的销售价格和规定的增值税税率计算的销项税额，贷记“应交税费——应交增值税(销项税额)”账户，同时结转该产品的成本，借记“主营业务成本”、“其他业务成本”等账户，贷记“库存商品”。

(7)将自产、委托加工或购买的货物作为投资、分配给股东或投资者销项税额的核算

企业将自产或委托加工的货物作为投资，提供给其他单位或个体经营者，应作为销售来处理。按同类货物的售价和销项税额，借记“长期股权投资”账户，按货物的公允价值，贷记“主营业务收入”、“其他业务收入”等账户，按同类货物的销售价格和规定的增值税税率计算的销项税额，贷记“应交税费——应交增值税(销项税额)”账户，同时结转该产品的成本。

企业将自产、委托加工或购买的货物分配给股东或投资者，这一行为虽然没有直接的货币流入或流出，但实际上等于将货物出售后取得销售收入，再用货币资产分配利润给股东。因此，对这一视同销售行为，应作销售收入处理。应在货物分配的当天，按售价或组成计税价格贷记有关收入账户，按售价或组成计税价格计算出增值税贷记“应交税费——应交增值税(销项税额)”，借方计入“应付利润”或“应付股利”，同时结转所分配货物的成本。

4)包装物销售及没收押金销项税额的核算

(1)销售包装物销项税额的核算

包装物随同产品销售不单独计价时，销售额并入“主营业务收入”，并计算缴纳增值税；包装物随同产品销售单独计价时销售额应计入“其他业务收入”，并计算缴纳增值税；包装物出租收取租金时，租金收入计入“其他业务收入”，并计算缴纳增值税。

(2)包装物押金销项税额的核算

出租、出借包装物收取的押金，在包装物归还时应退还给购货方，借记“其他应付款”账户，贷记“银行存款”账户。若购货方逾期不予退还包装物，则企业应没收押金，包装物押金是含税收入，没收时应按所包装货物适用的税率将其还原为不含税价格贷记“其他业务收

入”，根据计算出的增值税贷记“应交税费——应交增值税(销项税额)”，借方则冲销“其他应付款”。

对于包装物已作价随同产品出售，但为了促使购货人将包装物退回而加收的押金，没收时应按所包装货物适用的税率将其还原为不含税价格计入“营业外收入”账户，再计算缴纳增值税。

5)销售自己使用过的固定资产销项税额的核算

一般纳税人销售自己使用过的固定资产，根据不同方法计算出应缴纳的增值税，需通过“固定资产清理”账户进行核算。按适用税率计算的增值税应贷记“应交税费——应交增值税(销项税额)”。

5)销货折扣、销售退回及销售折让销项税额的核算

销货折扣有折扣销售和销售折扣两种。折扣销售在实现销售时确认，销货方在同一张增值税专用发票上分别注明销售额和折扣额的，按折扣后的余额作为计税依据；若将折扣额另开发票，应以未折扣的销售额作为计税依据，会计处理同正常销售。销售折扣在购货方实际付现时才能确认，现金折扣不能冲减销售额，更不得抵减销项税额，而只能作为一种理财行为计入“财务费用”。

企业销售的产品由于品种规格不符或质量原因造成购货方要求退货或折让，不论是当月销售的还是以前月份销售的，均应冲减当月的产品销售收入，“应交税费——应交增值税(销项税额)”用红字在贷方登记。

3. 核算进项税额

1)国内采购货物或生产经营用固定资产进项税额的核算

(1)购进货物或生产经营用固定资产，取得增值税专用发票，当月已认证并申报抵扣。

此时应借记“物资采购”、“原材料”、“委托加工物资”、“库存商品”、“周转材料”、“固定资产”等账户，按增值税专用发票上注明的税额借记“应交税费——应交增值税(进项税额)”账户，贷记“应付账款”、“应付票据”、“银行存款”等账户。

(2)购进货物或生产经营用固定资产，取得增值税专用发票，当月尚未认证。

对于当月尚未认证的增值税专用发票上所记载的进项税额，当月不得申报抵扣，该进项税额可暂时通过“应交税费——待抵扣进项税额”账户来核算。“应交税费——待抵扣进项税额”是一个过渡性账户，借方记本期购进的尚未认证暂时不能抵扣的进项税额，贷方记前期未认证在本期认证并申报抵扣的进项税额，期末借方余额表示期末尚未认证不能抵扣的进项税额。发生本期购进的尚未认证暂时不能抵扣的进项税额时，借记“应交税费——待抵扣进项税额”账户；如果该项进项税额在规定时间内认证并在认证当月申报抵扣，则从“应交税费——待抵扣进项税额”账户贷方转入“应交税费——应交增值税(进项税额)”账户借方；如果超过规定期限尚未申报抵扣，则从“应交税费——待抵扣进项税额”账户贷方转入“原材料”或“库存商品”的借方，计入所购货物的成本。

2)进口货物或生产经营用固定资产进项税额的核算

一般纳税人从国外进口货物或生产经营用固定资产时，应按组成计税价格和规定的税率计算缴纳增值税。由于进口时纳税人取得的海关进口增值税专用缴款书也有申报抵扣期限，因此国外进口货物进项税额的会计处理类似于国内采购货物进项税额的会计处理。

3)接受投资转入货物进项税额的核算

企业接受投资转入的货物，按照增值税专用发票上注明的增值税税额，借记“应交税费——应交增值税(进项税额)”账户，按照确认的投资货物价值，借记“原材料”等账户，按照增值税额与货物价值的合计数，贷记“实收资本”、“股本”等账户。

4)接受捐赠货物进项税额的核算

企业接受货物捐赠，按增值税专用发票上注明的增值税税额，借记“应交税费——应交增值税(进项税额)”账户，按确认的捐赠货物的价值，借记“原材料”等账户，将接受捐赠的非货币性资产的含税价值转入“营业外收入——捐赠利得”账户。

5)接受应税劳务进项税额的核算

企业接受加工劳务，应根据增值税专用发票上的加工费和增值税借记“委托加工物资”和“应交税费——应交增值税(进项税额)”账户，分别反映加工、修理修配的成本和进项税额，贷记“银行存款”等账户；发生往返运费，按7%的扣除率计算进项税额。

企业接受修理修配劳务，应根据增值税专用发票上注明的修理修配费用借记“制造费用”、“管理费用”等账户，按专用发票上注明的进项税额，借记“应交税费——应交增值税(进项税额)”，贷记“银行存款”等账户。

6)购进免税农产品进项税额的核算

购进免税农产品时可根据收购凭证上的买价按规定扣除率13%计算可抵扣的进项税额，借记“应交税费——应交增值税(进项税额)”，贷方根据所支付的买价计入“库存现金”或“银行存款”账户，再按买价减去可抵扣的进项税额倒挤出所购农产品的成本计入“原材料”或“库存商品”账户。

7)增值税进项税额转出的核算

增值税进项税额转出主要发生在以下两种情况下：一是购进物资改变用途，二是购进物资或库存物资发生非正常损失。如果上述物资购进时已按规定抵扣进项税额，由于其改变用途或发生非正常损失，按规定进项税额不允许抵扣，则应将原已抵扣的进项税额贷记“应交税费——应交增值税(进项税额转出)”账户。

购进的物资改变用途，用于非应税项目、免税项目、集体福利或个人消费的，按领用物资的成本和相应负担的增值税税额，借记“在建工程”、“应付职工薪酬”、“主营业务成本”、“其他业务成本”等账户，贷记“原材料”或“库存商品”以及“应交税费——应交增值税(进项税额转出)”账户。

外购物资或库存物资发生非正常损失，其进项税额不得抵扣，应将损失物资的成本连同应转出的进项税额，借记“待处理财产损溢”账户，贷记“原材料”或“库存商品”以及“应交税费——应交增值税(进项税额转出)”账户。待批准后，再从“待处理财产损溢”账户贷方转入“营业外支出”账户借方。

4. 核算增值税缴纳业务

一般纳税人平时应在“应交税费——应交增值税”的明细账户有关专栏中核算进项、销项税额等，月末结出借、贷方合计和余额，计算企业当期应缴纳的增值税税额，并在规定的期限内向税务机关申报缴纳。

当期应纳税额=(当期销项税额+当期进项税额转出+出口退税)-(期初留抵税额+当期允许抵扣的进项税额+减免税款+出口抵减内销产品应纳税额)

企业按规定期限申报缴纳的增值税，根据银行退回的缴款书回执联，借记“应交税费——应交增值税(已交税金)",贷记"银行存款"等账户。

2.3.2 核算小规模纳税人增值税业务

1.设置会计科目

小规模纳税人只需在"应交税费"下设置"应交增值税"二级账户,无需再设明细项目。贷方反映企业应缴的增值税税额,借方反映企业实际上缴的增值税税额;贷方余额反映企业尚未上缴或欠缴的增值税,借方余额反映多缴的增值税。

小规模纳税人的"应交税费——应交增值税"账簿的设置,可设借方、贷方、余额三栏式账页。

2.核算小规模纳税人增值税业务

小规模纳税人增值税实行简易征收方法,不能享受税款抵扣权,因此其采购货物或接受应税劳务时,无论收到的是普通发票还是增值税专用发票,所付税款均应直接计入物资的采购成本;销售货物时按不含税销售额乘以征收率来计算其应缴增值税,借记"银行存款"等账户,贷记"收入账户"和"应交税费——应交增值税"。

【任务设计一】

工作实例:

接任务2.2的任务设计一工作实例,对甲公司2009年10月份发生的各项经济业务进行会计核算。

【操作步骤】

第一步:分析各项业务,确定该业务涉及的是销项税额还是进项税额,并计算出具体数额。(该步骤见任务2.2任务设计一工作实例)

第二步:进行账务处理

业务(1)借:原材料	229 760	
应交税费——应交增值税(进项税额)	36 240	
贷:银行存款		266 000
业务(2)借:原材料	65 250	
应交税费——应交增值税(进项税额)	9 750	
贷:银行存款		75 000
业务(3)借:原材料	1 000 000	
应交税费——应交增值税(进项税额)	170 000	
贷:实收资本		1 170 000
业务(4)借:周转材料	24 000	
应交税费——应交增值税(进项税额)	4 080	
贷:营业外收入——捐赠利得		28 080
业务(5)借:其他应付款	6 000	
贷:其他业务收入		5 128.21
应交税费——应交增值税(销项税额)		871.79
业务(6)借:固定资产	234 000	
贷:银行存款		234 000

业务(7)借:银行存款　　1 170 000
　　贷:主营业务收入——A 产品　　1 000 000
　　　应交税费——应交增值税(销项税额)　　170 000

业务(8)借:在建工程　　62 240
　　贷:库存商品——B 产品　　50 000
　　　应交税费——应交增值税(销项税额)　　12 240

业务(9)借:主营业务收入——A 产品　　120 000
　　贷:银行存款　　140 400
　　　应交税费——应交增值税(销项税额)　　—20 400

业务(10)借:营业外支出——对外捐赠　　48 500
　　贷:库存商品——A 产品　　40 000
　　　应交税费——应交增值税(销项税额)　　8 500

业务(11)借:应付股利　　926 640
　　贷:主营业务收入　　792 000
　　　应交税费——应交增值税(销项税额)　　134 640

同时:

借:主营业务成本　　720 000
　　贷:库存商品　　720 000

业务(12)借:银行存款　　900 000
　　原材料　　100 000
　　贷:主营业务收入　　854 700.85
　　　应交税费——应交增值税(销项税额)　　145 299.15

业务(13)借:在建工程　　73 008
　　贷:原材料　　62 400
　　　应交税费——应交增值税(进项税额转出)　　10 608

业务(14)借:原材料　　1 000 000
　　应交税费——应交增值税(进项税额)　　170 000
　　贷:银行存款　　1 170 000

业务(15)借:待处理财产损溢——待处理流动资产损溢　　22 040
　　贷:库存商品——A 产品　　12 000
　　　　　　——B 产品　　8 000
　　　应交税费——应交增值税(进项税额转出)　　2 040

【任务设计二】

工作实例:

接任务 2.2 的任务设计二工作实例,对乙公司 2009 年 12 月份采购和销售业务进行会计核算。

【操作步骤】

第一步:分析销售额是否含税,并计算增值税应纳税额。(该步骤见任务 2.2 任务设计二工作实例)

第二步：进行账务处理。

1.采购时：

借：原材料　　1000000

　　贷：银行存款　　1000000

2.销售时：

借：银行存款　　800000

　　贷：主营业务收入　　776436.89

　　　　应交税费——应交增值税　　23563.11

任务 2.4　增值税纳税申报

【任务描述】

1.确定纳税义务发生时间、纳税期限、纳税地点；

2.进行增值税纳税申报：填制一般纳税人纳税申报表；填制小规模纳税人纳税申报表。

【教学准备】

1.增值税纳税申报表（适用于增值税一般纳税人）及附表；

2.增值税纳税申报表（适用于小规模纳税人）；

3.《中华人民共和国增值税暂行条例》、《中华人民共和国增值税暂行条例实施细则》和增值税其他相关法规；

4.增值税一般纳税人的经济业务资料。

【相关知识】

2.4.1　增值税的征收管理

1.确定纳税义务发生时间

（1）销售货物或者提供应税劳务，为收讫销售款项或者取得索取销售款凭据的当天；先开具发票的，为开具发票的当天。在不同的销售方式下，具体规定如下：

①采取直接收款方式销售货物，不论货物是否发出，均为收到销售款或者取得索取销售款凭据的当天。

②采取托收承付和委托银行收款方式销售货物，为发出货物并办妥托收手续的当天。

③采取赊销和分期收款方式销售货物，为书面合同约定的收款日期的当天；无书面合同的或者书面合同没有约定收款日期的，为货物发出的当天。

④采取预收货款方式销售货物，为货物发出的当天；但销售生产工期超过12个月的大型机械设备、船舶、飞机等货物，为收到预收款或者书面合同约定的收款日期的当天。

⑤委托其他纳税人代销货物，为收到代销单位的代销清单或者收到全部或者部分货款的当天。未收到代销清单及货款的，为发出代销货物满180天的当天。

⑥销售应税劳务，为提供劳务同时收讫销售款或者取得索取销售款凭据的当天。

⑦纳税人发生视同销售货物行为，为货物移送的当天。

(2)进口货物，为报关进口的当天。

(3)增值税扣缴义务发生时间为纳税人增值税纳税义务发生的当天。

2. 明确纳税期限

增值税的纳税期限分别为1日、3日、5日、10日、15日、1个月或者1个季度，不能按固定期限纳税的，可以按次纳税。其中以1个季度为纳税期限的规定仅适用于小规模纳税人。

纳税人以1个月或1个季度为1个纳税期的，自期满之日起15日内纳税申报；以1日、3日、5日、10日或15日为一个纳税期的，自期满之日起5日内预缴税款，于次月1日起15日内申报纳税并结清上月应纳税款。遇最后一日为法定节假日的，顺延1日；在每月1日至15日内有连续3日以上法定休假日的，按休假日天数顺延。

纳税人进口货物，应当自海关填发海关进口增值税专用缴款书之日起15日内缴纳税款。

3. 选择纳税地点

(1)固定业户应当向其机构所在地主管税务机关申报纳税。总机构和分支机构不在同一县(市)的，应当分别向各自所在地主管税务机关申报纳税；经国家税务总局或其授权的税务机关批准，也可由总机构汇总向总机构所在地主管税务机关申报纳税。

固定业户到外县(市)销售货物或者提供应税劳务，应当向其机构所在地主管税务机关申请开具外出经营活动税收管理证明，向其机构所在地主管税务机关申报纳税。未持有其机构所在地主管税务机关核发的外出经营活动税收管理证明，到外县(市)销售货物或提供应税劳务的，应当向销售地主管税务机关申报纳税；未向销售地主管税务机关申报纳税的，由其机构所在地主管税务机关补征税款。

(2)非固定业户销售货物或提供应税劳务的，应当向销售地主管税务机关申报纳税。未向销售地或者劳务发生地主管税务机关申报纳税的，由其机构所在地或者居住地主管税务机关补征税款。

(3)进口货物，应当向报关地海关申报纳税。

(4)扣缴义务人应当向其机构所在地或者居住地主管税务机关申报缴纳其扣缴的税款。

2.4.2　增值税纳税申报

1. 填制一般纳税人纳税申报表

自2003年7月1日起，增值税一般纳税人进行纳税申报必须实行电子信息采集。使用防伪税控系统开具增值税专用发票的纳税人每个月必须在抄报税成功后，方可进行纳税申报。

自2009年2月1日起，增值税一般纳税人开始采用新版的《增值税纳税申报表(适用于增值税一般纳税人)》及三张附表，即附表一本期销售情况明细、附表二本期进项税额明细、固定资产进项税额抵扣情况表，相关表式列在任务设计的工作实例中。

除了《增值税纳税申报表(适用于增值税一般纳税人)》及三张附表外，其他必报资料包括：①记录当期纳税信息的IC卡、《增值税专用发票存根联明细表》及《增值税专用发票抵扣联明细表》；②《资产负债表》和《利润表》；③《成品油购销存情况明细表》(发生成品油零售业务的纳税人填报)；④主管税务机关规定的其他必报资料。

采用电子申报的纳税人在纳税申报期内，应及时将全部必报资料的电子数据报送主管税务机关，并在主管税务机关规定期限内，将要求报送的纸质的必报资料报送主管税务机关，申报表具体份数由省级国家税务局确定，税务机关签收后，一份退还纳税人，其余留存。

2. 填制小规模纳税人纳税申报表

小规模纳税人纳税申报时应填制《增值税纳税申报表（适用小规模纳税人）》，纳税申报表的格式如表2-2所示。

表2-2　增值税纳税申报表(适用小规模纳税人)

纳税人识别号：

纳税人名称（公章）：　　　　　　　　　　　　　　　　　　　金额单位：元（列至角分）

税款所属期：　年　月　日至　年　月　日　　　　　　　　填表日期：　年　月　日

<table>
<tr><th colspan="2">项 目</th><th>栏次</th><th>本期数</th><th>本年累计</th></tr>
<tr><td rowspan="9">一、计税依据</td><td>（一）应征增值税货物及劳务不含税销售额</td><td>1</td><td></td><td></td></tr>
<tr><td>其中：税务机关代开的增值税专用发票不含税销售额</td><td>2</td><td></td><td></td></tr>
<tr><td>税控器具开具的普通发票不含税销售额</td><td>3</td><td></td><td></td></tr>
<tr><td>（二）销售使用过的应税固定资产不含税销售额</td><td>4</td><td>——</td><td>——</td></tr>
<tr><td>其中：税控器具开具的普通发票不含税销售额</td><td>5</td><td>——</td><td>——</td></tr>
<tr><td>（三）免税货物及劳务销售额</td><td>6</td><td></td><td></td></tr>
<tr><td>其中：税控器具开具的普通发票销售额</td><td>7</td><td></td><td></td></tr>
<tr><td>（四）出口免税货物销售额</td><td>8</td><td></td><td></td></tr>
<tr><td>其中：税控器具开具的普通发票销售额</td><td>9</td><td></td><td></td></tr>
<tr><td rowspan="5">二、税款计算</td><td>本期应纳税额</td><td>10</td><td></td><td></td></tr>
<tr><td>本期应纳税额减征额</td><td>11</td><td></td><td></td></tr>
<tr><td>应纳税额合计</td><td>12＝10－11</td><td></td><td></td></tr>
<tr><td>本期预缴税额</td><td>13</td><td></td><td>——</td></tr>
<tr><td>本期应补(退)税额</td><td>14＝12－13</td><td></td><td>——</td></tr>
</table>

<table>
<tr><td rowspan="5">纳税人或代理人声明：
此纳税申报表是根据国家税收法律的规定填报的，我确定它是真实的、可靠的、完整的。</td><td colspan="2">如纳税人填报，由纳税人填写以下各栏：</td></tr>
<tr><td>办税人员（签章）：</td><td>财务负责人（签章）：</td></tr>
<tr><td>法定代表人（签章）：</td><td>联系电话：</td></tr>
<tr><td colspan="2">如委托代理人填报，由代理人填写以下各栏：</td></tr>
<tr><td>代理人名称：
代理人（公章）：</td><td>经办人（签章）：
联系电话：</td></tr>
</table>

受理人：　　　　受理日期：　年　月　日　　　　受理税务机关（签章）：

注：本表为A3竖式一式三份，一份纳税人留存，一份主管税务机关留存，一份征收部门留存。

3. 开具《税收缴款书》缴纳税款

纳税人申报纳税后，由主管税务机关开具《税收缴款书》（见表2-3），纳税人应于规定期限内送交纳税人开户银行办理税款入库手续。纳税人进口货物，应当自海关填发海关进口增值税专用缴款书之日起 15 日内解缴入库。

《税收缴款书》共六联，纳税人缴纳税款后，以经国库经收处收款签章后的“收据联”作为完税凭证，证明纳税义务完成，并据此作为会计核算的依据。

表 2-3　中华人民共和国税收缴款书

无银行收讫章无效

地缴字（甲）隶属关系 NO:4455582

第一联（收据）

收入机关：　　　填发日期：　年　月　日　经济类型：

<table>
<tr><td rowspan="3">预算账户</td><td>款</td><td></td><td rowspan="4">缴款单位（人）</td><td>代码</td><td colspan="9"></td></tr>
<tr><td>项</td><td></td><td>全称</td><td colspan="9"></td></tr>
<tr><td>级次</td><td></td><td>开户银行</td><td colspan="9"></td></tr>
<tr><td colspan="2">收款国库</td><td></td><td>账号</td><td colspan="9"></td></tr>
<tr><td colspan="3">税款所属日期：年　月　日</td><td colspan="11">税款限缴日期：　年　月　日</td></tr>
<tr><td rowspan="2">品目名称</td><td rowspan="2">课税数量</td><td rowspan="2">计税金额或销售收入</td><td rowspan="2">税率或单位税额</td><td rowspan="2">已缴或扣除额</td><td colspan="9">实缴税额</td></tr>
<tr><td>百</td><td>十</td><td>万</td><td>千</td><td>百</td><td>十</td><td>元</td><td>角</td><td>分</td></tr>
<tr><td>金额合计</td><td></td><td></td><td></td><td></td><td></td><td></td><td></td><td></td><td></td><td></td><td></td><td></td><td></td></tr>
<tr><td></td><td></td><td></td><td></td><td></td><td></td><td></td><td></td><td></td><td></td><td></td><td></td><td></td><td></td></tr>
<tr><td></td><td></td><td></td><td></td><td></td><td></td><td></td><td></td><td></td><td></td><td></td><td></td><td></td><td></td></tr>
<tr><td colspan="5">人民币（大写）</td><td></td><td></td><td></td><td></td><td></td><td></td><td></td><td></td><td></td></tr>
<tr><td colspan="2">缴款单位（人）盖章
经办人（章）</td><td colspan="2">税务机关（盖章）
填票人（章）</td><td colspan="7">上列款项已收妥并划转收款单位账户
（国库银行）盖章
20××年　月　日</td><td colspan="3">备注</td></tr>
</table>

【任务设计】

工作实例：

接任务 2.2 的任务设计一工作实例，填制甲公司 2009 年 10 月份《增值税纳税申报表（适用于增值税一般纳税人）》及其附表，办理该月增值税纳税申报。

【操作步骤】

第一步：填报附表一、附表二、附表三。

附表一：本期销售情况明细（表 2-4）；附表二：本期进项税额明细（表 2-5）；附表三：固定资产进项税额抵扣情况表（表 2-6）。根据发生的每一笔经济业务分析填列。

表 2-4 增值税纳税申报表附列资料(表一)

(本期销售情况明细)

税款所属时间:2009 年 10 月

纳税人名称:甲公司(公章)　　填表日期:2009 年 11 月 5 日　　金额单位:元(列至角分)

一、按适用税率征收增值税货物及劳务的销售额和销项税额明细

项目	栏次	应税货物						应税劳务			小计		
		17%税率			13%税率								
		份数	销售额	销项税额	份数	销售额	销项税额	份数	销售额	销项税额	份数	销售额	销项税额
防伪税控系统开具的增值税专用发票	1	2	880000	149600							2	880000	149600
非防伪税控系统开具的增值税专用发票	2												
开具普通发票	3	7	904700.85	153799.15							7	904700.85	153799.15
未开具发票	4	—	869128.21	147751.79								869128.21	147751.79
小计	5=1+2+3+4	—	2653829.06	451150.94								2653829.06	451150.94
纳税检查调整	6	—											
合计	7=5+6	—	2653829.06	451150.94								2653829.06	451150.94

二、简易征收办法征收增值税货物的销售额和应纳税额明细

项目	栏次	6%征收率			4%征收率			小计		
		份数	销售额	应纳税额	份数	销售额	应纳税额	份数	销售额	应纳税额
防伪税控系统开具的增值税专用发票	8									
非防伪税控系统开具的增值税专用发票	9									
开具普通发票	10									
未开具发票	11	—			—			—		
小计	12=8+9+10+11	—			—			—		
纳税检查调整	13	—			—			—		
合计	14=12+13	—			—			—		

三、免征增值税货物及劳务销售额明细

项目	栏次	免税货物			免税劳务			小计		
		份数	销售额	税额	份数	销售额	税额	份数	销售额	税额
防伪税控系统开具的增值税专用发票	15				—	—	—			
开具普通发票	16			—			—			—
未开具发票	17	—		—	—		—	—		—
合计	18=15+16+17	—			—		—	—		

表 2-5　增值税纳税申报表附列资料(表二)

(本期进项税额明细)

税款所属时间:2009 年 10 月

纳税人名称:甲公司(公章)　　填表日期:2009 年 11 月 5 日　　金额单位:元(列至角分)

一、申报抵扣的进项税额

项目	栏次	份数	金额	税额
(一)认证相符的防伪税控增值税专用发票	1	3	1224000	208080
其中:本期认证相符且本期申报抵扣	2	3	1224000	208080
前期认证相符且本期申报抵扣	3			
(二)非防伪税控增值税专用发票及其他扣税凭证	4		1107000	181990
其中:海关进口增值税专用缴款书	5	1	1000000	170000
农产品收购发票或者销售发票	6	1	75000	9750
废旧物资发票	7			
运输费用结算单据	8	1	32000	2240
6%征收率	9	——	——	——
4%征收率	10	——	——	——
(三)外贸企业进项税额抵扣证明	11	——	——	
当期申报抵扣进项税额合计	12	5	2331000	390070

二、进项税额转出额

项　目	栏次	税额
本期进项税转出额	13	12648
其中:免税货物用	14	
非应税项目用、集体福利、个人消费	15	10608
非正常损失	16	2040
按简易征收办法征税货物用	17	
免抵退税办法出口货物不得抵扣进项税额	18	
纳税检查调减进项税额	19	
未经认证已抵扣的进项税额	20	
红字专用发票通知单注明的进项税额	21	

三、待抵扣进项税额

项目	栏次	份数	金额	税额
(一)认证相符的防伪税控增值税专用发票	22	——	——	——
期初已认证相符但未申报抵扣	23			
本期认证相符且本期未申报抵扣	24			

续表

项目	栏次	份数	金额	税额
期末已认证相符但未申报抵扣	25			
其中:按照税法规定不允许抵扣	26			
(二)非防伪税控增值税专用发票及其他扣税凭证	27			
其中:海关进口增值税专用缴款书	28			
农产品收购发票或者销售发票	29			
废旧物资发票	30			
运输费用结算单据	31			
6%征收率	32	——	——	——
4%征收率	33	——	——	——
	34			

四、其　他

项目	栏次	份数	金额	税额
本期认证相符的全部防伪税控增值税专用发票	35	3	1224000	208080
期初已征税款挂账额	36	——	——	
期初已征税款余额	37	——	——	
代扣代缴税额	38	——	——	

注:第1栏=第2栏+第3栏=第23栏+第35栏-第25栏;第2栏=第35栏-第24栏;第3栏=第23栏+第24栏-第25栏;第4栏=第5栏至第10栏之和;第12栏=第1栏+第4栏+第11栏;第13栏=第14栏至第21栏之和;第27栏=第28栏至第34栏之和。

表2-6　固定资产进项税额抵扣情况表

纳税人识别号:　　　　　　　　　　纳税人名称(公章):

填表日期:　　年　　月　　日　　　　金额单位:元(至角分)

项　　目	当期申报抵扣的固定资产进项税额	当期申报抵扣的固定资产进项税额累计
增值税专用发票		
海关进口增值税专用缴款书		
合　　计		

注:本表一式二份,一份纳税人留存,一份主管税务机关留存。

第二步:填报《增值税纳税申报表(适用于增值税一般纳税人)》。

《增值税纳税申报表(适用于增值税一般纳税人)》是纳税申报表的主表(表2-7),根据附表一、附表二及会计核算资料填写。

表 2-7　增值税纳税申报表

（适用于增值税一般纳税人）

根据《中华人民共和国增值税暂行条例》第二十二条和第二十三条的规定制定本表。纳税人不论有无销售额，均应按主管税务机关核定的纳税期限按期填报本表，并于次月一日起十五日内，向当地税务机关申报。

税款所属时间：自 2009 年 10 月 1 日至 2009 年 10 月 31 日	填表日期：2009 年 11 月 5 日	金额单位：元（至角分）

纳税人识别号				所属行业：	
纳税人名称	甲公司（公章）	法定代表人姓名		注册地址		营业地址	
开户银行及账号		企业登记注册类型		电话号码	

	项　目	栏次	一般货物及劳务		即征即退货物及劳务	
			本月数	本年累计	本月数	本年累计
销售额	（一）按适用税率征税货物及劳务销售额	1	2653829.06			
	其中：应税货物销售额	2	2653829.06			
	应税劳务销售额	3				
	纳税检查调整的销售额	4				
	（二）按简易征收办法征税货物销售额	5				
	其中：纳税检查调整的销售额	6				
	（三）免、抵、退办法出口货物销售额	7			——	——
	（四）免税货物及劳务销售额	8			——	——
	其中：免税货物销售额	9			——	——
	免税劳务销售额	10			——	——
税款计算	销项税额	11	451150.94			
	进项税额	12	390070			
	上期留抵税额	13		——		——
	进项税额转出	14	12648			
	免抵退货物应退税额	15			——	——
	按适用税率计算的纳税检查应补缴税额	16			——	——
	应抵扣税额合计	17＝12＋13－14－15＋16	377422	——		——
	实际抵扣税额	18（如 17＜11，则为 17，否则为 11）	377422			
	应纳税额	19＝11－18	73728.94			
	期末留抵税额	20＝17－18		——		——
	按简易征收办法计算的应纳税额	21				
	按简易征收办法计算的纳税检查应补缴税额	22			——	——
	应纳税额减征额	23				
	应纳税额合计	24＝19＋21－23	73728.94			

续表

	项　目	栏次	一般货物及劳务		即征即退货物及劳务	
			本月数	本年累计	本月数	本年累计
税款缴纳	期初未缴税额(多缴为负数)	25				
	实收出口开具专用缴款书退税额	26			——	——
	本期已缴税额	27=28+29+30+31				
	①分次预缴税额	28		——	——	——
	②出口开具专用缴款书预缴税额	29		——	——	——
	③本期缴纳上期应纳税额	30				
	④本期缴纳欠缴税额	31				
	期末未缴税额(多缴为负数)	32=24+25+26−27	73728.94			
	其中:欠缴税额(≥0)	33=25+26−27		——		——
	本期应补(退)税额	34=24−28−29	73728.94	——		——
	即征即退实际退税额	35	——	——		
	期初未缴查补税额	36			——	——
	本期入库查补税额	37			——	——
	期末未缴查补税额	38=16+22+36−37			——	——

授权声明	申报人声明
如果你已委托代理人申报,请填写下列资料: 为代理一切税务事宜,现授权　　　　　(地址) 为本纳税人的代理申报人,任何与本申报表有关的往来文件,都可寄予此人。 授权人签字:	此纳税申报表是根据《中华人民共和国增值税暂行条例》的规定填报的,我相信它是真实的、可靠的、完整的。 声明人签字:

以下由税务机关填写:

收到日期:　　　　　　　　接收人:　　　　　　　　主管税务机关盖章:

任务 2.5　增值税出口退税

【任务描述】

1. 确定出口货物退(免)税的政策类型和范围;
2. 确定出口货物增值税退税率;
3. 计算出口货物增值税退税额:“免、抵、退”办法、“先征后退”办法;
4. 核算出口货物退(免)增值税业务:“免、抵、退”办法的核算、“先征后退”办法的核算;
5. 出口货物退(免)税管理:出口货物退(免)税认定管理、出口货物退(免)税申报管理。

【教学准备】

1.《出口货物退(免)税管理办法》、《中华人民共和国增值税暂行条例》、《中华人民共和国增值税暂行条例实施细则》和出口货物退(免)税其他相关法规;

2.出口货物退(免)增值税经济业务资料。

【相关知识】

2.5.1 出口货物退(免)税的政策类型和范围

出口货物退(免)税是指在国际贸易业务中,对报关出口的货物退还其在国内各生产环节和流转环节按税法规定已缴纳的增值税和消费税,或免征出口环节应缴纳的增值税和消费税。它是国际贸易中通常采用并为世界各国普遍接受的、目的在于鼓励各国出口货物公平竞争的一种税收措施。出口货物退(免)税的税种仅限于增值税和消费税。

1.出口货物退(免)税的政策类型

根据出口货物和出口企业的不同,我国的出口货物税收政策分为以下三种形式:

(1)出口免税并退税

出口免税是指对货物在出口销售环节不征增值税;出口退税是指对货物在出口前实际承担的税收负担,按规定的退税率计算后予以退还。适用出口免税并退税政策的有:

①生产企业自营出口或委托外贸企业代理出口的自产货物;

②有出口经营权的外贸企业收购后直接出口或委托其他外贸企业代理出口的货物;

③一些特定货物的出口。

(2)出口免税不退税

出口免税是指对货物在出口销售环节不征增值税。出口不退税是指适用这个政策的出口货物因在前一道生产、销售环节或进口环节是免税的,因此,出口时该货物的价格本身就不含税,也无须退税。

下列企业出口的货物,除另有规定外,给予免税,但不予退税:

①属于生产企业的小规模纳税人自营出口或委托外贸企业代理出口的自产货物。

②外贸企业从小规模纳税人购进并持普通发票的货物出口(除特准退税的抽纱、工艺品等12类出口货物外)。

③外贸企业直接购进国家规定的免税货物出口。

下列出口货物,免税但不予退税:

①来料加工复出口的货物,即原材料进口免税,加工自制的货物出口不退税。

②避孕药品和用具、古旧图书,内销免税,出口也免税。

③出口卷烟:有出口卷烟权的企业出口国家出口卷烟计划内的卷烟,在生产环节免征增值税、消费税,出口环节不办理退税。其他非计划内出口的卷烟照章征收增值税和消费税,出口一律不退税。

④军品以及军队系统企业出口军需工厂生产或军需部门调拨的货物免税。

(3)出口不免税也不退税

出口不免税是指对国家限制或禁止出口的某些货物的出口环节视同内销环节,照常征收增值税;出口不退税是指不退还上述出口货物出口前其所负担的增值税。适用这个政策的货物主要包括:国家计划外出口的原油、援外出口货物、国家禁止出口货物(如天然牛黄、麝香、白银等)。另外,对没有进出口经营权的商贸企业,从事出口贸易不免税也不退税。

2.出口货物退(免)税的范围

对出口的凡属于已征或应征增值税的货物,除国家明确不予退(免)税的货物和出口企业从小规模纳税人购进并持普通发票的部分货物外,都是出口货物退(免)税的货物范围。但可以办理出口退(免)税的货物一般应同时符合下列条件:①必须是属于增值税征收范围的货物;②货物必须经我国海关报关离境;③在财务会计上作出口销售处理;④出口货物必须收汇并已核销。

出口企业从小规模纳税人购进并持普通发票的货物,不论内、外销,均不得扣除或退税。但对出口抽纱、工艺品、香料油、山货、草柳竹藤制品、渔网渔具、松香、五倍子、生漆、鬃尾、山羊板皮、纸制品等货物,考虑其占我国出口比重较大及其生产、采购的特殊因素,可凭代开的增值税专用发票抵扣进项税额或退税。

出口的机械手表(含机芯)、化妆品、乳胶制品和其他橡胶制品、黄金首饰、珠宝玉石、水貂皮、鱼翅、鲍鱼、海参、鱼唇、干贝、燕窝等货物,除国家指定的出口企业可以退税外,其他非指定企业不能享受出口退税。

2.5.2 出口货物增值税退税率

出口货物的增值税退税率,是出口货物的实际退税额与退税计税依据的比例,它是出口退税的中心环节,体现着国家在一定时期的财政、价格和对外贸易政策,体现着出口货物的实际征收水平和在国际市场上的竞争能力。退税率的高低,影响和刺激对外贸易,影响和刺激国民经济的发展速度,也关系到国家、出口企业的经济利益,甚至关系到进口商的经济利益。

我国现行货物的增值税退税率每年都在调整,目前有17%、16%、15%、14%、13%、11%、9%、5%等几档。

不同退税率的货物应分开核算,凡未分开核算而划分不清适用税率的,一律从低适用税率计算退税。

2.5.3 出口货物增值税退税额的计算

出口货物只有在适用既免税又退税的政策时,才会涉及如何计算退税的问题。我国《出口货物退(免)税管理办法》规定了两种增值税退(免)税计算办法:一是“免、抵、退”办法,主要适用于自营和委托出口自产货物的生产企业;二是“先征后退”办法,主要适用于收购货物出口的外贸企业。

1.“免、抵、退”办法

生产企业自营或委托外贸企业代理出口的自产货物和视同自产货物,除另有规定外,增值税一律实行“免、抵、退”管理办法。“免”税,是指对生产企业出口的自产货物和视同自产货物,免征本企业生产销售环节增值税;“抵”税,是指生产企业出口自产货物和视同自产货物所耗用的原材料、零部件、燃料、动力等所含应予退还的进项税额,抵顶内销货物的应纳税额;“退”税,是指生产企业出口的自产货物和视同自产货物,在当月内应抵顶的进项税额大于应纳税额时,对未抵顶完的税额部分按规定予以退税。

“免、抵、退”办法的计算步骤和计算公式如下:

(1)计算免、抵、退税不得免征和抵扣税额

免、抵、退税不得免征和抵扣税额＝当期出口货物离岸价格×外汇人民币牌价×(出口货物征税率－出口货物退税率)－免、抵、退税不得免征和抵扣税额抵减额

其中:免、抵、退税不得免征和抵扣税额抵减额＝免税购进原材料价格×(出口货物征税率－出口货物退税率)

上述免税购进原材料包括从国内购进免税原材料和进料加工免税进口料件,其中进料加工免税进口料件的价格为组成计税价格。其计算公式为:

组成计税价格＝关税完税价格＋关税＋消费税

如果当期没有免税购进原材料,则“免、抵、退税不得免征和抵扣税额”计算公式中的“免、抵、退税不得免征和抵扣税额抵减额”不用计算。

(2)计算当期应纳税额

当期应纳税额＝当期内销货物销项税额－(当期进项税额－当期免、抵、退税不得免征和抵扣税额)－上期留抵税额

当上述计算结果为正数时,说明企业从内销货物销项税额中抵扣有余,该余额为企业应缴纳的增值税,本期应退税额为零,免、抵税额即为本期免、抵、退税额,结转下期抵扣税额为零;当上述计算结果为负数时,则应退税,实际应退税额应根据下述第(4)步判断后确定。

(3)计算免、抵、退税额

免、抵、退税额＝出口货物离岸价格×外汇人民币牌价×出口货物退税率－免、抵、退税额抵减额

其中:免、抵、退税额抵减额＝免税购进原材料价格×出口货物退税率

如果当期没有免税购进原材料,“免、抵、退税额抵减额”不用计算。

(4)计算当期应退税额和当期免、抵税额

①当期期末留抵税额≤当期免、抵、退税额时

当期应退税额＝当期期末留抵税额

当期免、抵税额＝当期免、抵、退税额－当期应退税额

结转下期抵扣税额＝0

②当期期末留抵税额＞当期免、抵、退税额时

当期应退税额＝当期免、抵、退税额

当期免、抵税额＝0

结转下期抵扣税额＝期末留抵税额－当期免、抵、退税额

公式中的“期末留抵税额”为当期《增值税纳税申报表》的期末留抵税额,它是计算确定当期应退税额、当期免抵税额的重要依据。公式中的“当期”指一个月度。

2.“先征后退”办法

“先征后退”是指出口货物在生产(购货)环节按规定缴纳增值税,货物出口后由收购出口的企业向其主管出口退税的税务机关申请办理出口货物的退税。该办法目前主要适用于外贸出口企业。

(1)外贸企业收购一般纳税人出口货物增值税退税额的计算

外贸出口企业向一般纳税人收购货物出口,其出口销售环节的增值税免征;因外贸企业在支付收购货款的同时也支付了生产经营该类商品的企业已纳的增值税税款,因此,在货物

出口后应按收购成本与退税率计算退税额退还给外贸企业,征、退税之差计入成本。

外贸企业出口货物增值税退税额的计算应依据购进出口货物增值税专用发票上所注明的购进金额和退税率计算。其计算公式为:

应退税额=外贸收购不含增值税购进金额×退税率

(2)外贸企业收购小规模纳税人出口货物增值税退税额的计算

外贸企业从小规模纳税人购进由税务机关代开增值税专用发票的特准退税的出口货物用于出口,按以下公式计算退税额:

应退税额=税务机关代开的增值税专用发票金额×3%

(3)外贸企业委托生产企业加工出口货物的退税规定

外贸企业委托生产企业加工收回后报关出口的货物,按购进国内原辅材料的增值税专用发票上注明的进项税额,依原辅材料的退税率计算原辅材料应退税额。支付的加工费,凭受托方开具货物的退税率,计算加工费的应退税额。

2.5.4 出口货物退(免)增值税业务的核算

1."免、抵、退"办法的核算

实行"免、抵、退"办法的生产企业自营或委托外贸企业代理出口自产货物,按规定一律免缴出口环节的增值税,并按规定的退税率计算出口货物的进项税额,抵减内销产品的应纳税额。

这类货物耗用的购进货物所负担的进项税额计入"应交税费——应交增值税(进项税额)"账户;按规定计算的当期出口货物免抵退税不得免征和抵扣税额,计入出口物资成本,借记"主营业务成本"账户,贷记"应交税费——应交增值税(进项税额转出)"账户;按规定计算的用来抵减内销产品应纳税额的当期免抵税额,借记"应交税费——应交增值税(出口抵减内销产品应纳税额)"账户,贷记"应交税费——应交增值税(出口退税)"账户;按规定计算的当期应退税额,借记"其他应收款"账户,贷记"应交税费——应交增值税(出口退税)"账户;收到退回的税款,借记"银行存款"账户,贷记"其他应收款"账户。

2."先征后退"办法的核算

具有进出口经营权的外贸企业购进用于出口的商品,其出口方式一般有两种:自营出口和委托出口。以自营出口退税为例,其会计核算与"免、抵、退"税办法相比,只是少了"抵"的会计核算。即外贸企业购进货物时,应按增值税专用发票上注明的增值税额借记"应交税费——应交增值税(进项税额)"账户;按出口货物购进时的进项税额与按国家规定的退税率计算的应退税额的差额,借记"主营业务成本"账户,贷记"应交税费——应交增值税(进项税额转出)"账户;按规定退税率计算的当期应退税额,借记"其他应收款"账户,贷记"应交税费——应交增值税(出口退税)"账户;收到退回的税款,借记"银行存款"账户,贷记"其他应收款"账户。

【任务设计之一】

工作实例:

甲企业是具有出口经营权的生产企业,增值税一般纳税人,出口货物的增值税税率为17%,退税率为15%。8月有关经营业务为:购进原材料一批,取得的增值税专用发票注明的价款为200万元,外购货物准予抵扣的进项税额为34万元,上期末留抵税款6万元。本月内销货物不含税销售额 100 万元，出口货物销售额折合人民币 200 万元。试计算该企业当期的“免、抵、退”税额并进行会计核算。

【操作步骤】

第一步：购进原材料时

借：原材料 2 000 000

应交税费——应交增值税（进项税额） 340 000

贷：银行存款 2 340 000

第二步：内销时

借：银行存款 1 170 000

贷：主营业务收入 1 000 000

应交税费——应交增值税（销项税额） 170 000

第三步：外销时

借：银行存款 2 000 000

贷：主营业务收入 2 000 000

第四步：计算当期免抵退税不得免征和抵扣的税额时

免抵退税不得免征和抵扣税额＝200×（17％－15％）＝4（万元）

借：主营业务成本 40 000

贷：应交税费——应交增值税（进项税额转出） 40 000

第五步：计算当期应纳税额

当期应纳税额＝100×17％－（34－4）－6＝－19（万元）

第六步：计算出口货物免抵退税额

出口货物免抵退税额＝200×15％＝30（万元）

第七步：分析并计算当期应退税额和应免抵税额

当期期末留抵税额 19 万元＜当期免抵退税额 30 万元，则：

当期应退税额＝19（万元）

借：其他应收款 190 000

贷：应交税费——应交增值税（出口退税） 190 000

当期免抵税额＝当期免抵退税额－当期应退税额＝30－19＝11（万元）

借：应交税费——应交增值税（出口抵减内销产品应纳税额）110 000

贷：应交税费——应交增值税（出口退税） 110 000

退税后，期末留抵税额为零

【任务设计之二】

工作实例：

2009 年 2 月，乙外贸公司（具有进出口经营权）从某日用化妆品公司购进出口用护发用品 1 000 箱，取得的增值税专用发票注明的价款为 100 万元，进项税额为 17 万元，货款已用银行存款支付。当月该批商品已全部出口，售价为每箱 180 美元（当日汇率为 1 美元＝6.8 元人民币），申请退税的单证齐全。该护发品增值税退税率为 9％。要求计算应退增值税税额并编制会计分录。

【操作步骤】

第一步:购进商品时

借:商品采购　　1 000 000

　应交税金——应交增值税(进项税额)　　170 000

　贷:银行存款　　1 170 000

第二步:商品验收入库时

借:库存商品　　1 000 000

　贷:商品采购　　1 000 000

第三步:出口报关销售并结转出口商品成本时

借:应收账款　　224 000(1 000×180×6.8)

　贷:主营业务收入　　1224 000

借:主营业务成本　　1 000 000

　贷:库存商品　　1 000 000

第四步:申报出口退税时

本环节应退增值税额=1 000 000×9%=90 000(元)

借:其他应收款　　90 000

　贷:应交税费——应交增值税(出口退税)　　90 000

第五步:不予退还的部分作进项税额转出时

增值税进项税额转出额=170 000-90 000=80 000(元)

借:主营业务成本　　80 000

　贷:应交税费——应交增值税(进项税额转出)　　80 000

第六步:收到增值税退税款时

借:银行存款　　90 000

　贷:其他应收款　　90 000

2.5.5 出口货物退(免)税管理

1. 出口货物退(免)税认定管理

对外贸易经营者按《中华人民共和国对外贸易法》和商务部《对外贸易经营者备案登记办法》的规定办理备案登记后,没有出口经营资格的生产企业委托出口自产货物(含视同自产产品,下同),应分别在备案登记、代理出口协议签订之日起30日内持有关资料,填写《出口货物退(免)税认定表》(表2-8),到所在地税务机关办理出口货物退(免)税认定手续。

表 2-8　出口货物退(免)税认定表

编号：

<table>
<tr><td colspan="3">经营者中文名称</td><td colspan="7"></td></tr>
<tr><td colspan="3">经营者英文名称</td><td colspan="7"></td></tr>
<tr><td colspan="3">海关代码</td><td colspan="3"></td><td colspan="2">拼音助记符</td><td colspan="2"></td></tr>
<tr><td colspan="3">电话</td><td></td><td>传真</td><td></td><td>邮编</td><td></td><td>电子信箱</td><td></td></tr>
<tr><td colspan="3">住所</td><td colspan="7"></td></tr>
<tr><td colspan="3">经营场所(中文)</td><td colspan="7"></td></tr>
<tr><td colspan="3">经营场所(英文)</td><td colspan="7"></td></tr>
<tr><td colspan="3" rowspan="2">纳税人识别号</td><td colspan="3" rowspan="2"></td><td colspan="2" rowspan="2">纳税人类型</td><td colspan="2">一般纳税人(　　)</td></tr>
<tr><td colspan="2">小规模纳税人(　　)</td></tr>
<tr><td colspan="3">纳税信用等级</td><td colspan="7"></td></tr>
<tr><td colspan="3">主管征税机关名称</td><td colspan="7"></td></tr>
<tr><td rowspan="2">注册类型</td><td>代码</td><td></td><td rowspan="2">预算级次</td><td rowspan="2"></td><td rowspan="2">行业归属</td><td>代码</td><td></td><td rowspan="2">隶属关系</td><td rowspan="2"></td></tr>
<tr><td>文字</td><td></td><td>文字</td><td></td></tr>
<tr><td colspan="5">对外贸易经营者备案登记表编号</td><td></td><td colspan="2">经营者类型</td><td colspan="2"></td></tr>
<tr><td rowspan="3">工商登记</td><td>注册号</td><td></td><td colspan="5">企业法人代表(个体工商负责人)姓名</td><td colspan="2"></td></tr>
<tr><td>注册日期</td><td></td><td colspan="5" rowspan="2">注册资金(企业资产/个人财产)
(人民币或美元)</td><td colspan="2" rowspan="2"></td></tr>
<tr><td>有效期</td><td></td></tr>
<tr><td colspan="3">开户银行</td><td colspan="4"></td><td>账号</td><td colspan="2"></td></tr>
<tr><td colspan="3" rowspan="2">经营者授权
办税人员</td><td colspan="4">姓名</td><td>电话</td><td colspan="2"></td></tr>
<tr><td colspan="4">姓名</td><td>电话</td><td colspan="2"></td></tr>
<tr><td colspan="3">主管外汇管理局</td><td colspan="7"></td></tr>
<tr><td colspan="3">附送件</td><td colspan="7"></td></tr>
<tr><td colspan="7">出口退税办法的认定</td><td colspan="3">退税机关认定</td></tr>
<tr><td rowspan="4">经营者类型
及退税计算
方法</td><td colspan="6">1. 生产企业免、抵、退税</td><td colspan="3"></td></tr>
<tr><td colspan="3" rowspan="2">2. 流通企业购进法</td><td colspan="3">1. 加权平均法</td><td colspan="3" rowspan="2"></td></tr>
<tr><td colspan="3">2. 单票对应法</td></tr>
<tr><td colspan="6">3. 其他</td><td colspan="3"></td></tr>
<tr><td>纸质凭证申
报方式</td><td colspan="3">上门申报(　　)
邮寄申报(　　)</td><td colspan="3">电子数据
申报方式</td><td colspan="3">上门申报(　　)
远程申报(　　)</td></tr>
<tr><td colspan="2">是否分部核算</td><td colspan="3">是(　)　否(　)</td><td colspan="2">分部核算部门代码</td><td colspan="3"></td></tr>
</table>

续表

<table>
<tr><td rowspan="4">分支机构情况</td><td>名称</td><td>纳税人登记号</td><td>负责人</td><td>电话</td><td>部门代码</td></tr>
<tr><td></td><td></td><td></td><td></td><td></td></tr>
<tr><td></td><td></td><td></td><td></td><td></td></tr>
<tr><td></td><td></td><td></td><td></td><td></td></tr>
<tr><td rowspan="4">变更登记事项</td><td>日期</td><td>变更项目</td><td colspan="3">经办人</td></tr>
<tr><td></td><td></td><td colspan="3"></td></tr>
<tr><td></td><td></td><td colspan="3"></td></tr>
<tr><td></td><td></td><td colspan="3"></td></tr>
</table>

认定机关(签章)：　　　　　　　　　　　　　　　　　　　　　　　　年　　月　　日

已办理出口货物退(免)税认定的出口企业，其认定内容发生变化的，须自有关管理机关批准变更之日起 30 日内，持相关证件向税务机关申请办理出口货物退(免)税认定变更手续。

出口企业发生解散、破产、撤销以及其他依法应终止出口货物退(免)税事项的，应持相关证件、资料向税务机关办理出口货物退(免)税注销认定。

2. 出口货物退(免)税申报管理

办完增值税纳税申报后，应于每月 15 日前(逢节假日顺延)，再向主管国税机关申报办理免、抵、退税。已办理出口退免税认定手续的出口企业，在货物报关离境并按规定作出口销售后，收齐出口货物退(免)税所需的有关单证，使用国家税务总局认可的出口货物退(免)税电子申报系统生成电子申报数据，如实填写出口货物退(免)税申报表，向税务机关申报办理出口货物退(免)税手续。逾期申报的，除另有规定者外，税务机关不再受理该笔出口货物的退(免)税申报，该补税的应按有关规定补征税款。

生产企业自货物报关出口之日起，超过 6 个月未收齐有关出口退(免)税凭证，或未向主管国税机关办理免、抵、退税申报手续的，主管国税机关视同内销货物计税。

出口货物退免税申报表有：生产企业的申报表有《生产企业出口货物免抵退税申报汇总表》(表 2-9)、《生产企业出口货物免抵退税申报明细表》(表 2-10)；外贸企业的申报表有《外贸企业出口货物退税汇总申报表》(表 2-11)、《出口货物进货凭证申报表》。

表 2-9　生产企业出口货物免抵退税申报汇总表

（适用于增值税一般纳税人）

纳税人识别号：　　　　　　　　　　纳税人名称（公章）：

海关代码：　　　　　　　　　　　　税款所属期：年　月至　年　月

申报日期：　　　年　　月　　　　　金额单位：元（列至角分）

项　目	栏次	当期	本年累计	与增值税纳税申报表差额
		(a)	(b)	(c)
免抵退出口货物销售额（美元）	1			—
免抵退出口货物销售额	2＝3＋4			
其中：单证不齐销售额	3			—
单证齐全销售额	4			—
前期出口货物当期收齐单证销售额	5		—	—
单证齐全出口货物销售额	6＝4＋5	0.00		—
不予免抵退出口货物销售额	7			—
出口销售额乘征税率之差	8			—
上期结转免抵退税不得免征和抵扣税额抵减额	9		—	—
免抵退税不得免征和抵扣税额抵减额	10			—
免抵退税不得免征和抵扣税额	11（如 8＞9＋10 则为 8－9－10，否则为 0）			
结转下期免抵退税不得免征和抵扣税额抵减额	12（如 9＋10＞8 则为 9＋10－8，否则为 0）		—	—
出口销售额乘退税率	13			—
上期结转免抵退税额抵减额	14		—	—
免抵退税额抵减额	15			—
免抵退税额	16（如 13＞14＋15 则为 13－14－15，否则为 0）			—
结转下期免抵退税额抵减额	17（如 14＋15＞13 则为 14＋15－13，否则为 0）		—	—
增值税纳税申报表期末留抵税额	18		—	—
计算退税的期末留抵税额	19＝18－11c		—	—

续表

项目	栏次	当期	本年累计	与增值税纳税申报表差额
		(a)	(b)	(c)
当期应退税额	20（如 16＞19 则为 19,否则为 16）			—
当期免抵税额	21＝16－20			—
出口企业申明				退税部门
此表各栏目填报内容是真实、合法的,与实际出口货物情况相符。此次申报的出口业务不属于“四自三不见”等违背正常出口经营程序的出口业务。否则,本企业愿承担由此产生的相关责任。 经办人： 财务负责人：（公章） 年　月　日				经办人： 复核人：（章） 负责人：年　月　日

受理人：　受理日期：　年　月　受理税务机关(签章)

注：1. 本表一式四联,退税部门审核签章后返给企业两联,其中一联作为下期《增值税纳税申报表》附表,退税部门留存一联,报上级退税机关一联；

2. 第(c)列“与增值税纳税申报表差额”为退税部门审核确认的第(b)列“累计”申报数减《增值税纳税申报表》对应项目的累计数的差额,企业应做相应账务调整并在下期增值税纳税申报时对《增值税纳税申报表》进行调整。

表 2-10　生产企业出口货物免抵退申报明细表

企业代码：　企业名称：

纳税人识别号：　所属期：　年　月　日　单位:元(至角分)

序号	出口发票号码	出口报关单号	出口日期	代理证明号	核销单号	出口商品代码	出口商品名称	计量单位	出口数量	出口销售额		征税税率	退税税率	出口销售额乘退税率之差	出口销售额乘退税率	来料加工手册	单证不齐标志	备注
										美元	人民币							
1	2	3	4	5	6	7	8	9	10	11	12	13	14	15＝12(13－14)	16＝12×14	17	18	19
合计																		

出口企业	退税部门
兹声明以上申报无讹并愿意承担一切法律责任。 （公章） 经办人：　财务负责人： 企业负责人：　年　月　日	（章） 经办人：　复核人：　负责人：　年　月　日

注:1)此表一式三联,企业留存一联,资料中装订一联,退税部门留存一联；

2)中标销售的机电产品,应在备注栏内填注 ZB 标志,人工审核时,应审核规定的特殊退税凭证；

3)单证不齐的,在“单证不齐标志”栏内做标志,缺少报关单的填列 B,缺少核销单的填列 H,缺少代理证明的填列 D,缺少两单以上的,同时填列两个以上对应字母。

表 2-11　外贸企业出口货物退税汇总申报表

（适用于增值税一般纳税人）

申报年月：　年　月　　　　申报批次：

纳税人识别号：　　　　海关代码：

纳税人名称（公章）：　　申报日期：　年　月　日　　金额单位：元（至角分）、美元

出口企业申报		
出口退税出口明细申报表	份，记录	条
出口发票	张，出口额	美元
出口报关单	张	
代理出口货物证明	张	
收汇核销单	张，收汇额	美元
远期收汇证明	张，其他凭证	张
出口退税进货明细申报表	份，记录	条
增值税专用发票	张，其中非税控专用发票	张
普通发票	张，专用税票	张
其他凭证	张，总进货金额	元
总进货税额	元	
其中：增值税	元，消费税	元
本月申报退税额	元	
其中：增值税	元，消费税	元
进料应抵扣税额	元	
申请开具单证		
代理进口货物证明	份，记录	条
代理出口货物证明	份，记录	条
进料加工免税证明	份，记录	条
来料加工免税证明	份，记录	条
出口货物转内销证明	份，记录	条
补办报关单证明	份，记录	条
补办收汇核销单证明	份，记录	条
补办代理出口证明	份，记录	条
内销抵扣专用发票	张，其他非退税专用发票	张
申报人声明		
此表各栏目填报内容是真实、合法的，与实际出口货物情况相符。此次申报的出口业务不属于"四自三不见"等违背正常出口经营程序的出口业务。否则，本企业愿承担由此产生的相关责任。 企业填表人： 财务负责人：　　（公章） 企业负责人：　　年　月　日		

主管退税机关审核	
审单情况	机审情况
	本次机审通过退增值税额　元 其中：上期结转疑点退增值税　元 本期申报数据退增值税　元 本次机审通过退消费税额　元 其中：上期结转疑点退消费税　元 本期申报数据退消费税　元 结余疑点数据退增值税　元 结余疑点数据退消费税　元
	授权人申明
	（如果你已委托代理申报人，请填写以下资料） 为代理出口货物退税申报事宜，现授权　　为本纳税人的代理申报人，任何与本申报表有关的往来文件都可寄与此人。 授权人签字　　（盖章）
审单人	审核人： 年　月　日
签批人： （公章） 年　月　日	

受理人：　　受理日期：　年　月　日　　受理税务机关（签章）

出口企业在办理出口货物退(免)税申报时应注意申报凭证、资料的合法性、准确性,主要关注以下几点:

(1)申报出口货物退(免)税的报表种类、内容及印章是否齐全、准确。

(2)申报出口货物退(免)税提供的电子数据和出口货物退(免)税申报表是否一致。

(3)申报出口货物退(免)税的凭证是否有效,与出口货物退(免)税申报表明细内容是否一致等。主要包括:

①出口货物报关单(出口退税专用)。出口货物报关单必须是盖有海关验讫章,注明"出口退税专用"字样的原件(另有规定者除外),出口报关单的海关编号、出口商海关代码、出口日期、商品编号、出口数量及离岸价等主要内容应与申报退(免)税的报表一致。

②代理出口证明。代理出口货物证明上的受托方企业名称、出口商品代码、出口数量、离岸价等应与出口货物报关单(出口退税专用)上内容相匹配并与申报退(免)税的报表一致。

③增值税专用发票(抵扣联)。增值税专用发票(抵扣联)必须印章齐全,没有涂改。增值税专用发票(抵扣联)的开票日期、数量、金额、税率等主要内容应与申报退(免)税的报表匹配。

④出口收汇核销单(或出口收汇核销清单,下同)。出口收汇核销单的编号、核销金额、出口商名称应当与对应的出口货物报关单上注明的批准文号、离岸价、出口商名称匹配。

能力测试 2.1　职业能力判断与选择

一、判断题

1.我国增值税实行的是多次课征制。（　）

2.一般纳税人与小规模纳税人的计税依据相同,都是不含税的销售额。（　）

3.销售不同税率的货物,没有分别核算销售额的,应从高适用税率计算缴纳增值税。（　）

4.增值税专用发票只限于增值税的一般纳税人和小规模纳税人领购使用,非增值税纳税人不得领购使用。（　）

5.增值税一般纳税人将自产的货物分配给投资者,不征收增值税。（　）

6.企业将已经抵扣进项税额的购进货物无偿赠送他人,应将该货物的进项税额从当期发生的进项税额中扣减。（　）

7.将外购的货物用于在建工程等非应税项目,应视同销售货物计算销项税额。（　）

8.纳税人既销售货物又提供非应税劳务,叫混合销售行为。（　）

9.纳税人采用以物易物方式销售货物的,可以不用缴纳增值税。（　）

10.纳税人在销售货物时价格明显偏低且没有正当理由时,由主管税务机关按组成计税价格核定该货物的销售额。（　）

11.对纳税人为销售货物而出租出借包装物收取的押金,均应并入销售额征收增值税。（　）

12. 应纳税额等于当期销项税额减当期进项税额，因此，所有的进项税额都可以抵扣，不足部分可以结转下期继续抵扣。（　　）

13. 计算增值税应纳税额时准予计算进项税额抵扣的货物运费金额包括结算单据上注明的运费和政府收取的建设基金。（　　）

14. 纳税人进口货物，计算缴纳进口环节增值税时，不得抵扣任何税额。（　　）

15. 以 1 个月为一期的纳税人，于期满后 15 日内申报纳税。（　　）

16. 出口货物增值税退税率是出口货物的实际增值税征税额与退税计税依据的比例。（　　）

二、单项选择题

1. 我国目前征收增值税采用的类型是（　　）。

A. 消费型增值税　B. 收入型增值税　C. 生产型增值税　D. 积累型增值税

2. 下列业务按规定应征收增值税的是（　　）。

A. 电器修理　B. 房屋装修　C. 饮食服务　D. 装卸搬运

3. 在以下单位或者个人中，不属于增值税纳税人的是（　　）。

A. 进口固定资产的企业　B. 销售商品房的公司

C. 零售杂货的个体户　D. 生产销售家用电器的公司

4. 从事货物批发或零售的企业为小规模纳税人的年应税销售额的标准是（　　）。

A. 50 万元以下　B. 100 万元以下　C. 80 万元以下　D. 180 万元以下

5. 某服装生产企业年销售额 150 万元，会计核算制度健全，其计算应交增值税应采用（　　）。

A. 17%税率　B. 13%税率　C. 3%征收率　D. 4%征收率

6. 下列各项中，既是增值税法定税率，又是增值税进项税额扣除率的是（　　）。

A. 7%　B. 10%　C. 13%　D. 17%

7. 我国对支付运费的增值税扣除率为（　　）。

A. 7%　B. 10%　C. 13%　D. 17%

8. 一般纳税人按基本税率计征增值税的货物有（　　）。

A. 图书、杂志、报纸　B. 化肥、农药　C. 自产的汽车　D. 粮食、食用植物油

9. 某电器生产企业销售电器时负责送货上门，则此行为应该如何纳税？（　　）

A. 缴纳增值税

B. 缴纳营业税

C. 缴纳消费税

D. 销售行为缴纳增值税，送货上门行为缴纳营业税

10. 以下哪些项目属于增值税条例及实施细则规定的视同销售？（　　）

A. 外购货物发给职工作福利　B. 自产货物捐赠汶川地震灾区

C. 自产货物以物易物换取一批原材料　D. 外购货物用于非应税项目

11. 纳税人既经营增值税应税劳务，又兼营营业税应税劳务而又未分别核算的，其兼营的营业税应税劳务与增值税应税劳务（　　）。

A. 由税务机关核定各自营业额分别征收增值税、营业税

B. 一并征收增值税

C. 一并征收营业税

D. 按营业税与增值税平均税率征税

12. 某百货商城(一般纳税人)采用以旧换新方式销售一批金银首饰,向消费者收取现金88 700元,旧首饰折价23 300元,该笔业务的销项税额为(　　)元。

A. 12 888.03　　B. 9 855.56　　C. 15 079　　D. 16 274.50

13. 下列行为中,涉及的进项税额不得从销项税额中抵扣的是(　　)。

A. 将专门购进货物一批用于本单位集体福利

B. 将外购的货物用于对外投资

C. 将上年委托加工收回的材料用于在建工程

D. 外购货物用于雪灾灾区捐赠

14. 甲企业销售给乙企业一批货物,乙企业因资金紧张,无法支付货币资金,经双方友好协商,乙企业用自产的产品抵偿货款,则下列表述正确的是(　　)。

A. 甲企业收到抵债货物不得抵扣进项税额

B. 乙企业发出抵债货物不作销售处理,不计算销项税额

C. 在此业务中,甲、乙双方应当分别按购销处理,但双方因均不涉及增值税问题,所以,不得开具增值税专用发票

D. 甲、乙双方分别作购销处理,乙方可以向甲方开具增值税专用发票,甲方可以正常抵扣进项税额

15. 某单位的业务中,按现行增值税的有关规定,可以作为进项税额抵扣的有(　　)。

A. 外购的低值易耗品　　B. 外购的小汽车

C. 外购货物用于基建工程　　D. 外购货物分给职工

16. 进口货物的增值税由(　　)征收。

A. 进口地税务机关　　B. 海关

C. 交货地税务机关　　D. 进口方所在地税务机关

17. 以1个月为一期的增值税纳税人,于期满后(　　)申报纳税。

A. 1日　　B. 5日　　C. 10日　　D. 15日

18. 某加工修理修配厂(小规模纳税人)本月的不含增值税销售额为20000元,购进的原材料等的进价为8000元,则其本月应纳的增值税为(　　)。

A. 360元　　B. 600元　　C. 1200元　　D. 580元

19. 企业将自产的货物无偿赠送他人,应视同销售货物计算应缴增值税,借记"营业外支出",贷记"库存商品"和(　　)科目。

A. "应交税费——应交增值税(销项税额)"

B. "应交税费——应交增值税(进项税额转出)"

C. "应交税费——应交增值税(进项税额)"

D. "应交税费——应交增值税(转出未交增值税)"

20. 某企业本月份将自产的一批生产成本为20万元(耗用上月外购材料15万元)的食品发给职工,下列说法正确的是(　　)。

A. 应反映销项税额3.74万元　　B. 应反映销项税额3.4万元

C. 应反映应纳税额3.4万元　　D. 应转出进项税额2.55万元

三、多项选择题

1. 一般纳税人向购买方收取的(　　)需计入销售额计算销项税额。

A. 违约金　　B. 手续费　　C. 包装物租金　　D. 销项税额

2. 根据增值税法规规定，一般纳税人在下列情况下不可开具增值税专用发票的是(　　)。

A. 商品零售企业将货物出售给消费者　　B. 生产企业将货物出售给小规模纳税人

C. 销售免税货物　　D. 生产企业将货物销售给批发企业

3. 某单位(　　)按增值税有关规定不能作为进项税额抵扣。

A. 外购的固定资产　　B. 外购货物用于免税项目

C. 外购货物用于集体福利　　D. 外购货物用于无偿赠送他人

4. 下列经营收入在并入销售额计算销项税额时，需换算为不含增值税的销售额的有(　　)。

A. 混合销售涉及的非应税劳务收入　　B. 商业企业零售额

C. 逾期未还的包装物押金收入　　D. 向购买方收取的各项价外费用

5. 按照增值税的规定，下列行为应征收增值税的有(　　)。

A. 将自产的产品用于办公楼建造

B. 将自产的新产品用于市场推广而免费向消费者发放

C. 将抵债所得的货物用于交换生产用原材料

D. 将自产的货物对外投资

6. 根据增值税法律制度的规定，下列各项中，应当征收增值税的混合销售行为有(　　)。

A. 邮局提供邮政服务并销售集邮商品　　B. 商店销售空调并负责安装

C. 汽车制造厂销售汽车又修理汽车　　D. 汽车修理厂修车并提供洗车服务

7. 下列项目所包含的进项税额，不得从销项税额中抵扣的有(　　)。

A. 外购的小汽车　　B. 因自然灾害发生损失的原材料

C. 生产企业用于经营管理的办公用品　　D. 为生产免税产品购入的原材料

8. 一般纳税人将原购的已按17%税率抵扣进项税额的货物用于下列各项时，应作进项税额转出处理的有(　　)。

A. 免税项目

B. 用于13%税率产品的生产

C. 用于生产专门销售给小规模纳税人的货物

D. 非应税项目

9. 根据增值税法律制度的规定，下列各项业务的处理方法中，不正确的有(　　)。

A. 纳税人销售货物或提供应税劳务，采用价税合并定价并合并收取的，以不含增值税的销售额为计税销售额

B. 纳税人以价格折扣方式销售货物，不论折扣额是否在同一张发票上注明，均以扣除折扣额以后的销售额为计税销售额

C. 纳税人采取以旧换新方式销售货物，以扣除旧货物折价款以后的销售额为计税销售额

D. 纳税人采取以物易物方式销售货物，购销双方均应作购销处理，以各自发出的货物核算计税销售额并计算销项税额，以各自收到的货物核算购货额并计算进项税额

10. 按照增值税的纳税义务发生时间的规定，下列说法错误的是(　　)。

A. 采取委托银行收款结算方式的，为发出货物并办妥托收手续的当天

B. 采取直接收款方式销售货物的，不论货物是否发出，均为收到销售额或取得索取销售额的凭据，并将提货单交给买方的当天

C. 采取赊销和分期收款结算方式，且无书面合同的，为发出货物的当天

D. 将货物交付给他人代销的，为收到受托人送交货款的当天

11. 下列关于增值税纳税义务发生时间的认定说法正确的是(　　)。

A. 采取直接收款方式销售货物的，为货物发出的当天

B. 委托商场销售货物的，为商场售出货物的当天

C. 将委托加工货物无偿赠与他人的，为货物移送的当天

D. 进口货物的，为报关进口的当天

12. 某工厂(一般纳税人)某年 4 月发出一批材料委托甲企业加工，5 月份加工完毕收回并验收入库，取得防伪税控系统开具的增值税专用发票上注明税金为 3.4 万元，当月通过认证；6 月份将加工收回货物制成的产品用于非应税项目，账面成本 50 万元(无同类产品售价)；8 月份支付加工费及税款。该企业下列税务处理正确的有(　　)。

A. 5 月进项税额 3.4 万元　　　　B. 6 月销项税额 8.5 万元

C. 6 月销项税额 9.35 万元　　　　D. 8 月进项税额 3.4 万元

13. 划分一般纳税人和小规模纳税人的标准有(　　)。

A. 销售额达到规定标准　　　　B. 经营效益好

C. 会计核算健全　　　　D. 有上级主管部门

14. 企业应在“应交税费——应交增值税”明细账中设置(　　)等专栏。

A. 进项税额　　B. 已交税金　　C. 销项税额　　D. 未交增值税

15. 下列会计处理正确的是(　　)。

A. 当月上缴本月增值税时，应借记“应交税费——未交增值税”科目，贷记“银行存款”科目

B. 当月上缴本月增值税时，应借记“应交税费——应交增值税(已交税金)”科目，贷记“银行存款”科目

C. 当月上缴上月应缴未缴增值税时，应借记“应交税费——未交增值税”科目，贷记“银行存款”科目

D. 当月上缴上月应缴未缴增值税时，应借记“应交税费——应交增值税(已交税金)”科目，贷记“银行存款”科目

能力测试 2.2　项目实训

1. 某商贸企业(增值税一般纳税人)进口机器一台，关税完税价格为 200 万元，假设进口

关税为 40 万元，支付国内运输企业的运输费用为 0.2 万元(有货票)；本月将机器售出，取得不含税销售额 350 万元。

要求：计算本月应纳增值税税额。

2.某电子企业为增值税一般纳税人，某年 2 月发生下列经济业务：

(1)销售 A 产品 50 台，不含税单价 8000 元。货款收到后，向购买方开具了增值税专用发票，并将提货单交给了购买方。截至月底，购买方尚未提货。

(2)将 20 台新试制的 B 产品分配给投资者，单位成本为 6000 元。该产品尚未投放市场。

(3)单位内部基本建设领用甲材料 1000 公斤，每公斤单位成本为 50 元。

(4)改、扩建单位幼儿园领用甲材料 200 公斤，每公斤单位成本为 50 元，同时领用 A 产品 5 台。

(5)当月丢失库存乙材料 800 公斤，每公斤单位成本为 20 元，作待处理财产损溢处理。

(6)当月发生购进货物的全部进项税额为 70000 元。

其他相关资料：上月进项税额已全部抵扣完毕，本月取得的进项税额抵扣凭证均已申报抵扣。购销货物增值税税率均为 17%，税务局核定的 B 产品成本利润率为 10%。

要求：

(1)计算当月销项税额；

(2)计算当月可抵扣进项税额；

(3)计算当月应缴增值税税额。

3.某工业企业(增值税一般纳税人)某年 3 月购销业务情况如下：

(1)购进生产原料一批，取得的增值税专用发票上注明的价、税款分别是 23 万元、3.91 万元，专用发票当月通过认证并申报抵扣。另支付运费(取得发票)3 万元。

(2)购进钢材 20 吨，已验收入库；取得的增值税专用发票上注明的价、税款分别是 8 万元、1.36 万元，专用发票当月通过认证并申报抵扣。

(3)直接向农民收购用于生产加工的农产品一批，经税务机关批准的收购凭证上注明的价款为 42 万元。

(4)以托收承付方式销售产品一批，货物已发出并办妥银行托收手续，但货款未到，向买方开具的增值税专用发票注明销售额 42 万元。

(5)将本月外购的 20 吨钢材及库存的同价钢材 20 吨移送本企业修建产品仓库。

(6)期初留抵进项税额 0.5 万元。

要求：计算该企业当期应纳增值税税额。

4.某商业企业是增值税一般纳税人，某年 4 月初留抵税额 2000 元，4 月发生下列业务：

(1)购入商品一批，取得认证税控发票，价款 10000 元，税款 1700 元。

(2)3 个月前从农民手中收购的一批粮食毁损，账面成本 5220 元。

(3)从农民手中收购大豆 1 吨，税务机关规定的收购凭证上注明收购款 1500 元。

(4)从小规模纳税人处购买商品一批，取得税务机关代开的发票，价款 30000 元，税款 900 元，款已付，货物未入库，发票已认证。

(5)购买建材一批用于修缮仓库，价款 20000 元，税款 3400 元。

(6)零售日用商品，取得含税收入 150000 元。

(7)将 2 个月前购入的一批布料捐赠受灾地区，账面成本 20000 元，同类不含税销售价格30000元。

(8)外购电脑20台,取得增值税专用发票,每台不含税单价6000元,购入后5台用于办公,5台捐赠希望小学,另10台全部零售,零售价每台8000元。

假定相关可抵扣进项税的发票均经过认证并申报抵扣。

要求:

(1)计算当期全部可从销项税额中抵扣的增值税额进项税额合计数(考虑转出的进项税额)。

(2)计算当期增值税销项税额。

(3)计算当期应纳增值税税额。

5.某生产企业为增值税一般纳税人,某年6月外购原材料取得防伪税控系统开具的增值税专用发票,注明进项税额137.7万元并通过主管税务机关认证。当月内销货物取得不含税销售额150万元,外销货物取得收入115万美元(美元与人民币的比价为1∶8),该企业适用增值税税率17%,出口退税率为13%。

要求:计算该企业6月"免、抵、退"税额并进行相应的会计处理。

6.红光制造厂为增值税一般纳税人,纳税人识别号为330101001143390011,2009年7月发生下列经济业务:

(1)购进原材料一批,增值税专用发票上注明的价款为700 000元,增值税税额为119 000元。专用发票当月通过认证并申报抵扣。供货单位交来的运费单据上反映其代垫运费20 000元。企业因资金不足,上述各款项全部尚未支付,材料验收入库。

(2)接受某公司无偿捐赠的原材料一批,增值税专用发票上注明的货款为30 000元,增值税税额为5100元,专用发票当月通过认证并申报抵扣。材料已验收入库,并以银行存款支付相关手续费300元。

(3)基本生产车间委托某机修厂修理设备,以银行存款支出修理费3000元,增值税税额为510元。工厂已收到机修厂开具的增值税专用发票,当月通过认证并申报抵扣。

(4)购入不需安装的新设备一台,取得的增值税专用发票上注明的价款为20 000元,税额为3400元,当月通过认证并申报抵扣,款项已用银行存款支付。

(5)销售产品取得销售额500 000元,按规定收取增值税税额为85 000元,开具增值税专用发票5张,款项已收到存入银行。

(6)随同产品出售一批单独计价的包装物,开具普通发票一张,金额1 053元,款项已收到。

(7)工厂的基建部门因从事某项目的建设领用自制产品50件,每件售价150元,每件的实际成本为100元,适用的增值税税率为17%,未开具发票。

(8)将一批外购的原材料对外投资,原材料账面实际成本为65 000元,适用增值税税率为17%,开具增值税专用发票一张。

(9)工厂以自产的一批产品作为福利发放给本厂职工,该批产品实际成本为60 000元,无同类产品售价,适用增值税税率为17%,未开具发票。

(10)将自产的一批产品送给某灾区,作为抗洪救灾用。该批产品按售价计算金额为80 000元,其实际成本为60 000元,增值税适用税率为17%,未开具发票。

要求:

(1)根据上述资料计算当期应交增值税税额;

(2)根据上述资料进行相应的会计处理。

项目三 消费税会计核算与申报

【学习目标】

知识目标

1. 掌握消费税的基本法律知识，应纳消费税的计算；
2. 掌握消费税的纳税申报表的填制方法；
3. 熟悉消费税涉税业务的会计处理；
4. 理解消费税出口退税的计算；
5. 熟悉消费税出口退税的申报规定及消费税出口退税的会计处理。

能力目标

1. 能根据学习内容的需要查阅有关资料；
2. 能判断哪些项目应征收消费税，会根据业务资料计算应纳消费税税额；
3. 会根据业务资料填制消费税纳税申报表及税款缴纳书；
4. 能根据业务资料进行消费税的涉税会计业务处理；
5. 会办理出口货物退(免)消费税工作；
6. 培养敬业精神、团队合作能力和良好的职业道德修养。

【项目引言】

你可曾想过：抽一包中华牌卷烟，需向国家缴纳多少税金？其中又以哪种税最多？诺贝尔经济学奖获得者保罗·萨缪尔森曾称：消费税是对酒烟及其他对健康有害的物品的征税。这种旨在改善环境、保障健康，同时又能增加财政收入的税种为世界各国所称赞，目前已有120多个国家或地区开征消费税，在我国可追溯到西汉时期对酒的课税。消费税与增值税同为流转税，凡征收消费税的物品肯定征收增值税，并且税率为17%。然而一个是价外税，一个是价内税，会计核算各不相同，征税环节也不一样，但其计税的依据相同，这在众多税种中是独一无二的，你知道其中的原因吗？

任务3.1 纳税人和征税范围的确定

【任务描述】

1. 确定消费税纳税人；
2. 确定征税范围，明确应税消费品的具体内容；
3. 正确选择消费税税率。

【教学准备】

1.《中华人民共和国消费税暂行条例》、《中华人民共和国消费税暂行条例实施细则》和消费税其他相关法规；

2. 企业不同应税消费品的经济业务资料。

【相关知识】

3.1.1 纳税人的确定

消费税是对在我国境内从事生产、委托加工和进口应税消费品的单位和个人，就其应税消费品的销售额或销售量征收的一种税。在我国的税制结构体系中，消费税是增值税的配套税种。它是在普遍征收增值税的基础上，根据国家产业政策的要求，有选择地对部分消费品征收，发挥其特殊的调节作用。

消费税的纳税人，是在中华人民共和国境内生产、委托加工和进口应税消费品的单位和个人。自 1995 年 1 月 1 日起，金银首饰消费税改在零售环节征收，在我国境内从事金银首饰零售业务的单位和个人，为金银首饰消费税的纳税人，委托加工、委托销售金银首饰的，受托方也是纳税人；自 2009 年 5 月 1 日起对卷烟在批发环节加征一道从价消费税，因此从事卷烟批发的单位和个人也是消费税纳税人。

这里所说的"中华人民共和国境内"，是指生产、委托加工和进口应税消费品的起运地或所在地在中国境内。所说的"单位"，是指国有企业、集体企业、私营企业、股份制企业、外商投资企业、外国企业和其他企业，以及行政单位、事业单位、军事单位、社会团体和其他单位。所说的"个人"，是指个体经营者及其他个人。

3.1.2 征税范围的确定

1. 征税范围的确定原则

(1)对人类健康、社会秩序、生态环境等方面造成危害的特殊消费品，如烟、酒、鞭炮、焰火等。

(2)奢侈品、非生活必需品，如贵重首饰、化妆品等。

(3)高能耗及高档消费品，如小汽车、摩托车等。

(4)不可再生和替代的资源类消费品，如汽油、柴油等。

(5)具有一定财政意义的产品，如汽车轮胎等。

2. 征税范围的具体规定

消费税的征税范围包括烟、酒及酒精、化妆品、贵重首饰及珠宝玉石、鞭炮焰火、成品油、汽车轮胎、摩托车、小汽车、高尔夫球及球具、高档手表、游艇、木制一次性筷子、实木地板等 14 个税目，有的税目还可进一步划分若干子目。其具体范围如下：

(1)烟

本税目下设卷烟(分生产环节和批发环节)、雪茄烟和烟丝 3 类。

卷烟的征税范围包括各种规格、型号的国产卷烟、进口卷烟、白包卷烟、手工卷烟等；雪茄烟的征税范围包括各种规格、型号的雪茄烟；烟丝的征税范围包括以烟叶为原料加工生产的不经卷制的散装烟，如斗烟、莫合烟、烟末、水烟、黄红烟丝等。

(2)酒及酒精

本税目下设粮食白酒、薯类白酒、啤酒、黄酒、其他酒、酒精 6 个子目。

粮食白酒是指以高粱、玉米、大米、糯米、大麦、小麦、青稞等各种粮食为原料,经过糖化、发酵后,采用蒸馏方法酿制的白酒。

薯类白酒是指以白薯(红薯、地瓜)、木薯、马铃薯(土豆)、芋头、山药等各种干鲜薯类为原料,经过糖化、发酵后,采用蒸馏方法酿制的白酒。

黄酒的征收范围包括各种原料酿制的黄酒和酒度超过 12 度(含)的土甜酒。

啤酒的征收范围包括各种包装和散装的啤酒。

其他酒是指除粮食白酒、薯类白酒、黄酒、啤酒以外,酒度在 1 度以上的各种酒。其征收范围包括糠麸白酒、其他原料白酒、土甜酒、复制酒、果木酒、汽酒、药酒等。

酒精的征收范围包括用蒸馏法和合成方法生产的各种工业酒精、医药酒精、食用酒精。

(3)化妆品

本税目征税范围包括:香水、香水精、香粉、口红、指甲油、胭脂、眉笔、蓝眼油、眼睫毛、成套化妆品和高档护肤类化妆品等。舞台、戏剧、影视演员化妆用的上妆油、卸妆油、油彩、发胶和头发漂白剂等,不属于本税目征收范围。

(4)贵重首饰及珠宝玉石

本税目征税范围包括:各种金银珠宝首饰和经采掘、打磨、加工的各种珠宝玉石。

(5)鞭炮焰火

本税目征税范围包括:各种鞭炮、焰火。体育上用的发令纸、鞭炮引线不按本税目征税。

(6)成品油

本税目下设汽油、柴油、石脑油、溶剂油、润滑油、燃料油、航空煤油 7 个子目。

(7)汽车轮胎

本税目征税范围包括:轻型乘人汽车轮胎;载重及公共汽车、无轨电车轮胎;矿山、建筑等车辆用轮胎;特种车辆用轮胎;摩托车轮胎;各种挂车用轮胎;工程车轮胎;其他机动车轮胎;汽车与农用拖拉机、收割机、手扶拖拉机通用轮胎。

(8)摩托车

本税目征税范围包括:轻便摩托车、摩托车。摩托车包括:两轮车、边三轮车、正三轮车等。

(9)小汽车

本税目下设乘用车、中轻型商用客车子目。

乘用车征收范围包括含驾驶员座位在内最多不超过 9 个座位(含)的,在设计和技术特性上用于载运乘客和货物的各类乘用车。

中轻型商用客车征收范围包括含驾驶员座位在内的座位数在 10 至 23 座(含 23 座)的,在设计和技术特性上用于载运乘客和货物的各类中轻型商用客车。

含驾驶员人数(额定载客)为区间值的(如 8－10 人;17－26 人)小汽车,按其区间值下限人数确定征收范围。电动汽车不属于本税目征收范围。

(10)高尔夫球及球具

本税目包括高尔夫球、高尔夫球杆及高尔夫球包(袋)等。

高尔夫球是指重量不超过 45.93 克、直径不超过 42.67 毫米的高尔夫球运动比赛、练习用球；高尔夫球杆是指被设计用来打高尔夫球的工具，由杆头、杆身和握把三部分组成；高尔夫球包（袋）是指专用于盛装高尔夫球及球杆的包（袋）。

（11）高档手表

本税目是指销售价格（不含增值税）每只在10000元（含）以上的各类手表。

（12）游艇

本税目是指长度大于8米小于90米，船体由玻璃钢、钢、铝合金、塑料等多种材料制作，可以在水上移动的水上浮载体。按照动力划分，游艇分为无动力艇、帆艇和机动艇。

本税目征收范围包括艇身长度大于8米（含）小于90米（含），内置发动机，可以在水上移动，一般为私人或团体购置，主要用于水上运动和休闲娱乐等非牟利活动的各类机动艇。

（13）木制一次性筷子

本税目征税范围包括以木材为原料经过锯段、浸泡、旋切、刨切、烘干、筛选、打磨、倒角、包装等环节加工而成的各类一次性使用的筷子。

（14）实木地板

本税目是指以木材为原料，经锯割、干燥、刨光、截断、开榫、涂漆等工序加工而成的块状或条状的地面装饰材料。实木地板按生产工艺不同，可分为独板（块）实木地板、实木指接地板、实木复合地板三类；按表面处理状态不同，可分为未涂饰地板（白坯板、素板）和漆饰地板两类。

本税目征收范围包括各类规格的实木地板、实木指接地板、实木复合地板及用于装饰墙壁、天棚的侧端面为榫、槽的实木装饰板。未经涂饰的素板属于本税目征税范围。

3.1.3 消费税税率的选择

消费税实行比例税率、定额税率和从量定额与从价定率相结合的复合计税3种形式，共设置了20档不同的税率（税额）。多数消费品采用比例税率，最高税率为56%，最低税率为1%；对成品油和黄酒、啤酒等实行定额税率；对卷烟、粮食白酒、薯类白酒实行从量定额与从价定率相结合计算应纳税额的复合计税办法。现行消费税税目税率（税额）如表3-1所示。

表3-1 消费税税目税率（税额）表

<table>
<tr><th colspan="2">税目</th><th>征税范围</th><th>计税单位</th><th>税率（税额）</th></tr>
<tr><td rowspan="8">一、烟</td><td rowspan="4">1.卷烟（生产环节）</td><td rowspan="2">甲类卷烟：每标准条（200支，下同）调拨价70元（含70元，不含增值税，下同）以上</td><td></td><td>56%</td></tr>
<tr><td>标准箱（50000支，下同）</td><td>150元</td></tr>
<tr><td rowspan="2">乙类卷烟：每标准条调拨价70元以下</td><td></td><td>36%</td></tr>
<tr><td>标准箱</td><td>150元</td></tr>
<tr><td>2.卷烟（批发环节）</td><td></td><td></td><td>5%</td></tr>
<tr><td>3.雪茄烟</td><td></td><td></td><td>36%</td></tr>
<tr><td>4.烟丝</td><td></td><td></td><td>30%</td></tr>
</table>

续表

税目		征税范围	计税单位	税率(税额)
二、酒及酒精	1.粮食白酒			20%
			斤(500克)	0.5元
	2.薯类白酒			20%
			斤(500克)	0.5元
	3.啤酒(含果啤)	出厂价(含包装物及押金)3000元(含3000元,不含增值税,下同)以上	吨	250元
		出厂价3000元以下	吨	220元
	4.黄酒		吨	240元
	5.其他酒			10%
	6.酒精			5%
三、化妆品		包括成套化妆品、高挡护肤类化妆品		30%
四、贵重首饰及珠宝玉石		包括各种金、银、珠宝首饰及珠宝玉石		10%
五、鞭炮焰火				15%
六、成品油	1.汽油		升	1.0元
	2.柴油		升	0.8元
	3.石脑油		升	1.0元
	4.溶剂油		升	1.0元
	5.润滑油		升	1.0元
	6.燃料油		升	0.8元
	7.航空煤油		升	0.8元
七、汽车轮胎				3%
八、摩托车		气缸容量在250毫升(含)以下的		3%
		气缸容量在250毫升以上的		10%
九、小汽车	1.乘用车	气缸容量(排气量,下同)在1.0升(含)以下的		1%
		气缸容量在1.0升以上至1.5升(含)的		3%
		气缸容量在1.5升以上至2.0升(含)的		5%
		气缸容量在2.0升以上至2.5升(含)的		9%
		气缸容量在2.5升以上至3.0升(含)的		12%
		气缸容量在3.0升以上至4.0升(含)的		25%
		气缸容量在4.0升以上的		40%
	2.中轻型商用客车			5%

续表

税目	征税范围	计税单位	税率(税额)
十、高尔夫球及球具			10%
十一、高档手表			20%
十二、游艇			10%
十三、木制一次性筷子			5%
十四、实木地板			5%

注:①自 1994 年 1 月 1 日起金银首饰(包括金基、银基合金首饰,以金、银和金基、银基合金的镶嵌首饰)、铂金首饰(从 2003 年 5 月 1 日起)和钻石及钻石饰品(从 2002 年 1 月 1 日起)的纳税环节由生产环节、进口环节转至零售环节,税率改为 5%。不属于上述范围的首饰,仍按 10%的税率在原纳税环节计缴。

②自 2006 年 4 月 1 日起,取消"护肤护发品"税目,将原属于护肤护发品征税范围的高档护肤类化妆品列入化妆品税目。

③自 2009 年 1 月 1 日起,航空煤油暂缓征收消费税;对用外购或委托加工收回的已税汽油生产的乙醇汽油免税;子午线轮胎继续免征消费税。

④娱乐业、饮食业自制啤酒,一律按 250 元/吨征税;含铅汽油按 1.40 元/升的税率征税。

⑤在 2009 年 5 月 1 日前卷烟产品批发环节不征税,只在生产环节征税,税率如下:每标准条(200 支,下同)调拨价格在 50 元(含 50 元,不含增值税,下同)以上的卷烟,税率 45%;每标准条调拨价格在 50 元以下的卷烟,税率 30%;雪茄烟税率 25%;从量税额没有变化。

在消费税税率运用中应注意以下几个具体问题:

(1)对兼营不同税率的应税消费品适用税目税率的规定

对纳税人兼营不同税率的应税消费品,应当分别核算其销售额或销售数量。未分别核算销售额或销售数量的,或者将不同税率的应税消费品组成成套消费品销售的,从高适用。

(2)对卷烟适用税目税率的具体规定

对白包卷烟、手工卷烟、自产自用没有同牌号规格调拨价格的卷烟、委托加工没有同牌号规格调拨价格的卷烟、未经国务院批准纳入计划的企业和个人生产的卷烟,除按定额税率征收外,一律按 56%的比例税率征收。

(3)消费税税目、税率(税额)的调整由国务院确定,地方无权调整。

任务 3.2 消费税税款计算

【任务描述】

1.计算直接对外销售应税消费品的消费税税额,不同的应税消费品采用三种不同的计税方法:从价定率法、从量定额法、从价定率与从量定额复合计税法;

2.计算自产自用应税消费品的消费税税额,同样有三种计税方法;

3.计算委托加工应税消费品的消费税税额,同样有三种计税方法;

4.计算进口应税消费品的消费税税额,同样有三种计税方法。

【教学准备】

1.《中华人民共和国消费税暂行条例》、《中华人民共和国消费税暂行条例实施细则》和消费税其他相关法规；

2.企业不同应税消费品的经济业务资料。

【相关知识】

3.2.1 直接对外销售应税消费品应纳税额的计算

直接对外销售应税消费品消费税税额的计算一般有三种方法：即从价定率法、从量定额法、从价定率和从量定额复合计税法。

1.从价定率法应纳税额的计算

消费税是价内税，即以含消费税的价格作为计税价格，应纳税额的计算取决于应税消费品的销售额和适用税率两个因素。其计算公式为：

应纳税额＝应税消费品的计税销售额×消费税税率

(1)计税销售额的一般规定

纳税人对外销售其生产的应税消费品，应当以其销售额为依据计算纳税。这里的销售额包括向购货方收取的全部价款和价外费用。由于消费税和增值税实行交叉征收，消费税实行价内税，增值税实行价外税，因此实行从价定率法征收消费税的消费品，其消费税税基和增值税税基是一致的，即都是以含消费税而不含增值税的销售额作为计税基数，所以在项目三中有关增值税确认销售额的规定同样适用于消费税，在此不再重复。

(2)计税销售额的特殊规定

①包装物及押金的计税销售额

应税消费品连同包装物销售的，无论包装物是否单独计价，也无论在会计上如何核算，均应并入应税消费品的销售额中缴纳消费税。如果包装物不作价随同产品销售而是收取押金，此项押金不并入应税消费品的销售额中纳税。但对因逾期未收回的包装物不再退还的和已收取一年以上的押金，应并入应税消费品的销售额，按照应税消费品的适用税率缴纳消费税；对既作价随同应税消费品销售，又另外收取押金的包装物的押金，凡纳税人在规定的期限内不予退还的，均应并入应税消费品的销售额，按照应税消费品的适用税率缴纳消费税。

对酒类产品生产企业销售酒类产品(按从价定率办法征收的)而收取的包装物押金，无论押金是否返还与会计上如何核算，均需并入酒类产品销售额中，依酒类产品的适用税率征收消费税。但以上规定不适用于实行从量定额法征收消费税的啤酒和黄酒产品。

②纳税人销售的应税消费品，如果是以外汇计算销售额的，应当按外汇牌价折合成人民币计算应纳税额。

③纳税人通过自设非独立核算门市部销售的自产应税消费品，应当按照门市部对外销售金额缴纳消费税。

④纳税人用于换取生产资料和消费资料、投资入股和抵偿债务等方面的应税消费品，应当以纳税人同类应税消费品的最高销售价格作为计税依据计算消费税。

2.从量定额法应纳税额的计算

按从量定额办法计算消费税，应纳税额的计算取决于应税消费品的数量和单位税额两个因素。其基本计算公式为：

应纳税额＝应税消费品的数量×单位税额

(1)应税消费品数量的确定

根据应税消费品的应税行为，应税消费品的数量具体规定为：

① 销售应税消费品的，为应税消费品的销售数量。纳税人通过自设的非独立核算门市部销售自产应税消费品的，应当按照门市部对外销售数量征收消费税；

② 自产自用应税消费品的(用于连续生产应税消费品的除外)，为应税消费品的移送使用数量；

③ 委托加工应税消费品的，为纳税人收回的应税消费品数量；

④ 进口的应税消费品，为海关核定的应税消费品进口征税数量。

(2)计量单位的换算标准

按照消费税规定，对黄酒、啤酒、成品油等应税消费品采取从量定额办法计算应纳税额。其计量单位的换算标准如下：

啤酒　1吨＝988升　　黄酒1吨＝962升

汽油　1吨＝1388升　　柴油1吨＝1176升

石脑油1吨＝1385升　　溶剂油1吨＝1282升

润滑油1吨＝1126升　　燃料油1吨＝1015升

航空煤油1吨＝1246升。

3. 从价定率和从量定额复合计税法应纳税额的计算

现行消费税的征税范围中，实行复合征税方法的消费品有卷烟、粮食白酒和薯类白酒。其计算公式为：

应纳税额＝应税消费品销售额×比例税率＋应税消费品数量×单位税额

计税依据中从量定额部分与前面规定相同：生产销售卷烟、粮食白酒、薯类白酒从量定额计税依据为实际销售数量；进口、委托加工、自产自用卷烟、粮食白酒、薯类白酒从量定额计税依据分别为海关核定的进口征税数量、委托方收回数量、移送使用数量。

计税依据中从价定率部分有以下几方面的特殊规定：

(1)卷烟从价定率计税办法的计税依据为卷烟的调拨价格或者核定价格。

调拨价格是指卷烟生产企业通过卷烟交易市场与购货方签订的卷烟交易价格。计税调拨价格由国家税务总局按照中国烟草交易中心和各省烟草交易(订货)会2000年各牌号、规格卷烟的调拨价格确定，并作为卷烟计税价格对外公布。

核定价格是指不进入交易中心和交易会交易、没有调拨价格的卷烟，由税务机关按其零售价倒推一定比例的办法核定计税价格。核定价格的计算公式：

某牌号规格卷烟核定价格＝该牌号规格卷烟市场零售价格÷(1＋35％)

(2)计税价格和核定价格确定以后，执行计税价格的卷烟，国家每年根据卷烟实际交易价格的情况，对个别市场交易价格变动较大的卷烟，以交易中心或者交易会的调拨价格为基础对其计税价格进行适当调整。执行核定价格的卷烟，由税务机关按照零售价格变动情况进行调整。

(3)实际销售价格高于计税价格和核定价格的卷烟，按实际销售价格征收消费税；实际销售价格低于计税价格和核定价格的卷烟，按计税价格或核定价格征收消费税。

(4)非标准条(每条包装多于或者少于200支)包装卷烟应当折算成标准条包装卷烟的数量,依其实际销售收入计算确定其折算成标准条包装后的实际销售价格,并确定适用的比例税率。折算的实际销售价格高于计税价格的,应按照折算的实际销售价格确定适用比例税率;折算的实际销售价格低于计税价格的,应按照同牌号规格标准条包装卷烟的计税价格和适用税率征税。卷烟的折算标准如下:

1箱=250条;1条=10包;1包=20支

(5)白酒生产企业向商业销售单位收取的"品牌使用费"是随着应税白酒的销售而向购货方收取的,属于应税白酒销售价款的组成部分,因此,不论企业采取何种方式或以何种名义收取价款,均应并入白酒的销售额中缴纳消费税。

(6)从2009年8月1日起,白酒生产企业销售给销售单位的白酒,生产企业消费税计税价格低于销售单位对外销售价格70%以下的,税务机关应核定消费税最低计税价格;已核定最低计税价格的白酒,销售单位对外销售价格持续上涨或下降时间达到3个月以上、累计上涨或下降幅度在20%(含)以上的白酒,税务机关重新核定最低计税价格。

4.已纳消费税扣除的计算

为了避免重复征税,现行税法规定,将外购应税消费品继续生产应税消费品销售的,准予从应纳消费税税额中按当期生产领用数量计算扣除外购已税消费品已纳的消费税税款。

(1)扣税范围

①外购已税烟丝生产的卷烟;

②外购已税化妆品生产的化妆品;

③外购已税珠宝玉石生产的贵重首饰及珠宝玉石;

④外购已税鞭炮焰火生产的鞭炮焰火;

⑤外购已税汽车轮胎(内胎和外胎)生产的汽车轮胎;

⑥外购已税摩托车生产的摩托车(如用外购两轮摩托车改装三轮摩托车);

⑦外购已税杆头、杆身和握把为原料生产的高尔夫球杆;

⑧外购已税木制一次性筷子为原料生产的木制一次性筷子;

⑨外购已税实木地板为原料生产的实木地板;

⑩外购已税汽油、柴油用于连续生产甲醇汽油、生物柴油。

(2)扣税方法

上述当期准予扣除外购应税消费品已纳消费税税款的,在计税时按当期生产领用数量计算:

①从价定率

当期准予扣除的外购应税消费品已纳税款=当期准予扣除的外购应税消费品买价×外购应税消费品适用税率

当期准予扣除的外购应税消费品买价=期初库存的外购应税消费品买价+当期购进的外购应税消费品买价-期末库存的外购应税消费品买价

外购已税消费品的买价是指购货发票上注明的销售额(不包括增值税税款)。

纳税人用外购的已税珠宝玉石生产的改在零售环节征收消费税的金银首饰(镶嵌首饰),在计税时一律不得扣除外购珠宝玉石的已纳税款。允许扣除已纳税款的应税消费品只限于从工业企业购进的应税消费品和进口环节已缴纳消费税的应税消费品,对从境内商业企业购进应税消费品的已纳税款一律不得扣除。

②从量定额

当期准予扣除的外购应税消费品已纳税款＝当期准予扣除的外购应税消费品数量×外购应税消费品单位税额

当期准予扣除的外购应税消费品数量＝期初库存的外购应税消费品数量＋当期购进的外购应税消费品数量－期末库存的外购应税消费品数量

3.2.2 自产自用应税消费品应纳税额的计算

1.自产自用应税消费品的确定

所谓自产自用，是指纳税人生产应税消费品后，不是直接用于对外销售，而是用于自己连续生产应税消费品或用于其他方面。根据《中华人民共和国消费税暂行条例》规定，纳税人用于连续生产应税消费品，不缴纳消费税；用于其他方面的，于移送使用时缴纳消费税。

所谓“连续生产应税消费品”，是指作为生产最终应税消费品的直接材料，并构成最终产品实体的应税消费品。对自产自用的应税消费品，用于连续生产应税消费品的不再征税，体现了税不重征和计税简便的原则，避免了重复征税。例如：卷烟厂生产的烟丝，如果直接对外销售，应缴纳消费税，但如果用于本厂连续生产卷烟，其烟丝就不征收消费税，只对最终生产出来的卷烟征收消费税。

所谓“用于其他方面”，是指纳税人用于生产非应税消费品和在建工程、管理部门、非生产机构、提供劳务，以及用于馈赠、赞助、集资、广告、样品、职工福利、奖励等方面的应税消费品。企业自产的应税消费品虽然没有用于销售或连续生产应税消费品，但只要是用于税法所规定的范围都要视同销售，依法缴纳消费税。

2.自产自用应税消费品计税依据的确定

根据《消费税暂行条例》的规定，纳税人自产自用的应税消费品，凡用于其他方面应当纳税的，其销售额的核算顺序如下：

(1)按照纳税人生产的当月同类消费品的销售价格计算纳税。

(2)如果当月同类消费品各期销售价格高低不同，应按销售数量加权平均计算。但销售的应税消费品有下列情况之一的，不得列入加权平均计算：①销售价格明显偏低又无正当理由的；②无销售价格的。

(3)如果当月无销售或者当月未完结，应按照同类消费品上月或最近月份的销售价格计算纳税。

(4)没有同类消费品销售价格的，按照组成计税价格计算纳税。

其计算公式为：

组成计税价格＝成本×(1＋成本利润率)÷(1－消费税税率)

上述公式中所说的“成本”是指应税消费品的产品生产成本；公式中所说的“成本利润率”是指应税消费品的全国平均成本利润率，由国家税务总局确定，具体规定如下：

①雪茄烟 5%

②烟丝 5%

③粮食白酒 10%

④薯类白酒 5%

⑤其他酒 5%

⑥酒精 5%

⑦化妆品 5%

⑧鞭炮、焰火 5%

⑨贵重首饰及珠宝玉石 6%
⑩汽车轮胎 5%
⑪摩托车 6%
⑫乘用车 8%
⑬中轻型商用客车 5%
⑭高尔夫球及球具 10%
⑮高档手表 20%
⑯游艇 10%
⑰木制一次性筷子 5%
⑱实木地板 5%

3. 自产自用应税消费品应纳税额的计算

(1)有同类消费品销售价格的

应纳税额=同类消费品单位销售价格×自用数量×适用税率

(2)没有同类消费品销售价格的

应纳税额=组成计税价格×适用税率

3.2.3 委托加工应税消费品应纳税额的计算

1. 委托加工应税消费品的确定

委托加工应税消费品,是指由委托方提供原料和主要材料,受托方只收取加工费和代垫部分辅助材料加工的应税消费品。对于由受托方提供原材料生产的应税消费品,或者受托方先将原材料卖给委托方,然后再接受加工的应税消费品,以及由受托方以委托方名义购进原材料生产的应税消费品,无论纳税人在财务上是否作销售处理,都不得作为委托加工应税消费品,而应当按照销售自制应税消费品缴纳消费税。由此可见,作为委托加工的应税消费品,必须具备两个条件:其一是由委托方提供原料和主要材料;其二是受托方只收取加工费和代垫部分辅助材料。无论是委托方还是受托方,凡不符合规定条件的,都不能按委托加工应税消费品进行税务处理,只能按照销售自制应税消费品缴纳消费税。这种处理方法体现了税收管理的源泉控制原则,避免了应缴税款的流失。

2. 委托加工应税消费品计税依据的确定

委托加工的应税消费品,按照受托方的同类消费品的销售价格计算纳税。同类消费品的销售价格是指受托方当月销售的同类消费品的销售价格,如果当月同类消费品各期销售价格高低不同,应按销售数量加权平均计算。但销售的应税消费品有下列情况之一的,不得列入加权平均计算:①销售价格明显偏低又无正当理由的;②无销售价格的。如果当月无销售或者当月未完结,应按照同类消费品上月或最近月份的销售价格计算纳税。没有同类消费品销售价格的,按照组成计税价格计算纳税。组成计税价格计算公式为:

组成计税价格=(材料成本+加工费)÷(1-消费税税率)

上述公式中的"材料成本",是指委托方所提供加工材料的实际成本。委托加工应税消费品的纳税人必须在委托加工合同上如实注明(或以其他方式提供)材料成本,凡未提供材料成本的,受托方所在地主管税务机关有权核定其材料成本。可见,税法严格规定委托方提供原料和主要材料必须如实提供材料成本,其目的是为了防止假冒委托加工应税消费品或少报材料成本逃避纳税的问题。

公式中的"加工费",是指受托方加工应税消费品向委托方收取的全部费用(包括代垫辅助材料的实际成本,不包括增值税税金),这是税法对受托方的要求。受托方必须如实提供向委托方收取的全部费用,这样才能既保证组成计税价格及代收代缴消费税准确计算出来,也使受托方按加工费得以正确计算其应纳的增值税。

3.委托加工应税消费品应纳税额的计算

(1)受托方有同类消费品销售价格的

应纳税额＝同类消费品单位销售价格×委托加工数量×适用税率

(2)受托方没有同类消费品销售价格的

应纳税额＝组成计税价格×适用税率

4.委托加工应税消费品消费税的缴纳

(1)对委托加工应税消费品的应纳消费税，采取由受托方代收代缴税款的办法，由受托方在向委托方交货时代收代缴消费税。委托方收回后直接销售时不再缴纳消费税。受托方必须严格履行代收代缴义务，否则要承担税收法律责任。

(2)纳税人委托个体经营者加工应税消费品，一律在收回加工应税消费品后向所在地主管税务机关缴纳消费税。

(3)受托方没有代收代缴消费税的，委托方应补交税款，补税的计税依据为：①已直接销售的，按销售额计税；②未销售或不能直接销售的(如收回后用于连续生产等)，按组成计税价格计税。

5.委托加工收回的应税消费品已纳税款的扣除

纳税人委托加工的应税消费品已由受托方代收代缴消费税，如果委托方收回货物后用于连续生产应税消费品的，其已纳税款准予按照规定从连续生产的应税消费品应纳消费税税额中扣除。这种扣税方法与外购已税消费品连续生产应税消费品的扣税范围、扣税方法、扣税环节相似。

(1)扣税范围

①以委托加工收回的已税烟丝为原料生产的卷烟；

②以委托加工收回的已税化妆品为原料生产的化妆品；

③以委托加工收回的已税珠宝玉石为原料生产的贵重首饰及珠宝玉石；

④以委托加工收回的已税鞭炮、烟火为原料生产的鞭炮、焰火；

⑤以委托加工收回的已税汽车轮胎生产的汽车轮胎；

⑥以委托加工收回的已税摩托车生产的摩托车；

⑦以委托加工收回的已税杆头、杆身和握把为原料生产的高尔夫球杆；

⑧以委托加工收回的已税木制一次性筷子为原料生产的木制一次性筷子；

⑨以委托加工收回的已税实木地板为原料生产的实木地板；

⑩以委托加工收回的已税汽油、柴油为原料生产的甲醇汽油、生物柴油。

(2)扣税方法

当期准予扣除的委托加工应税消费品已纳税款＝期初库存的委托加工应税消费品已纳税款＋当期收回的委托加工应税消费品已纳税款－期末库存的委托加工应税消费品已纳税款

纳税人用委托加工收回的已税珠宝玉石生产的改在零售环节征收消费税的金银首饰，在计税时一律不得扣除委托加工收回的珠宝玉石的已纳消费税税款。委托加工应税消费品已纳税款为代扣代收税款凭证注明的受托方代收代缴的消费税额。

3.2.4　进口应税消费品应纳税额的计算

纳税人进口应税消费品，按照组成计税价格和规定的税率计算应纳税额，组成计税价格包括：到岸价格、关税和消费税三部分。

1.进口应税消费品应纳税额的计算

(1)实行从价定率办法应纳税额的计算

应纳税额的计算公式：

应纳税额＝组成计税价格×消费税税率

组成计税价格＝(关税完税价格＋关税)÷(1－消费税税率)

公式中所称的"关税完税价格"，是指海关核定的关税计税价格。

(2)实行从量定额办法应纳税额的计算

应纳税额的计算公式：

应纳税额＝应税消费品数量×消费税单位税额

(3)实行从价定率和从量定额复合征税办法应纳税额的计算

应纳税额的计算公式：

应纳税额＝组成计税价格×消费税税率＋应税消费品数量×消费税单位税额

注意：进口环节消费税除国务院另有规定者外，一律不得给予减税、免税。

2.进口应税消费品已纳消费税税款的扣除

在对用进口已税消费品连续生产应税消费品计算征税时，准予扣除外购的应税消费品已纳的消费税税款。准予扣除的范围同"外购已税消费品连续生产应税消费品后销售"的扣除范围。

当期准予扣除的进口应税消费品已纳税款＝期初库存的进口应税消费品已纳税款＋当期进口应税消费品已纳税款－期末库存的进口应税消费品已纳税款

进口应税消费品已纳税款为《海关进口消费税专用缴款书》注明的进口环节消费税。

【任务设计】

工作实例：

2009年8月，某高校会计专业毕业生赵小芬到ABC股份有限责任公司报税岗位上班。该公司主要生产经营酒类、卷烟和化妆品，8月份发生如下经济业务：

①8月1日销售化妆品100套，已知增值税专用发票上注明的价款30000元，税额5100元，款已收到。

②8月4日将自己生产的啤酒20吨销售给家乐超市，货款已收到；另外有10吨让客户及顾客免费品尝。该啤酒出厂价为2800元/吨，成本为2000元/吨。

③8月10日销售粮食散白酒20吨，单价7000元，价款140000元。

④8月20日用自产粮食白酒10吨抵偿华盛超市货款70000元，不足或多余部分不再结算。该粮食白酒每吨本月售价在5500—6500元之间浮动，平均售价为6000元。

⑤8月25日将一批自产的化妆品作为福利发给职工个人，这批化妆品的成本为10000元。假设该类化妆品不存在同类消费品销售价格。

⑥7月10日将外购的烟叶100000元发给嘉华加工公司，委托其加工成烟丝。嘉华加工公司代垫辅助材料4000元(款已付)，本月应支付的加工费36000元(不含税)、增值税

6120元。8月5日ABC公司以银行存款付清全部款项和代缴的消费税;6日收回已加工的烟丝并全部生产卷烟10箱;25日该批卷烟全部用于销售,总售价为300000元,款已收到。

⑦8月26日向陈氏超市销售用上月外购烟丝生产的卷烟20个标准箱,每标准条调拨价格80元,共计400 000元(购入烟丝支付含增值税价款为93600元),采取托收承付结算方式,货已发出并办妥托收手续。

⑧8月28日从国外购进成套化妆品,关税完税价格80 000美元,关税税率为50%。假定当日美元对人民币的汇率为1∶6.82,货款全部以银行存款付清。

请问:赵小芬如何计算该公司8月份应纳消费税税额?

【操作步骤】

第一步:判断经济业务类型:

属于直接对外销售应税消费品业务的有:①、②部分、③、④、⑦

属于自产自用应税消费品业务的有:②部分、⑤

属于委托加工应税消费品业务的有:⑥

属于进口应税消费品业务的有:⑧

第二步:分别确定计税依据并逐项计算应纳消费税税额:

①计税销售额=30000元;应纳消费税税额=30000×30%=9000(元)

②对外销售的计税销售量=20吨;应纳消费税税额=20×220=4400(元)

免费品尝的计税销售量=10吨;应纳消费税税额=10×220=2200(元)

③计税销售额=140000元;计税销售量=20×2000=40000斤

应纳消费税税额=140000×20%+40000×0.5=48000(元)

④计税销售额=10×6500=65000(元);计税销售量=10×2000=20000(元)

应纳消费税税额=65000×20%+20000×0.5=23000(元)

⑤组成计税价格=10000×(1+5%)÷(1−30%)=15000(元)

应纳消费税税额=15000×30%=4500(元)

⑥烟丝组成计税价格=(100000+4000+36000)÷(1−30%)=200000(元)

嘉华公司代收代缴烟丝的消费税额=200000×30%=60000(元)

每条卷烟价格=300000÷(10×250)=120(元),按56%税率计税

卷烟应纳消费税税额=300000×56%+10×150−60000=109500(元)

⑦外购烟丝已纳的消费税税额(可抵扣)=93600÷(1+17%)×30%=24000(元)

出售卷烟计税销售额=40000元;计税销售量=20箱

应纳消费税税额=(400000×56%+20×150)−24000=203000(元)

⑧进口化妆品组成计税价格=80000×6.82×(1+50%)÷(1−30%)=1169142.86(元)

海关代征的化妆品消费税=1169142.86×30%=350742.86(元)

第三步:汇总计算本月应纳消费税总额:

ABC股份有限责任公司8月份应申报缴纳的消费税税额

=9000+4400+2200+48000+23000+4500+109500+203000=403600(元)

海关代征的消费税税额=350742.86(元)

嘉华公司代收代缴的消费税税额=60000(元)

任务3.3　消费税会计核算

【任务描述】

1.设置会计科目:“应交税费——应交消费税”及其他相关科目;

2.消费税会计核算主要涉及一般业务的核算、视同销售业务的核算、包装物押金的核算、委托加工的核算和进口应税消费品的核算。

【教学准备】

1.《企业会计准则》及应用指南;

2.《中华人民共和国消费税暂行条例》、《中华人民共和国消费税暂行条例实施细则》、消费税其他相关法规;

3.应税消费品的经济业务资料。

【相关知识】

3.3.1　会计科目的设置

为了正确反映和核算消费税有关纳税事项,纳税人应在“应交税费”科目下设置“应交消费税”二级科目。本科目的借方反映企业实际交纳的消费税和待抵扣的消费税;贷方反映按规定应交纳的消费税;期末贷方余额,反映尚未交纳的消费税,期末借方余额,反映多交或待抵扣的消费税。

由于消费税属于价内税,即销售额中含有应负担的消费税税额,应将消费税作为费用、成本的内容加以核算,因此,还应设置与之相应的会计科目,如“营业税金及附加”、“其他业务成本”、“长期股权投资”、“在建工程”、“营业外支出”、“应付职工薪酬”等科目。

3.3.2　会计核算实务

1.一般销售的核算

消费税是一种价内税,纳税人销售应税消费品的售价中包含了消费税。因此,纳税人缴纳的消费税应计入“营业税金及附加”科目,从销售收入中得到补偿。纳税人生产的需要缴纳消费税的消费品,在销售时应当按照应交消费税借记“营业税金及附加”科目,贷记“应交税费——应交消费税”科目。实际缴纳消费税时,借记“应交税费——应交消费税”科目,贷记“银行存款”科目。发生销货退回及退税时作相反的会计分录。

2.视同销售的核算

(1)用于在建工程、职工福利或者直接转为固定资产

纳税人将自产的应税消费品用于在建工程或直接转为固定资产的,应于货物移送使用时,按同类消费品的平均销售价格计算应纳消费税和应纳增值税;贷记“应交税费——应交消费税”、“应交税费——应交增值税”科目;按移送的货物成本,贷记“库存商品”科目;按应纳的增值税、消费税和移送货物的成本之和,借记“在建工程”、“应付职工薪酬”、“固定资产”等科目。

(2)用于捐赠、赞助、广告

纳税人将自产的应税消费品用于捐赠、赞助和广告的,应于货物移送使用时,按同类消费品的平均销售价格或组成计税价格计算应纳消费税和应纳增值税,贷记"应交税费——应交消费税"、"应交税费——应交增值税"科目;按移送的货物成本,贷记"库存商品"科目;按应纳的增值税、消费税和移送货物的成本之和,借记"营业外支出"、"销售费用"科目。

(3)用于换取生产资料、消费资料

纳税人以生产的应税消费品用于换取生产资料和消费资料属于非货币性资产交换,应按非货币性资产交换的办法进行处理,按换入资产可抵扣的增值税进项税额,借记"应交税费——应交增值税(进项税额)"科目;按换出应税消费品应支付的相关税费,贷记"应交税费——应交增值税(销项税额)"、"应交税费——应交消费税"等科目。

特别要注意:纳税人用于换取生产资料和消费资料、投资入股和抵偿债务等方面的应税消费品,应当以纳税人同类应税消费品的最高销售价格作为计税依据计算消费税;而增值税仍以同类产品的平均销售价格作为计税依据。

(4)用于投资入股

纳税人以生产的应税消费品换入长期股权投资的(长期债权投资的处理相同),按对外投资处理办法借记有关投资科目,按投资移送应税消费品的售价或组成计税价格,贷记"主营业务收入"科目;按应交的增值税额,贷记"应交税金——应交增值税(销项税额)";按应交的消费税额,贷记"应交税金——应交消费税"科目,借记"营业税金及附加"科目;按移送的货物成本,借记"主营业务成本"科目,贷记"库存商品"科目。

(5)用于抵偿债务

纳税人以生产的应税消费品清偿债务,应按应付账款的账面余额,借记"应付账款"科目;按用于清偿债务的应税消费品的公允价值,贷记"主营业务收入"科目;按应交的增值税销项税额,贷记"应交税费——应交增值税(销项税额)"科目;按其差额,贷记"营业外收入"等账户或借记"营业外支出"等科目;按应交的消费税额,贷记"应交税费——应交消费税"科目,借记"营业税金及附加"科目;同时按照该用于抵债的应税消费品的账面余额,借记"主营业务成本"科目,贷记"库存商品"科目。

3.包装物押金的核算

(1)随同商品出售但单独计价的包装物

随同商品出售但单独计价的包装物,其收入贷记"其他业务收入"科目;按规定应缴纳的消费税,借记"营业税金及附加"科目,贷记"应交税费——应交消费税"科目,同时结转包装物的成本。

(2)出租、出借包装物逾期的押金

纳税人出租出借包装物逾期未退还的包装物押金,应从"其他应付款"科目转入"其他业务收入",并按照应缴纳的消费税,借记"营业税金及附加"科目,贷记"应交税费——应交消费税"科目。

4.委托加工应税消费品的核算

委托加工的应税消费品,由受托方所在地主管税务机关代收代缴消费税税款;委托个人加工的应税消费品,由委托方向其机构所在地或者居住地主管税务机关申报纳税。

(1)委托方的账务处理

①委托加工的应税消费品，收回后直接销售的，不再征收消费税。委托方应将受托方代收代缴的消费税计入委托加工的应税消费品成本，借记"委托加工物资"等科目，贷记"银行存款"、"应付账款"等科目。

②委托加工的应税消费品收回后用于连续生产应税消费品按规定准予抵扣的，委托方应按代收代缴的消费税税额，借记"应交税费——应交消费税"科目，贷记"银行存款"、"应付账款"等科目。待加工成最终应税消费品销售时，按最终应税消费品应缴纳的消费税，借记"营业税金及附加"科目，贷记"应交税费——应交消费税"科目。

(2)受托方的账务处理

受托方按应收的消费税税额，借记"银行存款"、"应收账款"等科目，贷记"应交税费——应交消费税"科目。

5.进口应税消费品的核算

进口应税消费品时，由海关代征的进口消费税，应计入应税消费品的成本中，根据海关完税凭证上注明的消费税税额，借记"固定资产"、"物资采购"、"库存商品"、"应交税金——应交增值税(进项税额)"等科目，贷记"银行存款"、"应付账款"等科目。

【任务设计】

工作实例：

接任务3.2的工作实例，编制ABC股份有限责任公司8月份的会计分录，进行会计处理。

【操作步骤】

第一步：逐笔分析经济业务内容：

属于一般销售应税消费品业务的有：①、②部分、③、⑦

属于视同销售应税消费品业务的有：②部分、④、⑤

属于委托加工应税消费品业务的有：⑥

属于进口应税消费品业务的有：⑧

第二步：根据经济业务逐项编制会计分录：

①销售化妆品：

科目	借方	贷方
借：银行存款	35100	
贷：主营业务收入		30000
应交税费——应交增值税(销项税额)		5100

计提消费税：

科目	借方	贷方
借：营业税金及附加	9000	
贷：应交税费——应交消费税		9000

②销售啤酒给超市：

科目	借方	贷方
借：银行存款	65520	
贷：主营业务收入		56000
应交税费——应交增值税(销项税额)		9520

计提消费税：

科目	借方	贷方
借：营业税金及附加	4400	
贷：应交税费——应交消费税		4400

啤酒给客户及顾客免费品尝：

借：营业外支出　26960

　贷：库存商品　20000

　　应交税费——应交增值税（销项税额）　4760

　　应交税费——应交消费税　2200

③销售粮食白酒：

借：银行存款　163800

　贷：主营业务收入　140000

　　应交税费——应交增值税（销项税额）　23800

计提消费税：

借：营业税金及附加　48000

　贷：应交税费——应交消费税　48000

④抵偿债务：

借：应付账款——华盛超市　70000

　营业外支出——债务重组损失　200

　贷：主营业务收入　60000

　　应交税费——应交增值税（销项税额）　10200

计提消费税：

借：营业税金及附加　23000

　贷：应交税费——应交消费税　23000

⑤化妆品作为福利发给职工个人

借：应付职工薪酬　17550

　贷：主营业务收入　15000

　　应交税费——应交增值税（销项税额）　2550

结转成本：

借：营业税金及附加　4500

　贷：应交税费——应交消费税　4500

⑥发出委托加工材料：

借：委托加工物资　100000

　贷：原材料——烟叶　100000

支付辅助材料费、加工费及增值税：

借：委托加工物资　40000

　应交税费——应交增值税（进项税额）　6120

　贷：银行存款　46120

支付消费税时：

借：应交税费——应交消费税　60000

　贷：银行存款　60000

完工入库：

借：库存商品　140000

贷:委托加工物资　　140000

销售卷烟:

借:银行存款　　351000

贷:主营业务收入　　300000

应交税费——应交增值税(销项税额)　　51000

计提消费税:

借:营业税金及附加　　169500

贷:应交税费——应交消费税　　169500

⑦上月购入烟丝时:

借:原材料——烟丝　　80000

应交税费——应交增值税(进项税额)　　13600

贷:银行存款　　93600

领用烟丝投入生产时:

借:生产成本　　56000

应交税费——应交消费税　　24000

贷:原材料——烟丝　　80000

销售卷烟:

借:应收账款　　468000

贷:主营业务收入　　400000

应交税费——应交增值税(销项税额)　　68000

计提消费税:

借:营业税金及附加　　227000

贷:应交税费——应交消费税　　227000

⑧进口化妆品,支付货款时:

借:材料采购　　545600

贷:银行存款　　545600

支付关税时:

借:材料采购　　272800

贷:银行存款　　272800

支付增值税、消费税时:

借:材料采购　　350742.86

应交税费——应交增值税(进项税额)　　198754.29

贷:银行存款　　549497.15

⑨申报缴纳当月消费税

借:应交税费——应交消费税　　403600

贷:银行存款　　403600

任务3.4 消费税纳税申报

【任务描述】

1.判断纳税义务发生时间，确定纳税期限、纳税地点；

2.按应税消费品税目分别填制消费税纳税申报表。

【教学准备】

1.消费税各税目的纳税申报表及相关附表；

2.《中华人民共和国消费税暂行条例》、《中华人民共和国消费税暂行条例实施细则》、《中华人民共和国税收征收管理法》、消费税其他相关法规；

3.消费税不同应税消费品的经济业务资料。

【相关知识】

3.4.1 消费税的征收管理

1.纳税义务发生时间

纳税人生产的应税消费品于销售时纳税，进口应税消费品应于报关进口环节纳税，但金银首饰、钻石及钻石饰品在零售环节纳税。消费税纳税义务发生时间，以货款结算方式或行为发生时间分别确定。

(1)纳税人销售的应税消费品，其纳税义务发生时间为：

①采取赊销和分期收款结算方式的，为纳税人书面合同约定的收款日期的当天，书面合同没有约定收款日期或者无书面合同的，为发出应税消费品的当天。

②采取预收货款结算方式的，为纳税人发出应税消费品的当天。

③采取托收承付和委托银行收款方式销售的，为纳税人发出应税消费品并办妥托收手续的当天。

④采取其他结算方式的，为纳税人收讫销售款或者取得索取销售款凭据的当天。

(2)自产自用的应税消费品，其纳税义务的发生时间，为纳税人移送使用当天。

(3)委托加工的应税消费品，其纳税义务的发生时间，为纳税人提货的当天。

(4)进口的应税消费品，其纳税义务的发生时间，为纳税人报关进口的当天。

2.纳税期限

按照《中华人民共和国消费税暂行条例》规定，消费税的纳税期限分别为1日、3日、5日、10日、15日或者1个月。由主管税务机关根据纳税人应纳税额的大小分别核定其具体的纳税期限；如果不能按照固定期限纳税的，则可以按次纳税。

纳税人以一个月为一期纳税的，自期满之日起15日内申报纳税；以1日、3日、5日、10日或者15日为一期纳税的，自期满之日起5日内预缴税款，于次月1日起至15日内申报纳税并结清上月应纳税款。

纳税人进口应税消费品，应当自海关填发税款缴款书之日起15日内缴纳税款。

3.纳税地点

(1)纳税人销售的应税消费品,以及自产自用的应税消费品,除国家另有规定的外,应当向纳税人机构所在地或居住地主管税务机关申报纳税。

(2)委托加工的应税消费品,由受托方所在地主管税务机关代收代缴消费税税款;委托个人加工的应税消费品,由委托方向其机构所在地或者居住地主管税务机关申报纳税。

(3)进口的应税消费品,由进口人或者其代理人向报关地海关申报纳税。

(4)纳税人到外县(市)销售或委托外县(市)代销自产应税消费品的,于应税消费品销售后,回纳税人机构所在地或居住地缴纳消费税。

(5)纳税人的总机构与分支机构不在同一县(市)的,应当分别向各自机构所在地的主管税务机关申报纳税。但经财政部、国家税务总局或者其授权的财政、税务机关批准,可以由总机构汇总向总机构所在地的主管税务机关申报纳税。

(6)纳税人销售的应税消费品,如因质量等原因由购买者退回时,经机构所在地或者居住地主管税务机关审核批准后,可退还已缴纳的消费税税款,但不能自行直接抵减应纳税款。

3.4.2　消费税的纳税申报

国家税务总局 2008 年 3 月制订了新的消费税纳税申报表,纳税人无论当期有无销售或是否盈利,均应在次月 1 日至 15 日内根据应税消费品分别填写《烟类应税消费品消费税纳税申报表》、《酒及酒精消费税纳税申报表》、《成品油消费税纳税申报表》、《小汽车消费税纳税申报表》、《其他应税消费品消费税纳税申报表》,向主管税务机关进行纳税申报。

除了纳税申报表以外,每类申报表都有附表:《本期准予扣除计算表》、《本期代收代缴税额计算表》、《生产经营情况表》、《准予扣除消费税凭证明细表》等,在申报时一并填写。

【任务设计】

工作实例:

接任务 3.2 的工作实例,填报 ABC 股份有限责任公司 8 月份消费税的纳税申报表,办理 2009 年 8 月份消费税的缴纳工作。

【操作步骤】

第一步:分析经济业务内容,选择纳税申报表

采用《烟类应税消费品消费税纳税申报表》的业务:⑥、⑦

采用《酒及酒精消费税纳税申报表》的业务:②、③、④

采用《其他应税消费品消费税纳税申报表》的业务:①、⑤

第二步:分别填制纳税申报表

见表 3-2、表 3-3、表 3-4。

表 3-2 烟类应税消费品消费税纳税申报表

税款所属期：2009 年 8 月 1 日至 2009 年 8 月 31 日

纳税人名称(公章)：　　纳税人识别号：

填表日期：2009 年 9 月 14 日　　单位：卷烟万支、雪茄烟支、烟丝千克；金额单位：元(列至角分)

项目 应税消费品名称	适用税率		销售数量	销售额	应纳税额
	定额税率	比例税率			
卷烟	30 元/万支	56%	150	700000	396500
卷烟	30 元/万支	36%			
雪茄烟	——	36%			
烟丝	——	30%			
合计	——	——	——	——	

	声明
本期准予扣除税额：84000	此纳税申报表是根据国家税收法律的规定填报的，我确定它是真实的、可靠的、完整的。
本期减(免)税额：	经办人(签章)：
期初未缴税额：	财务负责人(签章)： 联系电话：
本期缴纳前期应纳税额：	(如果你已委托代理人申报，请填写) 授权声明
本期预缴税额：	为代理一切税务事宜，现授权________
本期应补(退)税额：312500	______(地址)为本纳税人的代理申报人，任何与本申报表有关的往来文件，都可寄予此人。
期末未缴税额：	授权人签章：

以下由税务机关填写

受理人(签章)：　　受理日期：　年　月　日　　受理税务机关(章)：

表 3-3　酒及酒精消费税纳税申报表

税款所属期：　年　月　日至　年　月　日

纳税人名称(公章)：　纳税人识别号：□□□□□□□□□□□□□□□□□□

填表日期：　年　月　日　　金额单位：元(列至角分)

项目 应税消费品名称	适用税率		销售数量	销售额	应纳税额
	定额税率	比例税率			
粮食白酒	0.5 元/斤	20%	60000	205000	71000
薯类白酒	0.5 元/斤	20%			
啤酒	250 元/吨	——			
啤酒	220 元/吨	——	30		6600
黄酒	240 元/吨	——			
其他酒	——	10%			
酒精	——	5%			
合计	——	——	——	——	

	声明 此纳税申报表是根据国家税收法律的规定填报的，我确定它是真实的、可靠的、完整的。 经办人(签章)： 财务负责人(签章)： 联系电话：
本期准予扣除税额：	
本期减(免)税额：	
期初未缴税额：	
本期缴纳前期应纳税额：	(如果你已委托代理人申报，请填写) 授权声明 为代理一切税务事宜，现授权________ ______(地址)为本纳税人的代理申报人，任何与本申报表有关的往来文件，都可寄予此人。 授权人签章：
本期预缴税额：	
本期应补(退)税额：77600	
期末未缴税额：	

以下由税务机关填写

受理人(签章)：　受理日期：　年　月　日　受理税务机关(章)：

表 3-4 其他应税消费品消费税纳税申报表

税款所属期： 年 月 日至 年 月 日

纳税人名称(公章)： 纳税人识别号：

填表日期： 年 月 日 金额单位：元(列至角分)

项目 应税消费品名称	适用税率		销售数量	销售额	应纳税额
	定额税率	比例税率			
化妆品	30%		45000	13500	
合计	——	——	——		

<table>
<tr><td></td><td rowspan="4">声明
此纳税申报表是根据国家税收法律的规定填报的，我确定它是真实的、可靠的、完整的。
经办人(签章)：
财务负责人(签章)：
联系电话：</td></tr>
<tr><td>本期准予扣除税额：</td></tr>
<tr><td>本期减(免)税额：</td></tr>
<tr><td>期初未缴税额：</td></tr>
<tr><td>本期缴纳前期应纳税额：</td><td rowspan="4">(如果你已委托代理人申报，请填写)
授权声明
为代理一切税务事宜，现授权________ ________(地址)为本纳税人的代理申报人，任何与本申报表有关的往来文件，都可寄予此人。
授权人签章：</td></tr>
<tr><td>本期预缴税额：</td></tr>
<tr><td>本期应补(退)税额：13500</td></tr>
<tr><td>期末未缴税额：</td></tr>
</table>

以下由税务机关填写

受理人(签章)： 受理日期： 年 月 日 受理税务机关(章)：

任务 3.5 消费税出口退税

【任务描述】

1. 判断出口应税消费品业务的政策类型；
2. 选择应税消费品的退税率，计算出口退税额；
3. 根据经济业务性质，进行出口退税的账务处理。

【教学准备】

1.《中华人民共和国消费税暂行条例》、《中华人民共和国消费税暂行条例实施细则》及出口货物退免税的相关法规；

2.出口应税消费品经济业务资料。

【相关知识】

3.5.1 出口应税消费品退(免)税政策的适用范围

出口应税消费品退(免)消费税在政策适用上分为三种情况：

1.出口免税并退税

适用这个政策的是：有出口经营权的外贸企业购进应税消费品直接出口，以及外贸企业受其他外贸企业委托代理出口应税消费品。需要注意的是，外贸企业只有受其他外贸企业委托，代理出口应税消费品才可办理退税，外贸企业受其他企业(主要是非生产性的商贸企业)委托，代理出口应税消费品是不予退(免)税的。这个政策限定与前述出口货物退(免)增值税的政策规定是一致的。

2.出口免税但不退税

适用这个政策的是：有出口经营权的生产性企业自营出口或生产企业委托外贸企业代理出口自产的应税消费品，依据其实际出口数量免征消费税，不予办理退还消费税。这里，免征消费税是指对生产性企业按其实际出口数量免征生产环节的消费税；不予办理退还消费税，是指因已免征生产环节的消费税，该应税消费品出口时，已不含有消费税，所以也无须再办理退还消费税了。这与前述出口货物退(免)增值税的规定不一致，原因是消费税仅在生产环节征收，生产环节免了，出口的应税消费品就不含有消费税了；而增值税却在货物销售的各个环节征收，生产企业出口货物时，已纳的增值税就需退还。

3.出口不免税也不退税

适用这个政策的是：除生产企业、外贸企业外的其他企业，具体是指一般商贸企业，这类企业委托外贸企业代理出口应税消费品一律不予退(免)税。

3.5.2 出口应税消费品的退税率

计算出口应税消费品应退消费税的税率或单位税额，依据《中华人民共和国消费税暂行条例》所附《消费税税目税率(税额)表》执行。这是退(免)消费税与退(免)增值税的一个重要区别：当出口的货物是应税消费品时，其退还增值税要按规定的退税率计算，其退还消费税则按该应税消费品所适用的消费税税率计算。

企业应将不同消费税税率的出口应税消费品分开核算和申报，凡划分不清适用税率的，一律从低适用税率计算应退消费税税额。

3.5.3 出口应税消费品退税额的计算

1.从价征收计算退税额

按从价定率计征消费税的应税消费品，应依照外贸企业从工厂购进货物时征收消费税的价格计算应退消费税税款，其计算公式为：

应退消费税税款＝出口货物的工厂销售额×税率

公式中“出口货物的工厂销售额”不包含增值税，对含增值税的购进金额应换算成不含增值税的金额。

2. 从量征收计算退税额

按从量定额计征消费税的应税消费品，应按货物购进和报关出口的数量计算应退消费税税款，其计算公式为：

应退消费税税款＝出口数量×单位税额

3. 复合征收计算退税额

按复合计征消费税的应税消费品，应按货物购进和报关出口的数量以及外贸企业从工厂购进货物时征收消费税的价格计算应退消费税税款，其计算公式为：

应退消费税税额＝出口货物的工厂销售额×税率＋出口数量×单位税额

3.5.4 出口应税消费品的会计处理

生产企业直接出口自产应税消费品时，按规定予以直接免税，不计算应缴消费税；免税后发生退货或退关的，也可以暂不办理补税，待其转为国内销售时，再申报缴纳消费税。

生产企业将应税消费品销售给外贸企业，由外贸企业自营出口的，按先征后退办法进行核算。即外贸企业从生产企业购入应税消费品时，先缴纳消费税，在产品报关出口后，再申请出口退税；退税后若发生退货或退关，应及时补交消费税。

【例】 外贸公司从某化妆品厂购入化妆品一批，增值税专用发票注明价款 250 万元，增值税 42.5 万元。外贸公司将该批化妆品销往国外，离岸价为 40 万美元(当日外汇牌价 1 : 6.83)，并按规定申报办理消费税退税。消费税税率为 30%，增值税退税率为 11%。上述款项均已收付，会计处理如下：

(1)购入化妆品验收入库时

借:库存商品　　2 500 000

　应交税费——应交增值税(进项税额)　　425 000

　贷:银行存款　　2 925 000

(2)化妆品报关出口时

借:银行存款　　2 732 000

　贷:主营业务收入　　2 732 000

(3)结转销售成本时

借:主营业务成本　　2 500 000

　贷:库存商品　　2 500 000

(4)不得抵扣或退税税额，调整出口成本

借:主营业务成本　　150 000

　贷:应交税费——应交增值税(进项税额转出)　　150 000

(5)申请退税时

应退增值税＝2 500 000×11%＝275 000(元)

应退消费税＝2 500 000×30%＝750 000(元)

借:其他应收款　　1 025 000

　贷:应交税费——应交增值税(出口退税)　　275 000

主营业务成本 750 000

(6)收到出口退税时

借:银行存款 1 025 000

贷:其他应收款 1 025 000

能力测试3.1 职业能力判断与选择

一、判断题

1. 对应税消费品征收消费税与征收增值税的征税环节是一样的,都是在应税消费品的批发、零售环节征收。 ( )

2. 应税消费品的销货方在销货时为购货方代垫的运费,凡符合税法规定条件的可不作为消费税的计税依据,由销货方与购货方另行结算。 ( )

3. 纳税人将自产自用的应税消费品用做广告或样品,应于移送使用时按销售应税消费品计算缴纳消费税。 ( )

4. 对应税消费品征收消费税后,不再征收增值税。 ( )

5. 委托加工的应税消费品,受托方在交货时已代收代缴消费税,委托方收回后直接出售的,不再征收消费税。 ( )

6. 卷烟与酒类产品的计税办法实行从量定额与从价定率相结合的复合计税办法。 ( )

7. 用外购已缴税的应税消费品连续生产应税消费品计算征收消费税时,按当期购入数量计算准予扣除消费税税款。 ( )

8. 纳税人将自产的应税消费品,用于连续生产应税消费品,不需缴纳消费税。 ( )

9. 对于接受投资、赠与、抵债等方式取得的已税消费品,其所含的消费税不能扣除。 ( )

10. 纳税人销售的应税消费品,如因质量等原因由购买者退回的,已缴纳的消费税税务机关不予退还,但可由纳税人自行抵减下期应纳税款。 ( )

二、单项选择题

1. 下列消费品中,实行从量定额征收的有( )。

A. 黄酒 B. 酒精 C. 小汽车 D. 高尔夫球

2. 委托加工应税消费品是指( )。

A. 由受托方以委托方名义购进原材料生产的产品

B. 由受托方提供原材料生产的产品

C. 由受托方将原材料卖给委托方,然后再接受加工的产品

D. 由委托方提供原材料和主要材料,受托方只收取加工费和代垫部分辅助材料加工的产品

3. 现行消费税的计税依据是指( )。

A. 含消费税而不含增值税的销售额

B. 含消费税且含增值税的销售额

C. 不含消费税而含增值税的销售额

D. 不含消费税也不含增值税的销售额

4. 纳税人用外购应税消费品连续生产应税消费品，在计算纳税时，其外购应税消费品的已纳消费税税款应按下列办法处理（　　）。

A. 该已纳税款当期可以全部扣除

B. 该已纳税款当期可扣除50%

C. 可对外购应税消费品当期领用部分的已纳税款予以扣除

D. 该已纳税款当期不得扣除

5. 自产自用应税消费品计算消费税时，若没有同类应税消费品销售价格的，按组成计税价格计算，其组成计税价格为（　　）。

A.（成本＋利润）÷（1－消费税税率）

B.（成本＋利润）÷（1＋消费税税率）

C.（成本＋利润）÷（1－增值税税率或征收率）

D.（成本＋利润）÷（1＋增值税税率或征收率）

6. 纳税人进口应税消费品，应当自海关填发税款缴款书的次日起（　　）内缴纳税款。

A. 5日　　B. 7日　　C. 10日　　D. 15日

7. 某酒厂某月生产税率为20%的粮食白酒，又生产税率为10%的其他酒，该厂未分别核算上述2种酒的销售额，在计算消费税应纳税额时，应使用的税率为（　　）。

A. 20%　　B. 15%　　C. 不确定　　D. 10%

8. 某汽车轮胎厂为增值税一般纳税人，本月销售汽车轮胎取得的专用发票上注明的销售额为400 000元、价外费用为8892元、增值税税额为69 292元，则消费税的计税依据为（　　）。

A. 12 228元　　B. 407 600元　　C. 408 892元　　D. 400 000元

9. 某卷烟厂将一批特制的烟丝作为福利分给本厂职工，已知该批烟丝的生产成本为10000元，其应纳消费税为（　　）。

A. 4200元　　B. 3000元　　C. 4500元　　D. 4285元

10. 委托加工应税消费品的组成计税价格为（　　）。

A.（材料成本＋加工费）÷（1－消费税税率）

B.（材料成本＋利润）÷（1－消费税税率）

C.（材料成本＋加工费）÷（1＋消费税税率）

D.（材料成本＋利润）÷（1＋消费税税率）

11. 进口应税消费品组成计税价格为（　　）。

A.（关税完税价格＋关税）÷（1－消费税税率）

B.（关税完税价格＋关税）÷（1＋消费税税率）

C.（关税完税价格＋关税）×消费税税率

D.（关税完税价格－关税）÷（1－消费税税率）

12. 消费税纳税人发生下列行为，其具体纳税地点正确的是（　　）。

A. 纳税人到外县（市）销售应税消费品的，应向销售地税务机关申报缴纳消费税

B. 纳税人直接销售应税消费品的，必须向纳税人核算地主管税务机关申报缴纳消费税

C. 委托加工应税消费品的，一律由受托方向其所在地主管税务机关缴纳消费税

D. 进口应税消费品，由进口人或者其代理人向报关地海关申报纳税

13. 按照现行消费税制度规定，纳税人委托加工应税消费品，由受托方代收代缴税款，以下哪种情况可以由委托方回原地纳税？（　　）

A. 委托国有企业加工应税消费品

B. 委托私营企业加工应税消费品

C. 委托外商投资企业加工应税消费品

D. 委托个人加工应税消费品

14. 委托加工应税消费品的委托方收回后直接用于销售，支付代扣代缴消费税的会计分录为（　　）。

A. 借：委托加工物资
　　贷：银行存款

B. 借：营业税金及附加
　　贷：银行存款

C. 借：应交税费——应交消费税
　　贷：银行存款

D. 借：应交税费——代扣消费税
　　贷：银行存款

15. 某外贸公司 2009 年 3 月从生产企业购进化妆品一批，取得增值税专用发票注明价款 25 万元，增值税 4.25 万元，支付购化妆品的运输费用 3 万元，当月该批化妆品全部出口取得销售收入 35 万元。该外贸公司出口化妆品应退的消费税为（　　）。

A. 7.5 万元　　B. 8.4 万元　　C. 9.7 万元　　D. 10.5 万元

三、多项选择题

1. 下列消费品中属于消费税征税范围的有（　　）。

A. 贵重首饰　　B. 鞭炮　　C. 木制一次性筷子　　D. 摩托车

2. 纳税人自产自用的应税消费品，用于（　　）的，应缴纳消费税。

A. 在建工程　　B. 职工福利　　C. 管理部门　　D. 连续生产应税消费品

3. 我国消费税的特点有（　　）。

A. 征税项目具有普遍性　　B. 征税环节具有单一性

C. 征税方法具有多样性　　D. 税收调节具有特殊性

4. 在从量定额计算消费税时，其计税依据包括（　　）。

A. 销售应税消费品，为销售数量

B. 委托加工应税消费品，为加工收回的应税消费品数量

C. 自产自用应税消费品，为移送使用数量

D. 进口应税消费品，为进口应税数量

5. 在下列情形中，对于（　　），在计税时准予扣除外购或委托加工应税消费品已纳的消费税税款。

A. 用外购已税的烟丝生产的卷烟

B. 用外购已税的化妆品生产的化妆品

C. 以委托加工收回的已税实木地板为原料生产的实木地板

D. 以委托加工收回的已税酒精为原料生产的白酒

6. 下列表述中，正确的规定有（　　）。

A. 消费税是价内税

B. 消费税是价外税

C. 实行从价定率征收消费税的消费品，是以含消费税而不含增值税的销售额为计税依据

D. 实行从价定率征收消费税的消费品，是以含有消费税和增值税的销售额为计税依据

7. 消费税纳税环节包括（　　）。

A. 批发环节　　B. 进口环节　　C. 零售环节　　D. 生产销售环节

8. 下列应税消费品中，采用复合计税方法计算消费税的有（　　）。

A. 烟丝　　B. 卷烟　　C. 白酒　　D. 酒精

9. 下列消费品中采用从量定额法计征消费税的有（　　）。

A. 啤酒　　B. 游艇　　C. 成品油　　D. 实木地板

10. 下列表述中符合消费税纳税义务发生时间规定的有（　　）。

A. 纳税人生产销售应税消费品，采取托收承付结算方式的，为发出应税消费品的当天

B. 纳税人自产自用应税消费品的，为移送使用的当天

C. 纳税人委托加工应税消费品的，为纳税人提货的当天

D. 纳税人进口应税消费品的，为报关进口的次日

11. 木材加工厂将自产的一批实木地板用于在建工程的会计分录为（　　）。

A. 借：在建工程

　　贷：应交税费——应交增值税（销项税额）

B. 借：在建工程

　　贷：应交税费——应交消费税

C. 借：营业税金及附加

　　贷：应交税费——应交消费税

D. 借：在建工程

　　贷：库存商品

12. 某烟草商进口烟丝，报关时由海关征收的税种有（　　）。

A. 关税　　B. 增值税　　C. 营业税　　D. 消费税

能力测试 3.2　项目实训

1. 某化妆品公司为庆祝三八“妇女节”，特别生产精美套装化妆品，全公司 600 名职工每人发一套。此套化妆品没有供应市场，每套生产成本 100 元。若国家税务总局确定化妆品全国平均成本利润率为 5%，成套化妆品消费税税率为 30%，试计算该公司应纳消费税税

额,并作账务处理。

2. 某酒厂向当地举办的酒文化节无偿赠送 500 瓶薯类白酒,计 250 公斤,每瓶酒的市场价格为 68 元(含增值税),成本价为 40 元。试计算该厂应纳消费税税额,并作账务处理。

3. 某黄酒厂 5 月份销售情况如下:

(1)销售瓶装黄酒 100 吨,每吨 5000 元(含增值税),随黄酒发出不单独计价包装箱 1000 个,一个月内退回,每个收取押金 100 元,共收取押金 100000 元。

(2)销售散装黄酒 40 吨,取得含增值税的价款 180000 元。

(3)作为福利发给职工黄酒 10 吨,参加展示会赞助 4 吨,每吨黄酒成本为 4000 元,销售价格为 5000 元(不含增值税)。

试计算该黄酒厂本月应纳消费税税额,并作账务处理。

4. A 卷烟厂 2009 年 8 月份发生如下经济业务:

(1)8 月 5 日购买一批烟叶,取得的增值税专用发票上注明的价款为 10 万元,增值税 1.7 万元。

(2)8 月 15 日,将 8 月 5 日购进的烟叶发往 B 烟厂,委托 B 烟厂加工烟丝,收到的专用发票上注明的加工费为 4 万元,税款 6800 元。

(3)A 卷烟厂收回烟丝后领用一半用于卷烟生产,另一半直接出售,取得价款 18 万元,增值税 30600 元。

(4)8 月 25 日,A 卷烟厂销售卷烟 100 箱,每箱不含税售价 5000 元,款项存入银行。

注:B 烟厂无同类烟丝销售价格。

计算该厂当期应纳的消费税税额,并分别为 A、B 烟厂作账务处理。

5. 某日化厂某年 8 月份发生以下各项业务:

(1)从国外进口一批化妆品,关税完税价格为 60000 元,缴纳关税 35000 元。

(2)以价值 80000 元的原材料委托他厂加工防皱化妆品,支付加工费 55000 元,该批加工产品已收回(防皱化妆品,受托方没有同类货物价格可以参照)。

计算该日化厂当期应纳的消费税税额。

项目四　营业税会计核算与申报

【学习目标】

知识目标

1. 掌握营业税应纳税额的计算；
2. 掌握营业税的纳税申报和税款缴纳；
3. 熟悉营业税涉税业务的会计处理；
4. 理解营业税基本法规知识。

能力目标

1. 能根据学习内容的需要查阅有关资料；
2. 能判断哪些项目应征收营业税，适用何种税率；
3. 能根据业务资料计算应纳营业税税额；
4. 会根据业务资料填制营业税纳税申报表及税款缴纳书；
5. 能根据业务资料进行营业税的涉税会计业务处理；
6. 培养敬业精神、团队合作能力和良好的职业道德修养。

【项目引言】

我国在历史上对商人所课之税，其可考者，在周朝凡商贾衡虞皆有税。其后，汉武帝时有计算商贾钱缗，唐开办牙税，明代有门摊课钞，清朝有铺间房税、当税，皆属于营业税性质，惟所用名称不同而已。营业税可称得上是流转税的老祖宗，可谓“老骥伏枥”，仍然在发挥其作用。

营业税与其他税种相比较，具有征收范围广、税率低、税负均衡、计算简便的特点。在营业税的会计处理上，你能看出它与前述哪个税种相近吗？

任务 4.1　纳税人和征税范围的确定

【任务描述】

1. 确定营业税纳税人；
2. 确定征税对象，明确征税的具体范围；
3. 正确选择营业税税率。

【教学准备】

1.《中华人民共和国营业税暂行条例》、《中华人民共和国营业税暂行条例实施细则》和营业税其他相关法规；

2. 企业不同应税劳务的经济业务资料。

【相关知识】

4.1.1 纳税人的确定

营业税是对在我国境内提供应税劳务、转让无形资产或销售不动产的单位和个人，就其营业额征收的一种税。营业税是我国现行流转税三大税种之一，与其他税种比较，具有征收范围广、税率低、税负均衡、税收稳定、计算简便等特点。

1. 营业税的纳税人

在我国境内提供应税劳务、转让无形资产或销售不动产的单位和个人为营业税的纳税人。

“单位”是指企业(包括国有企业、集体企业、私有企业、股份制企业、外商投资企业、外国企业和其他企业)、行政单位、事业单位、军事单位、社会团体及其他单位。

“个人”是指个体工商户及其他有经营行为的个人，包括中国公民和外国公民。

为明确纳税责任，营业税实施细则对下列特殊行为的纳税人作了具体的规定：

(1)企业租赁或承包给他人经营的，以承租人或承包人为纳税人；

(2)中央铁路运营业务的纳税人为铁道部，合资铁路运营业务的纳税人为合资铁路公司，地方铁路运营业务的纳税人为地方铁路管理机构，基建临管线运营业务的纳税人为基建临管线管理机构；

(3)从事水路运输、航空运输、管道运输或其他陆路运输业务并负有营业税纳税义务的单位，为从事运输业务并计算盈亏的单位。

2. 营业税的扣缴义务人

(1)委托金融机构发放贷款的，以受托发放贷款的金融机构为扣缴义务人。

(2)建筑安装业务实行分包或者转包的，以总承包人为扣缴义务人。

(3)境外单位或者个人在境内发生应税行为而在境内未设经营机构的，其应纳税款以其境内代理人为扣缴义务人；境内没有代理人的，以受让者或购买者为扣缴义务人。

(4)单位或个人进行演出由他人售票的，其应纳税款以售票者为扣缴义务人。

(5)演出经纪人为个人的，其办理演出业务的应纳税款以售票者为扣缴义务人。

(6)从事分保险业务的，以初保人为扣缴义务人。

(7)个人转让除土地使用权以外的其他无形资产的，以受让者为扣缴义务人。

4.1.2 征税范围的确定

现行营业税的征税范围是指在我国境内提供应税劳务、转让无形资产和销售不动产的行为。理解营业税的征税范围应注意以下几点：

(1)“在我国境内”是指：提供或者接受劳务的单位或者个人在境内；所转让的无形资产(不含土地使用权)的接受单位或者个人在境内；所转让或者出租土地使用权的土地在境内；所销售或者出租的不动产在境内。

(2)“提供应税劳务、转让无形资产或销售不动产”是指有偿提供应税劳务、有偿转让无形资产或有偿转让不动产所有权的行为。“有偿”包括取得货币、货物或其他经济利益。单位或个人自建建筑物后销售，其自建行为视同提供应税劳务。转让不动产有限产权或永久产权以及单位将不动产无偿赠与他人的，视同销售不动产。单位或个体经营者聘用的员工为本单位或雇主提供的应税劳务，不属于征税范围。

(3)“应税劳务”是指属于交通运输业、建筑业、金融保险业、邮电通信业、文化体育业、娱乐业、服务业税目征税范围的劳务。

(4)混合销售行为征税范围的确定：如果单位或个人发生的一项销售行为既涉及应税劳务(应征营业税的劳务)，又涉及货物(为增值税征税范围)，即为混合销售行为。对从事货物生产、批发或零售的企业、企业性单位及个体经营者的混合销售行为，视同销售货物征收增值税，不征营业税；对其他单位或个人的混合销售行为，视同提供应税劳务征收营业税，不征增值税。但对从事运输业务的单位或个人发生的销售货物并负责运输所售货物的混合销售行为，征收增值税，不征收营业税。纳税人的混合销售行为由国家税务总局所属征收机关确定。

(5)对兼营应税劳务与货物或非应税劳务的有关规定：纳税人兼营应税劳务与货物(课营业税的)或非应税劳务(课增值税的)，应分别核算应税劳务的营业额和货物或非应税劳务的销售额。未分别核算的，由主管国家税务局、地方税务局分别核定货物、增值税应税劳务的销售额和营业税应税劳务的营业额。

(6)随汽车销售提供的汽车按揭服务和代办服务业务征收增值税，单独提供按揭、代办服务业务，并不销售汽车的，应征收营业税。

4.1.3 税目、税率的选择

营业税按不同行业设置9个税目，每个税目下又分别按经营业务设置若干子税目。其税率根据中性原则，设计了两档比例税率和一个幅度比例税率。营业税的具体税目税率如表4-1所示。

表4-1 营业税税目税率表

税 目	征 税 范 围	税率
1.交通运输业	陆路运输、水路运输、航运运输、管道运输、装卸运输等	3%
2.建筑业	建筑、安装、修缮、装饰及其他工程作业等	3%
3.金融保险业	金融、保险	5%
4.邮电通信业	邮电、通信	3%
5.文化体育业	文化、体育	3%
6.娱乐业	歌厅、舞厅、卡拉OK厅、音乐茶座、台球、高尔夫球、保龄球、游艺等	5%—20%
7.服务业	代理业、旅店业、旅游业、仓储业、租赁业、广告业及其他服务业等	5%
8.转让无形资产	转让土地使用权、专利权、非专利技术、商标权、著作权、商誉等	5%
9.销售不动产	销售建筑物及其他土地附着物	5%

注：①从2001年5月1日起，歌厅、舞厅、卡拉OK歌舞厅(包括夜总会、练歌房、恋歌房)、音乐茶座(包括酒吧)、台球、高尔夫球、保龄球、游艺(如射击、狩猎、跑马、游戏机、卡丁车、热气球、动力伞、射箭、飞镖等)等娱乐行为的营业税统一按20%的税率执行；从2004年7月1日起台球、保龄球减按5%的税率征收营业税。

②对个人按市场价格出租的居民住房，暂按3%的税率征收营业税，自2007年8月1日起，对个人出租住房，不区分用途，在3%税率的基础上减半征收。

任务 4.2　营业税税款计算

【任务描述】

1. 运用税收优惠政策,明确免税项目;

2. 确定交通运输业、建筑业、金融保险业、邮电通信业、文化体育业、娱乐业、服务业、转让无形资产和销售不动产等营业税各税目的计税依据;

3. 计算营业税各税目的应纳税额。

【教学准备】

1.《中华人民共和国营业税暂行条例》、《中华人民共和国营业税暂行条例实施条例》和营业税其他相关法规;

2. 营业税各税目的经济业务资料。

【相关知识】

4.2.1　优惠政策的运用

1.《营业税暂行条例》规定的免税项目

(1)托儿所、幼儿园、养老院、残疾人福利机构提供的育养服务,婚姻介绍,殡葬服务。

(2)残疾人员个人为社会提供的劳务。

(3)医院、诊所和其他医疗机构提供的医疗服务。包括对患者进行诊断、治疗和防疫、接生、计划生育方面的服务,以及与这些服务有关的提供药品、医疗用具、病房住宿和伙食业务。

(4)学校和其他教育机构提供的教育劳务,学生勤工俭学提供的劳务。

(5)农业机耕、排灌、病虫害防治、植保、农牧保险以及相关技术培训业务,家禽、牲畜、水生动物的配种和疾病防治。

(6)纪念馆、博物馆、文化馆、美术馆、展览馆、书画院、图书馆、文物保护单位举办文化活动的门票收入,宗教场所举办文化、宗教活动的门票收入。上述文化活动门票收入是指这些单位在自己的场所举办的属于文化体育业税目征税范围的文化活动,其售票收入是指销售第一道门票的收入。

托儿所、幼儿园和学校等教育机构,超过规定收费标准的收费;以开办实验班、特色班和兴趣班等为由另外收取的费用;以各种名义收取的赞助费、择校费、支教费等超过规定范围的收入,不属于免征营业税的劳务收入,一律按规定征税。

2. 国务院规定的免税项目

(1)个人转让著作权。

(2)将土地使用权转让给农业生产者用于农业生产。

(3)科研单位取得的技术转让收入。

(4)凡经中央及省级财政部门批准纳入预算管理或财政专户管理的行政事业性收费、基金,无论是行政单位还是事业单位收取的,均不征营业税。

(5)立法、司法、行政机关为社会提供劳务的收费,同时具备下列条件的不征营业税:①国务院、省级人民政府或其所属财政、物价部门以正式文件允许收费,收费标准符合文件规定;②所收费用由自己直接收取。

(6)社会团体按财政部门或民政部门规定标准收取的会费。各党派(共青团、工会、妇联、中科院、青联、台联、侨联)所收取的党费、会费,比照上述规定执行。

(7)保险公司开展的1年期以上返还性人身保险业务的保费收入。

(8)中国人民银行对金融机构的贷款业务,不征营业税。但人民银行对企业贷款或委托金融机构贷款的业务应征收营业税。

(9)金融机构往来业务暂不征收营业税。

(10)金融机构的出纳长款收入。

(11)中国人民保险公司和中国进出口银行办理的出口信用保险业务。

(12)社会福利有奖募捐的发行收入。

(13)自2010年1月1日起,个人将购买不足5年的非普通住房对外销售的,全额征收营业税;个人将购买超过5年(含5年)的非普通住房或者不足5年的普通住房对外销售的,按照其销售收入减去购买房屋的价款后的差额征收营业税;个人将购买超过5年(含5年)的普通住房对外销售的,免征营业税。个人自建自住房,免征营业税;企业、行政事业单位按房改成本价、标准价出售住房的收入免征营业税。

(14)高校后勤社会化实体为高校师生提供后勤服务而获得的租金和服务收入免征营业税。

营业税的减免项目由国务院规定,任何地区、部门均不得任意规定减免项目。纳税人兼营减免税项目的,应单独核算减免税项目的营业额,未单独核算或不能单独核算的,不得减税、免税。

3. 营业税的起征点

现行营业税条例对纳税人个人取得的属于营业税征税范围的收入规定了起征点:①按期纳税起征点为月营业额1000—5000元;②按次纳税起征点为每次(日)营业额100元。

各省、自治区、直辖市人民政府所属税务机关应当在规定的幅度内,根据实际情况确定本地区适用的起征点,并报国家税务总局备案。

4.2.2 计税依据的确定

营业税的计税依据是营业额。营业额的确定有三种方式:一是直接以应税收入全额作为营业额;二是以应税收入与应税减除项目金额的差额作为计算依据;三是以组成计税价格来确认营业额。

1. 计税依据的一般规定

营业税的征税范围涉及应税劳务和应税行为一共九大类,计税依据是营业额。营业额为纳税人提供营业税应税劳务、转让无形资产或者销售不动产向对方收取的全部价款和价外费用。价外费用包括收取的手续费、补贴、基金、集资费、返还利润、奖励费、违约金、滞纳金、延期付款利息、赔偿金、代收款项、代垫款项、罚息及其他各种性质的价外收费。

同时符合以下条件代为收取的政府性基金或者行政事业性收费不包括在营业额内:

①由国务院或者财政部批准设立的政府性基金,由国务院或者省级人民政府及其财政、

价格主管部门批准设立的行政事业性收费；

②收取时开具省级以上财政部门印制的财政票据；

③所收款项全额上缴财政。

2.计税依据的具体规定

(1)交通运输业

交通运输业的计税营业额原则上为运输行为的收入总额，包括运输企业实际取得的客运收入、货运收入、装卸搬运收入及其他运输业务收入，运输票价中包含的保险费收入和各种建设基金。但对下列运输业务有特殊规定：

①运输企业自中华人民共和国境内运输旅客或者货物出境，在境外改由其他运输企业承运旅客或者货物，以全程运费减去付给该承运企业的运费后的余额为营业额。

②运输企业从事联运业务，以实际取得的营业额为计税依据，即为收到的营业收入扣除支付给以后承运者的运费、装卸费等费用后的余额。联运业务是指两个以上运输企业完成旅客或货物从发送地点至到达地点所进行的运输业务，联运的特点是一次购买、一次收费、一票到底。

③中国国际航空股份有限公司(简称国航)与中国国际货运航空有限公司(简称货航)开展客运飞机腹舱联运业务时，国航以收到的腹舱收入为营业额；货航以其收到的货运收入扣除支付给国航的腹舱收入的余额为营业额，营业额扣除凭证为国航开具的“航空货运单”。

(2)建筑业

建筑业的计税营业额为承接建筑、安装、修缮、装饰和其他工程作业向建设单位收取的工程价款及工程价款之外的各种费用。具体应注意以下特殊规定：

①纳税人将建筑工程分包给其他单位的，以其取得的全部价款和价外费用扣除其支付给其他单位的分包款后的余额为营业额。

②纳税人提供建筑业劳务(不含装饰劳务)的，其营业额应当包括工程所用原材料、设备及其他物资和动力价款在内，但不包括建设方提供的设备的价款。

③纳税人采用清包工形式提供的装饰劳务，按照其向客户实际收取的人工费、管理费和辅助材料费等收入(不含客户自行采购的材料价款和设备价款)确定计税营业额。清包工形式提供的装饰劳务是指，工程所需的主要原材料和设备由客户自行采购，纳税人只向客户收取人工费、管理费及辅助材料费等费用的装饰劳务。

④自建行为和单位将不动产无偿赠与他人，由主管税务机关按规定程序核定营业额。自建行为是指纳税人自己建造房屋的行为。纳税人自建自用的房屋不纳税；如纳税人将自建房屋对外销售，其自建行为应按建筑业缴纳营业税，再按销售不动产征收营业税。

(3)金融保险业

金融业的计税营业额是指贷款利息、融资租赁收益、金融商品转让收益及从事金融经纪业和其他金融业务的手续费收入。根据取得收入的方式不同，金融业营业额的确定有以下几种不同情况：

①贷款业务。除人民银行对金融机构的贷款业务不征营业税外，其他不论是否为金融机构，只要发生将资金贷与他人使用的行为，都应视为发生贷款行为，按贷款业务征收营业税，一般贷款业务的营业额为贷款利息收入(包括各种加息、罚息等)。凡在规定的核算期内发生的应收未收利息，应按规定申报缴纳营业税；贷款应收利息自结息之日起，超过应收未

收利息核算期限或贷款本金到期(含展期)超过 90 天后尚未收回的,按照实际收到的利息申报缴纳营业税。

②经中国人民银行、外经贸部(现商务部)和国家经贸委批准经营融资租赁业务的单位,融资租赁以其向承租者收取的全部价款和价外费用(包括残值)减去出租方承担的出租货物的实际成本后的余额,以直线法折算出本期的营业额。计算方法为:

本期营业额=(应收取的全部价款和价外费用－实际成本)×(本期天数÷总天数)

实际成本=货物购入原价＋关税＋增值税＋消费税＋运杂费＋安装费＋保险费＋支付给境外的外汇借款利息支出和人民币借款利息

③金融企业从事股票、债券买卖业务以股票、债券的卖出价减去买入价后的余额为营业额,即营业额=卖出价－买入价。卖出价是指卖出原价,不得扣除卖出过程中支付的各种费用和税金。买入价是指购进原价,不包括购进过程中支付的各种费用和税金,但买入价应依照财务会计制度规定,以股票、债券的购入价减去股票、债券持有期间取得的股票、债券红利收入。

金融企业买卖金融商品(包括股票、债券、外汇及其他金融商品,下同),可在同一会计年度末,将不同纳税期出现的正差和负差按同一会计年度汇总的方式计算并缴纳营业税。如果汇总计算应缴的营业税税额小于本年已缴纳的营业税税额,可以向税务机关申请办理退税,但不得将一个会计年度内汇总后仍为负差的部分结转下一会计年度。

④金融企业从事受托收款业务,如代收电话费、水电煤气费、信息费、学杂费、寻呼费、社保统筹费、交通违章罚款、税款等,以全部收入减去支付给委托方价款后的余额为营业额。

保险业的计税营业额是指利息收入、保费收入以及其他收入之和。具体确定应注意以下几点:

①办理初保业务。营业额为纳税人经营保险业务向对方收取的全部价款,即向被保险人收取的全部保险费。

②储金业务。保险公司如采用收取储金方式取得经济利益的(即以被保险人所交保险资金的利息收入作为保费收入,保险期满后将保险资金本金返还被保险人),其"储金业务"的营业额,为纳税人在纳税期内的储金平均余额乘以人民银行公布的 1 年期存款的月利率。储金平均余额为纳税期期初储金余额与期末余额之和乘以 50%。

③保险企业已征收过营业税的应收未收保费,凡在财务会计制度规定的核算期限内未收回的,允许从营业额中减除;在会计核算期限以后收回的已冲减的应收未收保费,再并入当期营业额中。

④保险企业开展无赔偿奖励业务的,以向投保人实际收取的保费为营业额。

⑤中华人民共和国境内的保险人将其承保的以境内标的物为保险标的的保险业务向境外再保险人办理分保的,以全部保费收入减去分保保费后的余额为营业额。境外再保险人应就其分保收入承担营业税纳税义务,并由境内保险人扣缴境外再保险人应缴纳的营业税税款。

金融保险业以外汇结算营业额的,应将外币折合成人民币后计算营业税。原则上金融业按其收到外汇的当天或当季季末中国人民银行公布的基准汇价折合营业额,保险业按其收到外汇的当天或当月最后一天中国人民银行公布的基准汇价折合营业额,报经省级税务机关批准后,允许按照财务制度规定的其他基准汇价折合营业额。

(4)邮电通信业

邮电通信业的计税营业额包括邮政业务营业额和电信业务营业额。邮政业务营业额是指提供传递函件或包件、邮汇、报刊发行、邮务物品销售、邮政储蓄和其他邮政业务取得的收入。电信业务营业额是指提供电报、电话、电传、电话机安装、电信物品销售、其他电信业务的收入。邮电通信业的营业额大多数情况下以其取得的收入全额确定,但下列业务有特殊规定:

①电信部门以集中受理方式为集团客户提供跨省的出租电路业务,由受理地区的电信部门按取得的全部价款减除分割给参与提供跨省电信业务的电信部门的价款后的差额为营业额计征营业税;对参与提供跨省电信业务的电信部门,按各自取得的全部价款为营业额计征营业税。

集中受理是指电信部门应一些集团客户的要求,为该集团所属的众多客户提供跨地区的出租电信线路业务,以便该集团所属众多客户在全国范围内保持特定通信联络。

②共同为用户提供邮政电信业务及其他服务并由邮政电信单位统一收取价款的,以全部收入减去支付给合作方价款后的余额为营业额。

③中国移动通信集团公司通过手机短信公益特服号"8858"为中国儿童少年基金会接受捐款业务,以全部收入减去支付给中国儿童少年基金会的价款后的余额为营业额。

(5)文化体育业

文化体育业的计税营业额是指经营文化、体育活动所取得的全部收入,具体包括演出收入、播映收入、其他文化收入以及经营游览场所收入和体育收入。其中单位或个人进行演出,以全部票价收入或者包场收入减去付给提供演出场所的单位、演出公司或者经纪人的费用后的余额为营业额;播映收入不包括广告播映收入;经营游乐场所的收入为取得的门票收入,不包括文化体育场所的出租收入。

(6)娱乐业

娱乐业的计税营业额为经营娱乐业向顾客收取的全部价款和价外费用,包括门票、台位费、点歌费、烟酒、饮料、茶水、鲜花、小吃等收费及经营娱乐业的其他各项收费。对娱乐业提供的饮食服务以及饮食服务场所提供的娱乐服务均按娱乐业征税。

文化体育业与娱乐业征税范围的区分:凡是以观众身份参与听、视和游览某项活动的行为,属于文化体育业税目的征税范围;亲自参与某项活动并以自娱自乐为主要目的的行为,属于娱乐业税目的征税范围。

(7)服务业

服务业的计税营业额是指纳税人提供代理业、旅店业、饮食业、旅游业、仓储业、广告业或其他服务业的应税劳务向对方收取的全部价款和价外费用。具体应注意以下几种情况:

①旅游业的计税营业额。旅游企业组织旅游团在境内旅游的,以收取的旅游费减去替旅游者支付给其他单位的房费、餐费、交通费、门票和其他代付费用后的余额为计税营业额;旅游企业利用自己的交通工具、饮食服务设施为游客提供必需的吃、住、行服务所发生的费用不得扣除。旅游企业组织旅游团到境外旅游,在境外改由其他旅游企业接团的,应以全程旅游费减去付给接团企业的旅游费后的余额为计税营业额;旅游企业组织旅客在国内旅游,改由其他旅游企业接团的,按国外旅游规定处理。

②广告业的计税营业额。自营广告业务应以取得的收入全额为计税营业额。广告代理

业应以代理者向委托方收取的全部价款和价外费用减去付给广告发布者的广告发布费后的余额为计税营业额。

③代理业以纳税人从事代理业务向委托方实际收取的报酬为计税营业额。

④纳税人从事无船承运业务，以其向委托人收取的全部价款和价外费用扣除其支付的海运费以及报关、港杂、装卸费用后的余额为计税营业额申报缴纳营业税。纳税人从事无船承运业务，应按照其从事无船承运业务取得的全部价款和价外费用向委托人开具发票，同时应凭其取得的开具给本纳税人的发票或其他合法有效凭证作为差额缴纳营业税的扣除凭证。

⑤电脑福利彩票投注点代销福利彩票取得的任何形式的手续费收入，应照章征收营业税。

⑥对拍卖行向委托方收取的手续费应征收营业税。

⑦从事物业管理的单位，以与物业管理有关的全部收入减去代业主支付的水、电、燃气以及代承租者支付的水、电、燃气、房屋租金的价款后的余额为营业额。

⑧代购货物行为同时具备以下条件的，应按服务业征收营业税：受托方不垫付资金；销售方将发票开具给委托方，并由受托方将该项发票转交给委托方；受托方按销售方实际收取的销售额和增值税税额与委托方结算货款并另收取手续费。

(8)转让无形资产

转让无形资产的计税营业额是指转让无形资产向对方收取的全部价款及价外费用。具体应注意以下几点：

①以无形资产投资入股，参与受资方的利润分配，共担风险的行为免征营业税；以无形资产投资为条件，按销售额或营业额的一定比例提取应得的转让费或取得固定收入的，由于其不承担风险，不属于投资入股行为，应征营业税。

②以地换房和以房换地是指一方提供土地使用权，另一方提供资金，合作建房并按协议分配住房的行为。以地换房行为按“转让无形资产”中的“转让土地使用权”税目征税，而以房换地行为按“销售不动产”税目征税。

③单位和个人转让其受让或抵债的土地使用权，以全部收入减去土地使用权的受让原价或抵债作价后的余额为营业额。

④土地所有者出让土地使用权和土地使用者将土地使用权归还给土地所有者的行为，不征营业税。

(9)销售不动产

销售不动产的计税营业额是指销售不动产的销售额，包括向对方收取的全部价款及价外费用。具体应注意以下几点：

①以不动产投资入股，参与投资方利润分配，共担风险的行为免征营业税。以不动产投资入股，收取固定收入的，由于其属于不承担风险的行为，应按“服务业”项目中的“租赁业”征收营业税。

②单位将自建房屋和不动产无偿赠与他人，视同销售不动产，征收营业税。但对个人无偿赠送不动产的行为，不征营业税。

③对以“还本”方式销售不动产的行为，应按向购买者收取的全部价款及价外费用计算缴纳营业税，不得减除“还本”支出。

④单位和个人销售其购置或抵债的不动产，以全部收入减去不动产的购置原价或抵债作价后的余额为营业额。

⑤单位和个人由于国家建设需要，其土地被征用而取得的不动产补偿费用免征营业税。

3. 组成计税价格的规定

纳税人发生下列情形之一的：①提供应税劳务、转让无形资产或者销售不动产价格明显偏低而无正当理由；②单位或者个人将不动产或者土地使用权无偿赠送其他单位或者个人；③单位或者个人自己新建建筑物后销售，其所发生的自建行为。主管税务机关有权按下列顺序核定其营业额：

(1)按纳税人最近时期发生的同类应税劳务或者销售的同类不动产的平均价格核定；

(2)按其他纳税人最近时期发生的同类应税劳务或者销售的同类不动产的平均价格核定；

(3)按下列公式核定计税价格：

计税营业额＝营业成本或工程成本×(1＋成本利润率)÷(1－营业税税率)

“成本利润率”由省、自治区、直辖市税务局确定。

4.2.3 应纳税额的计算

计税营业额的确认方式有三种，应纳税额的计算方法自然也有三种情况。

第一种：全额计税。以应税收入的全额作计税营业额，应纳税额的计算公式为：

应纳税额＝营业额×适用税率

第二种：余额计税。以全部收入减去应税扣除项目金额后的余额作为计税营业额，应纳税额的计算公式为：

应纳税额＝(全部收入－应税扣除项目金额)×适用税率

第三种：组成计税价格计税。以组成计税价格作为计税营业额，应纳税额的计算公式为：

应纳税额＝组成计税价格×适用税率

营业额以人民币计算。纳税人以人民币以外的货币结算营业额的，其营业额的人民币折合率可以选择营业额发生的当天或者当月1日的人民币汇率中间价。纳税人应当在事先确定采用何种折合率，确定后1年内不得变更。

【任务设计】

工作实例：

某建筑公司2009年6月发生下列业务：

①承接一项住宅工程，6月份收到工程款2000万元；

②签订一项饭店装修工程，6月份收到工程款400万元，其中100万元支付给转包的工程公司；

③将闲置的房屋出租，合同注明月租金2万元，租期1年；

④公司内设的非独立核算的宾馆取得了客房收入5万元，歌厅收入2万元，餐饮收入8万元，保龄球收入2万元；

⑤公司下设的非独立核算的汽车队取得货物运营收入10万元，其中支付给外省某转运公司运费3万元；

⑥自建的两幢房屋本月竣工结算，工程总成本1800万元，成本利润率为10%，一幢自用，另一幢出售，取得销售收入1200万元。

假如你是这个建筑公司的办税人员，你将如何准确地计算应缴纳的营业税税额？

【操作步骤】

第一步：判断经济业务类型

属于建筑业的业务有：①、②、⑥部分

属于服务业的业务有：③、④部分

属于娱乐业的业务有：④部分

属于交通运输业的业务有：⑤

属于销售不动产的业务有：⑥部分

第二步：分别确定计税依据并逐项计算应纳营业税税额

①建筑业承包业务：应纳税额＝2000×3％＝60(万元)

②建筑业转包业务：应纳税额＝(400－100)×3％＝9(万元)

此外，应代扣转包企业的营业税：100×3％＝3(万元)

③服务业(租赁业)：应纳税额＝2×5％＝0.1(万元)

④兼营行为：

客房、餐饮收入属于服务业：应纳税额＝(5＋8)×5％＝0.65(万元)

歌舞厅、保龄球收入属于娱乐业：应纳税额＝2×20％＋2×5％＝0.5(万元)

⑤运输业：应纳税额＝(10－3)×3％＝0.21(万元)

⑥自建房屋行为：自建自用房屋不征营业税；自建房屋对外出售，自建行为按建筑业缴纳营业税，销售行为按销售不动产缴纳营业税：

建筑业部分：1800×(1＋10％)÷(1－3％)÷2×3％＝30.6186(万元)

销售不动产部分：1200×5％＝60(万元)

第三步：汇总计算本月应纳营业税总额

应纳税额总计：60＋9＋0.1＋0.65＋0.5＋0.21＋30.6186＋60＝161.0786(万元)

该建筑公司2009年6月应该缴纳的营业税为161.0786万元，代收代缴营业税3万元。

任务4.3 营业税会计核算

【任务描述】

1.设置会计科目："应交税费——应交营业税"及其他相关科目；

2.营业税会计核算主要涉及提供应税劳务的核算、转让无形资产的核算、销售不动产的核算等。

【教学准备】

1.《企业会计准则》及应用指南；

2.《中华人民共和国营业税暂行条例》、《中华人民共和国营业税暂行条例实施细则》、营业税其他相关法规；

3.营业税不同类型的经济业务资料。

【相关知识】

4.3.1　会计科目的设置

凡从事《中华人民共和国营业税暂行条例》列举的九类应税项目，其应缴纳的营业税均应通过“应交税费——应交营业税”科目进行核算。“应交营业税”明细科目的贷方发生额，反映企业当期应交纳的营业税；其借方发生额，反映企业已经缴纳的营业税；期末贷方余额，反映企业尚未缴纳的营业税；期末借方余额，反映企业多缴纳的营业税。

营业税属于价内税，提供应税劳务、转让无形资产缴纳的营业税均通过“营业税金及附加”科目核算，销售不动产缴纳的营业税通过“固定资产清理”科目核算。

4.3.2　会计核算实务

营业税的会计核算处理包括两个部分：一是计提。企业在发生营业税纳税义务时按营业额和规定的税率计算应缴纳的营业税税额。二是缴纳。企业根据计算出的营业税税额，解缴应缴纳的税款。

1. 计提营业税的会计处理

(1)提供应税劳务的会计处理

企业发生营业税的应税劳务时要计算营业税并做相应的会计处理，借记“营业税金及附加”科目，贷记“应交税费——应交营业税”科目。

(2)转让无形资产的会计处理

无形资产的转让分为所有权转让和使用权转让两种情况。当企业转让的是无形资产的所有权，即出售无形资产时，应按照所取得的价款借记“银行存款”科目，按已计提的累计摊销额借记“累计摊销”科目，原已计提减值准备的，借记“无形资产减值准备”科目，按其账面余额贷记“无形资产”科目，按应交营业税贷记“应交税费——应交营业税”科目，将形成的借方或贷方差额计入“营业外收入——处置非流动资产利得”科目或“营业外支出——处置非流动资产损失”科目。

当企业转让的是无形资产的使用权，即出租无形资产时，按所取得的租金价款借记“银行存款”科目，贷记“其他业务收入”科目；按月确认应交营业税时，借记“营业税金及附加”科目，贷记“应交税费——应交营业税”科目；出租期间按月计提摊销额时，借记“其他业务成本”或“管理费用”科目，贷记“累计摊销”科目。

(3)销售不动产的会计处理

除房地产开发企业之外的企业销售不动产是企业的非主营业务，属于出售固定资产，因此通过“固定资产清理”科目核算。按照销售额计算的营业税税额借记“固定资产清理”科目，贷记“应交税费——应交营业税”科目。

2. 缴纳营业税的会计处理

纳税人缴纳营业税通过“应交税费——应交营业税”以及“银行存款”两个科目来核算。纳税人可以根据取得的税收缴款书上所注明的金额，借记“应交税费——应交营业税”科目，同时贷记“银行存款”科目。

【任务设计】

工作实例：

接任务 4.2 的工作实例，编制该建筑公司 2009 年 6 月份的会计分录，进行会计处理。

【操作步骤】

第一步:逐笔分析经济业务类型

属于建筑业的业务有:①、②、⑥部分

属于服务业的业务有:③、④部分

属于娱乐业的业务有:④部分

属于交通运输业的业务有:⑤

属于销售不动产的业务有:⑥部分

第二步:根据经济业务逐项编制会计分录

①确认收入实现时:

借:银行存款 20 000 000

  贷:主营业务收入 20 000 000

计算应纳营业税:

借:营业税金及附加 600 000

  贷:应交税费——应交营业税 600 000

②确认收入实现时:

借:银行存款 4 000 000

  贷:主营业务收入 3 000 000

    应付账款——应付转包款 1 000 000

计算应纳营业税:

借:营业税金及附加 90 000

  贷:应交税费——应交营业税 90 000

代扣营业税:

借:应付账款——应付转包款(代扣税金) 30 000

  贷:应交税费——应交营业税 30 000

支付转包款:

借:应付账款——应付转包款 970 000

  贷:银行存款 970 000

③确认收入实现时:

借:银行存款 20 000

  贷:其他业务收入 20 000

计算应纳营业税:

借:营业税金及附加 1 000

  贷:应交税费——应交营业税 1 000

④确认收入实现时:

借:银行存款 170 000

  贷:其他业务收入 170 000

计算应纳营业税:

借:营业税金及附加 11 500

  贷:应交税费——应交营业税 11 500

⑤确认收入实现时：

借：银行存款 100 000

贷：其他业务收入 70 000

其他应付款——转运公司 30 000

计算应纳营业税：

借：营业税金及附加 2 100

贷：应交税费——应交营业税 2 100

⑥自建房屋入账时：

借：固定资产 18 000 000

贷：在建工程 18 000 000

自建房屋出售时：

借：银行存款 12 000 000

贷：固定资产清理 12 000 000

借：固定资产清理 9 000 000

贷：固定资产 9 000 000

自建房屋出售部分计算建设业营业税：

借：固定资产清理 306 186

贷：应交税金——应交营业税 306 186

计算出售不动产营业税：

借：固定资产清理 600 000

贷：应交税费——应交营业税 600 000

结转固定资产清理账户：

借：固定资产清理 2 093 814

贷：营业外收入——出售固定资产收入 2 093 814

⑦申报缴纳本月应缴的营业税款及代扣税款

借：应交税费——应交营业税 1 640 786

贷：银行存款 1 640 786

任务 4.4 营业税纳税申报

【任务描述】

1. 判断纳税义务发生时间，确定纳税期限、纳税地点；

2. 按营业税税目分别填制营业税纳税申报表。

【教学准备】

1. 营业税各税目的纳税申报表及相关附表；

2.《中华人民共和国营业税暂行条例》、《中华人民共和国营业税暂行条例实施细则》、《中华人民共和国税收征收管理法》、营业税其他相关法规；

3. 营业税不同税目的经济业务资料。

【相关知识】

4.4.1 营业税的征收管理

1. 纳税义务发生时间

营业税纳税义务发生时间为纳税人提供应税劳务、转让无形资产或者销售不动产并收讫营业收入款项或者取得索取营业收入款项凭据的当天。国务院财政、税务主管部门另有规定的，从其规定。对某些具体项目进一步明确如下：

(1)转让土地使用权或者销售不动产，采用预收款方式的，其纳税义务发生时间为收到预收款的当天。

(2)单位或者个人自己新建建筑物后销售，其自建行为的纳税义务发生时间，为其销售自建建筑物并收讫营业额或者取得索取营业额凭据的当天。

(3)单位或个人将不动产或土地使用权无偿赠与他人，其纳税义务发生时间为不动产所有权、土地使用权转移的当天。

(4)会员费、席位费和资格保证金纳税义务发生时间为会员组织收讫会员费、席位费、资格保证金和其他类似费用款项或者取得索取这些款项凭据的当天。

(5)扣缴义务发生时间为纳税人营业税纳税义务发生的当天。

(6)建筑业纳税人及扣缴义务人应按照下列规定确定建筑业营业税的纳税义务发生时间和扣缴义务发生时间：

①纳税人提供建筑业应税劳务，施工单位与发包单位签订书面合同，如合同明确规定付款(包括提供原材料、动力及其他物资，不含预收工程价款)日期的，以合同规定的付款日期为纳税义务发生时间；合同未明确规定付款(同上)日期的，其纳税义务发生时间为纳税人收讫营业收入款项或者取得索取营业收入款项凭据的当天。

上述预收工程价款是指工程项目尚未开工时收到的款项。对预收工程价款，其纳税义务发生时间为工程开工后，主管税务机关根据工程形象进度按月确定的纳税义务发生时间。

②纳税人提供建筑业应税劳务，施工单位与发包单位未签订书面合同的，其纳税义务发生时间为纳税人收讫营业收入款项或者取得索取营业收入款项凭据的当天。

③纳税人自建建筑物，其建筑业应税劳务的纳税义务发生时间为纳税人销售自建建筑物并收讫营业收入款项或取得索取营业收入款项凭据的当天。

纳税人将自建建筑物对外赠与，其建筑业应税劳务的纳税发生时间为该建筑物产权转移的当天。

建设方为扣缴义务人的，其扣缴义务发生时间为扣缴义务人支付工程款的当天；总承包人为扣缴义务人的，其扣缴义务发生时间为扣缴义务人代纳税人收讫营业收入款项或者取得索取营业收入款项凭据的当天。

(7)贷款业务。自 2003 年 1 月 1 日起，金融企业发放的贷款逾期(含展期)90 天(含 90 天)尚未收回的，纳税义务发生时间为纳税人取得利息收入权利的当天。原有的应收未收贷款利息逾期 90 天以上的，该笔贷款新发生的应收未收利息，其纳税义务发生时间均为实际收到利息的当天。

(8)融资租赁业务纳税义务发生时间为取得租金收入或取得索取租金收入价款凭据的当天。

(9)金融商品转让业务纳税义务发生时间为金融商品所有权转移之日。

(10)金融经纪业和其他金融业务纳税义务发生时间为取得营业收入或取得索取营业收入价款凭据的当天。

(11)保险业务纳税义务发生时间为取得保费收入或取得索取保费收入价款凭据的当天。

(12)金融企业承办委托贷款业务的扣缴义务发生时间,为受托发放贷款的金融机构代委托人收讫贷款利息的当天。

(13)电信部门销售有价电话卡的纳税义务发生时间,为售出电话卡并取得售卡收入或取得索取售卡收入凭据的当天。

(14)单位和个人提供应税劳务、转让专利权、非专利技术、商标权、著作权和商誉时,向对方收取的预收性质的价款(包括预收款、预付款、预存费用、预收定金等,下同),其营业税纳税义务发生时间以按照财务会计制度的规定,该项预收性质的价款被确认为收入的时间为准。

2. 纳税期限

营业税的纳税期限分别为 5 日、10 日、15 日、1 个月或者 1 个季度。纳税人的具体纳税期限,由主管税务机关根据纳税人应纳税额的大小分别核定;不能按照固定期限纳税的,可以按次纳税。

纳税人以 1 个月或者 1 个季度为一个纳税期的,自期满之日起 15 日内申报纳税;以 5 日、10 日或者 15 日为一个纳税期的,自期满之日起 5 日内预缴税款,于次月 1 日起 15 日内申报纳税并结清上月应纳税款。

扣缴义务人解缴税款的期限,依照上述规定执行。

银行、财务公司、信托投资公司、信用社、外国企业常驻代表机构的纳税期限为 1 个季度。

3. 纳税地点

营业税的纳税地点原则上采取属地征收的方法,就是纳税人在经营行为发生地缴纳应纳税款。具体规定如下:

(1)纳税人提供应税劳务应当向其机构所在地或者居住地的主管税务机关申报纳税。但是,纳税人提供的建筑业劳务以及国务院财政、税务主管部门规定的其他应税劳务,应当向应税劳务发生地的主管税务机关申报纳税。

(2)纳税人转让无形资产应当向其机构所在地或者居住地的主管税务机关申报纳税。但是,纳税人转让、出租土地使用权,应当向土地所在地的主管税务机关申报纳税。

(3)纳税人销售、出租不动产应当向不动产所在地的主管税务机关申报纳税。

(4)扣缴义务人应当向其机构所在地或者居住地的主管税务机关申报缴纳其扣缴的税款。

(5)各航空公司所属分公司,无论是否单独计算盈亏,均应作为纳税人向分公司所在地主管税务机关缴纳营业税。

(6)纳税人在本省、自治区、直辖市范围内发生应税行为,其纳税地点需要调整的,由省、自治区、直辖市人民政府所属税务机关确定。

(7)建筑业纳税人及扣缴义务人应按照下列规定确定建筑业营业税的纳税地点:

①纳税人提供建筑业应税劳务,其营业税纳税地点为建筑业应税劳务的发生地。

②纳税人从事跨省工程的,应向其机构所在地主管地方税务机关申报纳税。

③纳税人在本省、自治区、直辖市和计划单列市范围内提供建筑业应税劳务的,其营业

税纳税地点需要调整的，由省、自治区、直辖市和计划单列市税务机关确定。

④扣缴义务人代扣代缴的建筑业营业税税款的解缴地点为该工程建筑业应税劳务发生地。

⑤扣缴义务人代扣代缴跨省工程的，其建筑业营业税税款的解缴地点为被扣缴纳税人的所在地。

⑥纳税人提供建筑业劳务，应按月就其本地和异地提供建筑业应税劳务取得的全部收入向其机构所在地主管税务机关进行纳税申报，就其本地提供建筑业应税劳务取得的收入缴纳营业税；同时，自应申报之月（含当月）起6个月内向机构所在地主管税务机关提供其异地建筑业应税劳务收入的完税凭证，否则，应就其异地提供建筑业应税劳务取得的收入向其机构所在地主管税务机关缴纳营业税。

(8)在中华人民共和国境内的电信单位提供电信业务的营业税纳税地点为电信单位机构所在地。

(9)在中华人民共和国境内的单位提供设计（包括在开展设计时进行的勘探、测量等业务，下同）、工程监理、调试和咨询等应税劳务的，其营业税纳税地点为单位机构所在地。

(10)在中华人民共和国境内的单位通过网络为其他单位和个人提供培训、信息和远程调试、检测等服务的，其营业税纳税地点为单位机构所在地。

4.4.2 营业税的纳税申报

纳税人无论取得的是应税的营业额还是免税的收入，都应在当期按《中华人民共和国营业税暂行条例》有关规定及时办理纳税申报手续，并如实填写《营业税纳税申报表》及附表。

(1)《营业税纳税申报表》

《营业税纳税申报表》的格式和内容见表4-2。

(2)《营业税纳税申报表》附表

营业税纳税人除了填写纳税申报表之外，对于交通运输业、建筑业、金融保险业、娱乐业、服务业还要同时填写相应的《交通运输业营业税纳税申报表》、《建筑业营业税纳税申报表》、《金融保险业营业税纳税申报表》、《娱乐业营业税纳税申报表》以及《服务业营业税纳税申报表》。

【任务设计】

工作实例：

接任务4.2的工作实例，填报该建筑公司2009年6月份营业税的纳税申报表，办理2009年6月份营业税的缴纳工作。

【操作步骤】

第一步：分析经济业务内容，选择纳税申报表

采用《交通运输业营业税纳税申报表》的业务：⑤

采用《建筑业营业税纳税申报表》的业务：①、②、⑥部分

采用《服务业营业税纳税申报表》的业务：③、④部分

采用《娱乐业营业税纳税申报表》的业务：④部分

第二步：分别填制各税目纳税申报表和总表

见表4-2、表4-3、表4-4、表4-5、表4-6。

表 4-2　营业税纳税申报表

（适用于查账征收的营业税纳税人）

纳税人识别号：

纳税人名称（公章）

税款所属时间：自 2009 年 3 月 1 日至 2009 年 3 月 31 日　　填表日期：2009 年 4 月 15 日　　金额单位：元（列至角分）

税目	营业额				税率（%）	本期税款计算			税款缴纳								
									期初欠缴税额	前期多缴税额	本期已缴税额				本期应缴税额计算		
	应税收入	应税减除项目金额	应税营业额	免税收入		小计	本期应纳税额	免（减）税额			小计	已缴本期应纳税额	本期已被扣缴税额	本期已缴欠缴税额	小计	本期期末应缴税额	本期期末应缴欠缴税额
1	2	3	4＝2－3	5	6	7＝8＋9	8＝（4－5）×6	9＝5×6	10	11	12＝13＋14＋15	13	14	15	16＝17＋18	17＝8－13－14	18＝10－11－15
交通运输业	100000	30000	70000		3%	2100	2100								2100	2100	
建筑业	34206186	1000000	33206186		3%	996186	996186								996186	996186	
邮电通讯业																	
服务业	150000		150000		5%	7500	7500								7500	7500	
娱乐业	20000		20000		20%	4000	4000								4000	4000	
	20000		20000		5%	1000	1000								1000	1000	
金融保险业																	
文化体育业																	
销售不动产	12000000		12000000		5%	600000	600000								600000	600000	
转让无形资产																	
合　计	46496186	1030000	45466186			1610786	1610786								1610786	1610786	
代扣代缴项目	1000000		1000000		3%	30000	30000								30000	30000	
总　计	47496186	1030000	46466186			1640786	1640786								1640786	1640786	

纳税人或代理人声明：此纳税申报表是根据国家税收法律的规定填报的，我确定它是真实的、可靠的、完整的。	如纳税人填报，由纳税人填写以下各栏：							
	办税人员（签章）		财务负责人（签章）		法定代表人（签章）		联系电话	
	如委托代理人填报，由代理人填写以下各栏：							
	代理人名称		经办人（签章）		联系电话		代理人（公章）	

以下由税务机关填写：

受理人：　　年　月　日　　受理税务机关（签章）：

本表为 A3 横式一式三份，一份纳税人留存，一份主管税务机关留存，一份征收部门留存。

表 4-3　交通运输业营业税纳税申报表

纳税人识别号：

纳税人名称：(公章)

税款所属时间：自 2009 年 3 月 1 至 2009 年 3 月 31 日　　填表日期：2009 年 4 月 15 日　　金额单位：元(列至角分)

应税项目	营业额						税率(%)	本期税款计算			税款缴纳							
	应税收入	应税减除项目金额			应税营业额	免税收入		小计	本期应纳税额	免(减)税额	期初欠缴税额	前期多缴税额	本期已缴税额			本期应缴税额计算		
		小计	支付合作运输方运费金额	其他减除项目金额									小计	已缴本期应纳税额	本期已缴欠缴税额	小计	本期期末应缴税额	本期期末应缴欠缴税额
1	2	3=4+5	4	5	6=2−3	7	8	9=10+11	10=(6−7)×8	11=7×8	12	13	14=15+16	15	16	17=18+19	18=10−15	19=12−13−16
铁路运输																		
其中：货运																		
客运																		
公路运输																		
其中：货运	100000	30000	30000		70000		3%	2100	2100							2100	2100	
客运																		
水路运输																		
其中：货运																		
客运																		
航空运输																		
其中：货运																		
客运																		
管道运输																		
装卸搬运																		
合计	100000	30000	30000		70000		3%	2100	2100							2100	2100	

以下由税务机关填写：

受理人：　　受理日期：　年　月　日　　受理税务机关(签章)：

本表为 A3 横式一式三份，一份纳税人留存，一份主管税务机关留存，一份征收部门留存。

表 4-4　建筑业营业税纳税申报表

（适用于建筑业营业税纳税人）

纳税人识别号：

纳税人名称：(公章)

税款所属时间：自 2009 年 3 月 1 日至 2009 年 3 月 31 日　　填表日期：2009 年 4 月 15 日　　金额单位：元(列至角分)

申报项目	应税项目	营业额							税率(%)	本期税款计算			税款缴纳								
		应税收入	应税减除项目金额				应税营业额	免税收入		小计	本期应纳税额	免(减)税额	期初欠缴税额	前期多缴税额	本期已缴税额				本期应缴税额计算		
			小计	支付给分(转)包人工程价款	减除设备价款	其他减除项目金额									小计	已缴本期应纳税额	本期已被扣缴税额	本期已缴欠缴税额	小计	本期期末应缴税额	本期期末应缴欠缴税额
1	2	3	4=5+6+7	5	6	7	8=3−4	9	10	11=12+13	12=(8−9)×10	13=9×10	14	15	16=17+18+19	17	18	19	20=21+22	21=12−17−18	22=14−15−19
本地提供建筑业应税劳务申报事项	建筑	20000000					20000000		3%		600000								600000	600000	
	安装																				
	修缮																				
	装饰	4000000		1000000			3000000		3%		90000								90000	90000	
	其他工程作业																				
	自建行为	10206186					10206186		3%		306186								306186	306186	
	合计	34206186		1000000			33206186		3%		996186								996186	996186	
	代扣代缴项目	1000000					1000000		3%		30000								30000	30000	
	总计	35206186		1000000			34206186				1026186								1026186	1026186	
异地提供建筑业应税劳务申报事项	建筑																				
	安装																				
	修缮																				
	装饰																				
	其他工程作业																				
	自建行为																				
	合计																				
	代扣代缴项目																				
	总计																				

以下由税务机关填写：

受理人：　　受理日期：　　年　　月　　日　　受理税务机关(签章)：

本表为 A3 横式一式三份，一份纳税人留存，一份主管税务机关留存，一份征收部门留存。

表 4-5　服务业营业税纳税申报表

（适用于服务业营业税纳税人）

纳税人识别号：

纳税人名称：(公章)

税款所属时间：自 2009 年 3 月 1 日至 2009 年 3 月 31 日　　填表日期：2009 年 4 月 15 日　　金额单位：元(列至角分)

应税项目	营业额				税率(%)	本期税款计算			税款缴纳							
									期初欠缴税额	前期多缴税额	本期已缴税额			本期应缴税额计算		
	应税收入	应税减除项目金额	应税营业额	免税收入		小计	本期应纳税额	免(减)税额			小计	已缴本期应纳税额	本期已缴欠缴税额	小计	本期期末应缴税额	本期期末应缴欠缴税额
1	2	3	4=2−3	5	6	7=8+9	8=(4−5)×6	9=5×6	10	11	12=13+14	13	14	15=16+17	16=8−13	17=10−11−14
旅店业	50000		50000		5%	2500	2500							2500	2500	
饮食业	80000		80000		5%	4000	4000							4000	4000	
旅游业																
仓储业																
租赁业	20000		20000		5%	1000	1000							1000	1000	
广告业																
代理业																
其他服务业																
合　计	150000		150000			7500	7500							7500	7500	

以下由税务机关填写：

受理人：　　年　月　日　　受理税务机关(签章)：

本表为 A3 横式一式三份，一份纳税人留存，一份主管税务机关留存，一份征收部门留存。

表 4-6 娱乐业营业税纳税申报表

（适用于娱乐业营业税纳税人）

纳税人识别号：

纳税人名称（公章）：

税款所属时间：自 2009 年 3 月 1 日至 2009 年 3 月 31 日　　　填表日期：2009 年 4 月 15 日　　　金额单位：元（列至角分）

应税项目		营业额				税率（%）	本期税款计算			税款缴纳							
												本期已缴税额			本期应缴税额计算		
		应税收入	应税减除项目金额	应税营业额	免税收入		小计	本期应纳税额	免（减）税额	期初欠缴税额	前期多缴税额	小计	已缴本期应纳税额	本期已缴欠缴税额	小计	本期期末应缴税额	本期期末应缴欠缴税额
1		2	3	4=2−3	5	6	7=8+9	8=(4−5)×6	9=5×6	10	11	12=13+14	13	14	15=16+17	16=8−13	17=10−11−14
歌厅			20000		20000		20%	4000	4000							4000	4000
舞厅																	
卡拉 OK 歌舞厅	夜总会																
	练歌房																
	恋歌房																
音乐茶座	酒吧																
高尔夫球																	
台球、保龄球		20000		20000		5%	1000	1000							1000	1000	
游艺场																	
网吧																	
其他																	
合计		40000		40000			5000	5000							5000	5000	

以下由税务机关填写：

受理人：　　　受理日期：　年　月　日　　　受理税务机关（签章）：

本表为 A3 横式一式三份，一份纳税人留存，一份主管税务机关留存，一份征收部门留存。

能力测试 4.1 职业能力判断与选择

一、判断题

1. 由于《中华人民共和国营业税暂行条例》是由国务院颁布的，故不对外国企业和外国公民征收。 （ ）

2. 单位将不动产无偿赠与他人，视同销售不动产征收营业税；对个人无偿赠送不动产的行为，不征营业税。 （ ）

3. 纳税人自建住房销售给本单位职工，属于销售不动产行为，应照章征收营业税。 （ ）

4. 保险公司开展的三年期以上返还性人身保险业务的保费收入免征营业税。 （ ）

5. 营业税按地区设计税目和税率。 （ ）

6. 以无形资产投资入股，参与接受投资方利润分配、共同承担投资风险的行为，征营业税。 （ ）

7. 营业税的计税依据是营业额，营业额为纳税人提供应税劳务、转让无形资产或者销售不动产向对方收取的全部价款和价外费用。 （ ）

8. 一般贷款业务的营业额为贷款利息收入，但是不包括各种加息、罚息等。 （ ）

9. 外汇、期货、有价证券买卖业务，以买入价减卖出价的余额为计算营业税的依据。 （ ）

10. 某艺术团在演出时，共收到购票款 10 万元，支付场租、经纪人费用共 2 万元，营业税计税依据为 8 万元。 （ ）

11. 从事建筑、修缮、装饰工程作业，无论怎样结算，营业税计税营业额均包括工程所用原材料及其他物资和动力的价款。 （ ）

12. 纳税人兼有不同税目行为的应分别核算不同税目的营业额，未分别核算的，从高确定适用税率。 （ ）

13. 境外某民间服装表演队来我国 A 市演出、展销在境内未设立经营机构，也没有代理者，其税款应由税务机关负责代扣代缴。 （ ）

14. 营业税和增值税、消费税一样，都是按商品来设计税目、税率的。 （ ）

15. 纳税人以 1 个月或者 1 个季度为一个纳税期的，自期满之日起 15 日内向相应税务机关进行营业税纳税申报。 （ ）

二、单项选择题

1. 以下收入不用缴纳营业税的是（ ）。

A. 网吧的经营收入　　B. 受委托加工卷烟收取的加工费

C. 公园销售门票的收入　　D. 体育馆出借场地的收入

2. 以下不属于营业税税率的是（ ）。

A. 5%　　B. 3%　　C. 17%　　D. 20%

3. 以下说法错误的是（ ）。

A. 单位或个人进行演出，以全部票价收入或者包场收入减去付给提供演出场所的单位、演出公司或者经纪人的费用后的余额为营业额。

B. 广告代理业以代理者向委托方收取的全部价款和价外费用减去付给广告发布者的广告发布费后的余额为营业额。

C. 旅游企业组织旅游团到中华人民共和国境外旅游，在境外改由其他旅游企业接团，以全程旅游费减去付给该接团企业的旅游费后的余额为营业额。

D. 建筑企业以不扣除其转包工程额的全部承包额为营业额。

4. 以下（　　）不能免征营业税。

A. 个人转让著作权　　B. 科研单位的技术转让

C. 对金融机构的出纳长款收入　　D. 个人自建自用住房销售时

5. 某餐饮企业在提供正常业务外，提供部分外卖销售应缴纳（　　）。

A. 增值税　　B. 营业税　　C. 消费税　　D. 个人所得税

6. 建筑企业分包工程的扣缴义务人为（　　）。

A. 总承包人　　B. 分包人　　C. 建设单位　　D. 监理公司

7. 纳税人从事运输业务，其纳税地点为（　　）。

A. 机构所在地　　B. 劳务发生地　　C. 运输业务所经地　　D. 以上任选一地

8. 营业税按期纳税的起征点为月营业额（　　）。

A. 0～1000 元　　B. 500～1000 元　　C. 1000～5000 元　　D. 5000～10000 元

9. 以下项目不属于营业税免税项目的有（　　）。

A. 学生勤工俭学提供的劳务

B. 社会福利企业提供的劳务

C. 保险公司开展的一年期以上返还性人身保险业务

D. 个人转让著作权

10. 下列费用中应纳营业税的是（　　）。

A. 法院按规定收取的诉讼费　　B. 注册会计师协会收取的会员费

C. 急救中心收取的治疗费　　D. 搬家公司收取的搬家费

11. 销售不动产时连同土地使用权一并转让的行为，比照（　　）征税。

A. 转让无形资产　　B. 销售不动产

C. 转让无形资产和销售不动产　　D. 建筑业

12. 单位和个人提供营业税应税劳务、转让无形资产和销售不动产发生退款，凡该项退款已征收过营业税的，可以（　　）。

A. 向税务机关申请减免营业税

B. 向税务机关申请降低营业税税率

C. 从纳税人以后的营业额中减除，但不允许退还已征税款

D. 允许退还已征税款，也可以从纳税人以后的营业额中减除

13. 某工业企业出售厂房应交的营业税，应记入的科目是（　　）。

A. 营业税金及附加　　B. 其他业务成本

C. 管理费用　　D. 固定资产清理

三、多项选择题

1. 营业税纳税义务人包括在中国境内(　　)的单位和个人。

A. 提供应税劳务　　　　B. 转让无形资产

C. 销售不动产　　　　D. 销售文化用品

2. 下列情况下负有代扣代缴营业税义务的单位和个人有(　　)。

A. 建筑业务实行分包或者转包的总承包人

B. 某专家出售专利技术，由其子代收专利费

C. 单位或者个人进行演出时由他人售票的售票者；

D. 境外纳税人发生应税行为而在境内未设有经营机构的代理者或直接购买服务者

3. 下列经营活动应征收营业税的有(　　)。

A. 电信公司为客户安装电话时，随同销售的电话机取得的收入

B. 邮政局出售的邮寄物品包装纸箱

C. 保龄球馆出租球鞋收入

D. 建材商店销售建材并同时负责安装和装饰业务取得的收入

4. 下列属于营业税免税项目的有(　　)。

A. 会计师事务所收取的咨询费、评估费收入

B. 残疾人员本人向社会提供的劳务

C. 科研单位取得的技术转让收入

D. 执法、行政单位按规定项目和标准的收费

5. 下列企业的营业行为，属于混合销售行为的有(　　)。

A. 某饭店既开设客房、餐厅，又开设商场，为顾客提供多方面服务

B. 某运输公司销售货物并负责运输所售货物

C. 某建筑公司为承建的工程既提供全部建筑材料，又承担建筑安装业务

D. 某餐厅既经营餐饮业，又经营娱乐业

6. 下列各项中，应当缴纳营业税的有(　　)。

A. 以房产投资入股　　　　B. 转让土地使用权

C. 销售房地产　　　　D. 以土地使用权投资入股

7. 下列项目中，按5%计征营业税的有(　　)。

A. 租赁业取得的收入　　　　B. 体育表演、比赛取得的收入

C. 经营保龄球馆取得的收入　　　　D. 提供咨询取得的收入

8. 下列项目中，符合营业税纳税地点规定的是(　　)。

A. 纳税人提供应税劳务应当向其劳务提供地的主管税务机关申报纳税

B. 纳税人转让、出租土地使用权，应当向机构所在地的主管税务机关申报纳税

C. 纳税人销售、出租不动产应当向不动产所在地的主管税务机关申报纳税

D. 扣缴义务人应当向其机构所在地或者居住地的主管税务机关申报缴纳其扣缴的税款

9. 某企业出售了自己不用的房屋一幢，企业账务处理会涉及的会计科目有(　　)。

A. 应交税费——应交营业税　　　　B. 银行存款

C. 固定资产清理　　　　D. 营业税金及附加

10. 以下关于营业税纳税义务发生时间说法正确的是(　　)。

A. 转让土地使用权或者销售不动产,采用预收款方式的,其纳税义务发生时间为收到预收款的当天

B. 单位或个人将不动产或土地使用权无偿赠与他人,其纳税义务发生时间为不动产所有权、土地使用权转移的当天

C. 金融商品转让业务纳税义务发生时间为收讫营业收入款项或取得索取营业收入款项凭据的当天

D. 单位或者个人自己新建建筑物后销售,其自建行为的纳税义务发生时间,为建筑物所有权转让的当天

能力测试 4.2　项目实训

1. 某歌唱演员举行个人演唱会,门票收入 80000 元,场地租赁费 5000 元,付给演出公司劳务费 10000 元。计算该演员应纳营业税。

2. 某广告公司某月取得自营广告收入 20 万元,支付其他单位设计及制作费 1 万元;办理代理广告业务收入 30 万元,支付电视台播出费 10 万元。计算该广告公司应纳营业税。

3. 某旅游公司组团青岛、大连五日游,收取全程旅游费共 100000 元,其中代旅游者支付交通费 30000 元,住宿费 9000 元,门票 5000 元,在青岛、大连分别由当地旅游公司提供导游,共付费 10000 元。计算该旅游公司应交营业税。

4. 星火娱乐城 8 月份取得门票收入 7 万元,包场收入 10 万元,点歌费 2 万元,烟酒、饮料费收入 12 万元。该企业适用的营业税率为 20%。计算该娱乐城当月应缴纳的营业税。

5. 某市建筑公司承包一项建筑工程,工程总承包额为 6000 万元,该建筑公司将其中的设备安装工程分包给甲设备安装公司,分包额为 800 万元,又将工程中的装饰工程分包给本市 A 装饰公司,转包费 1500 万元。计算该建筑公司承包此工程应缴的营业税额以及扣缴的营业税额。

项目五 关税会计核算与缴纳

【学习目标】

知识目标

1. 理解关税的基本法规知识;
2. 掌握关税的征税对象和纳税人的确定方法;
3. 掌握关税应纳税额的计算及相关优惠政策;
4. 熟悉关税涉税业务的会计处理;
5. 熟悉关税的纳税申报流程及相关业务处理。

能力目标

1. 能根据学习情境设计的需要查阅有关资料;
2. 会根据业务资料计算应纳关税税额;
3. 能根据业务资料进行关税业务的会计处理;
4. 会根据业务资料填制海关进出口关税专用缴款书,能办理关税的日常纳税申报工作;
5. 培养敬业精神、团队合作能力和良好的职业道德修养。

【项目引言】

美国政府在2009年9月11日不顾中国方面和美国业者的强烈反对,决定对从中国进口的所有小轿车和轻型卡车轮胎实施惩罚性关税,即在4%的原有关税基础上,在今后三年分别加征35%、30%和25%的附加关税。这一特保措施于9月26日正式生效。这是2001年美国支持中国加入WTO以来,第一次运用“特保条款”对中国产品征收惩罚性关税。而根据WTO规则,相关国家可以直接援引美国的制裁方案对中国轮胎实施制裁。中国商务部在2009年9月13日则表示,依照中国法律和世贸组织规则,对原产于美国的部分进口汽车产品和肉鸡产品启动了反倾销和反补贴立案审查程序。

从上述此类事件中可以看出,关税已经成为贸易壁垒战的一种屡试不爽的武器。作为一名会计工作者,有必要了解关税的知识,掌握必要的技能,那就让我们一起来进入关税的世界吧!

任务5.1 关税税款计算

【任务描述】

1. 确定关税的征税对象和纳税人;

项目五　关税会计核算与缴纳

【学习目标】

知识目标

1. 理解关税的基本法规知识；
2. 掌握关税的征税对象和纳税人的确定方法；
3. 掌握关税应纳税额的计算及相关优惠政策；
4. 熟悉关税涉税业务的会计处理；
5. 熟悉关税的纳税申报流程及相关业务处理。

能力目标

1. 能根据学习情境设计的需要查阅有关资料；
2. 会根据业务资料计算应纳关税税额；
3. 能根据业务资料进行关税业务的会计处理；
4. 会根据业务资料填制海关进出口关税专用缴款书，能办理关税的日常纳税申报工作；
5. 培养敬业精神、团队合作能力和良好的职业道德修养。

【项目引言】

美国政府在2009年9月11日不顾中国方面和美国业者的强烈反对，决定对从中国进口的所有小轿车和轻型卡车轮胎实施惩罚性关税，即在4%的原有关税基础上，在今后三年分别加征35%、30%和25%的附加关税。这一特保措施于9月26日正式生效。这是2001年美国支持中国加入WTO以来，第一次运用“特保条款”对中国产品征收惩罚性关税。而根据WTO规则，相关国家可以直接援引美国的制裁方案对中国轮胎实施制裁。中国商务部在2009年9月13日则表示，依照中国法律和世贸组织规则，对原产于美国的部分进口汽车产品和肉鸡产品启动了反倾销和反补贴立案审查程序。

从上述此类事件中可以看出，关税已经成为贸易壁垒战的一种屡试不爽的武器。作为一名会计工作者，有必要了解关税的知识，掌握必要的技能，那就让我们一起来进入关税的世界吧！

任务5.1　关税税款计算

【任务描述】

1. 确定关税的征税对象和纳税人；

10. 以下关于营业税纳税义务发生时间说法正确的是(　　)。

A. 转让土地使用权或者销售不动产,采用预收款方式的,其纳税义务发生时间为收到预收款的当天

B. 单位或个人将不动产或土地使用权无偿赠与他人,其纳税义务发生时间为不动产所有权、土地使用权转移的当天

C. 金融商品转让业务纳税义务发生时间为收讫营业收入款项或取得索取营业收入款项凭据的当天

D. 单位或者个人自己新建建筑物后销售,其自建行为的纳税义务发生时间,为建筑物所有权转让的当天

能力测试 4.2　项目实训

1. 某歌唱演员举行个人演唱会,门票收入 80000 元,场地租赁费 5000 元,付给演出公司劳务费 10000 元。计算该演员应纳营业税。

2. 某广告公司某月取得自营广告收入 20 万元,支付其他单位设计及制作费 1 万元;办理代理广告业务收入 30 万元,支付电视台播出费 10 万元。计算该广告公司应纳营业税。

3. 某旅游公司组团青岛、大连五日游,收取全程旅游费共 100000 元,其中代旅游者支付交通费 30000 元,住宿费 9000 元,门票 5000 元,在青岛、大连分别由当地旅游公司提供导游,共付费 10000 元。计算该旅游公司应交营业税。

4. 星火娱乐城 8 月份取得门票收入 7 万元,包场收入 10 万元,点歌费 2 万元,烟酒、饮料费收入 12 万元。该企业适用的营业税率为 20%。计算该娱乐城当月应缴纳的营业税。

5. 某市建筑公司承包一项建筑工程,工程总承包额为 6000 万元,该建筑公司将其中的设备安装工程分包给甲设备安装公司,分包额为 800 万元,又将工程中的装饰工程分包给本市 A 装饰公司,转包费 1500 万元。计算该建筑公司承包此工程应缴的营业税额以及扣缴的营业税额。

③货物运抵我国关境内输入地点起卸前由买方支付的包装费、运费、保险费和其他劳务费用；

④由买方负担的与进口货物视为一体的容器费用；

⑤由买方负担的包装材料和包装劳务的费用；

⑥卖方直接或间接从买方对该货物进口后转售(含处置和使用)所得中获得的收益。

(2)下列费用，如在货物的成交价格中单独列明的，应从完税价格中扣除：

①货物运抵境内输入地点之后的运输费用、保险费用和其他相关费用；

②工业设施、机械设备类货物进口后发生的基建、安装、调试、技术指导等费用；

③进口关税及其他国内税收。

(3)进口货物完税价格中的运费和保险费按下列规定确定：

①海运进口货物应计算至该项货物运抵我国境内的卸货口岸；

②陆运进口货物应计算至该货物抵运我国关境的第一口岸为止。若成交价格中所包括的运、保、杂费计算至内地到达口岸的，关境的第一口岸至内地一段的以上费用，不予扣除；

③空运进口货物应计算至进入境内的第一口岸。若成交价格为进入关境的第一个口岸外的其他口岸，则应计算至目的地口岸。

进口货物的运费应当按照实际支付的费用计算。如果进口货物的运费无法确定或未实际发生，海关应按该货物进口同期运输行业公布的运费率(额)计算运费；按照“货价加运费”总额的3‰计算保险费。

2)进口货物海关估价的方法

进口货物的成交价格不符合成交价格条件的，经海关审查未能确定的，应当依次以下列价格为基础，估定完税价格：

①相同货物成交价格法。即以从该进口货物的同一出口国(地区)购进的相同货物的成交价格作为该被估货物完税价格依据；

②类似货物成交价格法。即以从该进口货物的同一出口国(地区)购进的类似货物的成交价格作为被估货物的完税价格依据；

③国际市场价格法。即以该进口货物的相同或类似货物在国家市场上公开的成交价格为该进口货物的完税价格依据；

④国内市场价格倒扣法。即以该进口货物的相同或类似货物在国内市场的批发价格，减去进口关税和进口环节其他税费以及进口后的正常运输、储存、营业费用及利润后的价格；

⑤其他合理方法。如果按上述几种方法顺序估价仍不能确定其完税价格时，则可由海关按照规定的估价原则，采用其他合理方法估定完税价格。

2.特殊进口货物完税价格的确定

特殊进口货物的完税价格一般来说包括以下几种情况：

1)运往境外加工的货物

运往境外加工的货物，出境时向海关报明，并在海关规定期限内复运进境的，按下列顺序确定其完税价格：

(1)以加工后的货物进境时的到岸价格与原出境货物相同或类似货物在进境时的到岸价格的差额作为完税价格；

(2)若无法得到原出境货物在进境时的到岸价格,可用原出境货物申报出境时的离岸价格替代;

(3)若上述方法均不能确定,可用该出境货物在境外加工时支付的工缴费,加上运抵我国关境输入地点起卸前的包装费、运费、保险费和其他劳务费等一切费用作为完税价格。

2)运往境外修理的货物

运往境外修理的机械器具、运输工具或其他货物,出境时已向海关报明,并在海关规定期限内复运进境的,按海关审定的境外修理费和料件费作为完税价格。

3)租赁和租借方式进口的货物

租赁和租借方式进境的货物,以海关审查确定进境货物的租金作为完税价格。如租赁进境的货物是一次性支付租金,则可以海关审定进口货物的成交价格作为完税价格。

4)暂时进境货物

经海关批准的暂时进境的货物,应按照一般进口货物估价办法的规定,估定完税价格。

5)留购的进口货样等货物

国内单位留购的进口货样、展览品及广告陈列品,以海关审定的留购价格为完税价格。

3. 出口货物完税价格的确定

1)以成交价格为基础的完税价格

出口货物的完税价格,由海关以该货物向境外销售的成交价格以及该货物运至我境内输入地点装卸前的运输及相关费用、保险费为基础审定,但不包括出口关税税额。

出口货物的成交价格,是指该货物出口销售到我国境外时买方向卖方实付或应付的价格。但下列费用应予扣除:

①成交价格中含有支付给国外的佣金,与货物成交价格分列的,应予扣除;未单独列明的,则不予扣除。

②出口货物的销售价格如果包括离境口岸至境外口岸之间的运输、保险费的,该运费、保险费应予扣除。

出口货物完税价格计算公式为:

完税价格=离岸价格÷(1+出口关税税率)

2)由海关估定的完税价格

出口货物的发货人或其代理人应如实向海关申报出口货物售予境外的价格,对出口货物的成交价格不能确定时,完税价格由海关依次按下列方法予以估定:

(1)同时或大约同时向同一国家或地区销售出口的相同货物的成交价格;

(2)同时或大约同时向同一国家或地区销售出口的类似货物的成交价格;

(3)根据境内生产相同或类似货物的成本、储运和保险费用、利润及其他杂费计算所得的价格;

(4)按照其他合理方法估定的价格。

5.1.4 关税税率的选择

关税税率是整个关税制度的核心要素。目前我国的关税税率主要有以下几种:

1. 进口货物税率

改革开放后,我国多次降低进口关税税率。从 1992 年初的 44.4%(简单算术平均,下同)至1996年初的23%;1997年10月1日起,平均税率为17%;2001年12月11日起我国已正式成为世界贸易组织成员,2001年平均税率为15.3%;按2002年的新税则,我国的关税总水平2002年已降至12.7%;2006年我国的关税总水平为9.9%;2007年我国的关税总水平为9.8%。

进口关税设置最惠国税率、协定税率、特惠税率、普通税率、配额税率等,进口货物在一定期限内可以实行暂定税率:

(1)最惠国税率:适用原产于与我国共同适用最惠国待遇条款的世界贸易组织成员国或地区的进口货物;或原产于与我国签订有相互给予最惠国待遇条款的双边贸易协定的国家或地区的进口货物。

(2)协定税率:适用原产于我国参加的含有关税优惠条款的区域性贸易协定的有关缔约方的进口货物。

(3)特惠税率:适用原产于与我国签订有特殊优惠关税协定的国家或地区的进口货物。

(4)普通税率:适用原产于上述国家或地区以外的国家或地区的进口货物。

(5)配额税率:配额内关税是对一部分实行关税配额的货物,按低于配额外税率的进口税率征收的关税。按照国家规定实行关税配额管理的进口货物,关税配额内的,适用关税配额税率;关税配额外的,其税率的适用按照前述的规定执行。

(6)暂定税率:是对某些税号中的部分货物在适用最惠国税率的前提下,通过法律程序暂时实施的进口税率,具有非全税目的特点,低于最惠国税率。

适用最惠国税率的进口货物有暂定税率的,应当适用暂定税率;适用协定税率、特惠税率的进口货物有暂定税率的,应当从低适用税率;适用普通税率的进口货物,不适用暂定税率。

2. 出口货物税率

出口货物税率没有普通税率和优惠税率之分。为鼓励国内企业出口创汇,又做到能够控制一些商品的盲目出口,因而我国对绝大部分出口货物不征收出口关税,只对少数产品征收出口关税。现行税则仅对鳗鱼苗、对虾、栗、生漆、钨矿砂、山羊板皮和锑及生丝等30多种商品征收出口关税。目前对上述范围征收出口关税的税率从20%—50%不等。根据《进出口关税条例》规定,对出口货物也可在一定期限内实行暂定税率。适用出口税率的出口货物有暂定税率的,应当适用暂定税率。对上述范围内的23种商品实行0%~20%暂定税率,事实上我国真正征收出口关税的商品只有近20种,其税率都很低。

5.1.5 优惠政策的运用

1. 法定减免税

法定减免税是根据海关法和进出口关税条例的法定条文规定的减免税。法定减免税货物进出口时,纳税人无须提出申请,海关可按规定直接予以减免。海关对法定减免税货物一般不进行后续管理。享受法定减免税待遇的货物主要有:

(1)关税税额在人民币50元以下的一票货物。

(2)无商业价值的广告品和货样。

(3)外国政府、国际组织无偿赠送的物资。

(4)进出境运输工具装载的途中必需的燃料、物料和饮食用品。

(5)在海关放行前损失的货物。

(6)在海关放行前遭受损坏的货物,可以根据海关认定的受损程度减征关税。

(7)经海关批准暂时进境或者暂时出境并在6个月内复运出境或者复运进境的下列货物,可暂免征收关税:①在展览会、交易会、会议及类似活动中展示或者使用的货物;②文化、体育交流活动中使用的表演、比赛用品;③进行新闻报道或者摄制电影、电视节目使用的仪器、设备及用品;④开展科研、教学、医疗活动使用的仪器、设备及用品;⑤在上述①—④项所列活动中使用的交通工具及特种车辆;⑥货样;⑦供安装、调试、检测设备时使用的仪器和工具;⑧盛装货物的容器;⑨其他用于非商业目的的货物。

(8)因品质或者规格原因,出口货物自出口之日起1年内原状复运进境的,不征收进口关税。因品质或者规格原因,进口货物自进口之日起1年内原状复运出境的,不征收出口关税。

(9)因残损、短少、品质不良或者规格不符原因,由进出口货物的发货人、承运人或者保险公司免费补偿或者更换的相同货物,进出口时不征收关税。被免费更换的原进口货物不退运出境或者原出口货物不退运进境的,海关应当对原进出口货物重新按照规定征收关税。

2. 特定减免税

特定减免税亦称政策性减免税,是指在法定减免税以外,由国务院或国务院授权的机关颁布法规、规章特别规定的减免税。特定减免税货物一般有地区、企业和用途的限制,海关需要进行后续管理,并进行减免税统计。

3. 临时减免税

临时减免税是指在法定和特定减免税以外的其他减免税,即由国务院根据《海关法》对某个单位、某类商品、某个项目或某批进出口货物的特殊情况,给予特别照顾,一案一批,专文下达的减免税,一般不能比照执行。

5.1.6 关税应纳税额的计算

1. 进口货物应纳关税

1)从价应纳税额的计算

关税税额=应税进口货物数量×单位完税价格×税率

具体分以下几种情况:

(1)以我国口岸到岸价格(CIF)成交的,或者和我国毗邻的国家以两国共同边境地点交货价格成交的进口货物,其成交价格即为完税价格。应纳关税计算公式为:

应纳进口关税额=CIF×关税税率

【例5-1】 某进出口公司2009年9月从美国进口一批化工原料,到岸价格为CIF上海USD800000元,另外在货物成交过程中,公司向卖方支付佣金USD40000元,已知当时外汇牌价为USD100=¥690,该原料的进口关税税率为18%。则该公司进口该批货物应纳的关税为:

该批原料的完税价格包括到岸价格和支付给卖方的佣金,故:

完税价格=(800000+40000)×6.90=5796000(元)

应纳关税额=5796000×18%=1043280(元)

(2)以国外口岸离岸价(FOB)或国外口岸到岸价格成交的,应另加从发货口岸或国外交货口岸运到我国口岸以前的运杂费和保险费作为完税价格。应纳关税的计算公式为：

应纳进口关税额=(FOB+运杂费+保险费)×关税税率

在国外口岸成交情况下，完税价格中包括的运杂费、保险费，原则上应按实际支付的金额计算，若无法得到实际支付金额，也可以外贸系统海运进口运杂费率或按协商规定的固定运杂费率计算运杂费，保险费按中国人民保险公司的保险费率计算。计算公式为：

应纳税额=(FOB+运杂费)÷(1-保险费率)×关税税率

【例 5-2】 宏远公司委托天兴进出口贸易公司代理进口材料一批。该批材料实际支付离岸价为 USD480000，海外运输费、包装费、保险费共计 USD20000（支付日市场汇价为 7.30 元人民币)，进口报关当日人民银行公布的市场汇价为 1 美元=6.85 元人民币，进口关税税率为 20%。则该公司进口该批货物应纳的关税为：

进口报关时应纳税额为：

应纳进口关税额=(480000+20000)×6.85×20% =685000(元)

(3)以国外口岸离岸价格加运费(即 CFR 价格)成交的，应另加保险费作为完税价格。计算公式为：

应纳进口关税额=(CFR+保险费)×关税税率=CFR÷(1-保险费率)×关税税率

【例 5-3】 某企业从香港进口原产地为韩国的设备 3 台，该设备的总成交价格为 CFR 上海港 HKD180000，保险费率为 3‰，设备进口关税税率为 10%，当日外汇牌价 HKD100=￥107，则应纳的关税为：

完税价格=180000×1.07÷(1-3‰)=193179.54(元)

应纳进口关税额=193179.54×10%=19317.95(元)

(4)特殊进口商品关税计算

特殊进口货物种类繁多，需在确定完税价格基础上，再计算应纳税额。应纳关税的计算公式为：

应纳税额=特殊进口货物完税价格×关税税率

【例 5-4】 某企业 2009 年将以前年度进口的设备运往境外修理，设备进口时成交价格 58 万元，发生境外运费和保险费共计 6 万元；在海关规定的期限内复运进境，进境时同类设备价格 65 万元；发生境外修理费 8 万元，料件费 9 万元，境外运输费和保险费共计 3 万元，进口关税税率 20%。则该设备复运进境时应纳的进口关税计算如下：

运往境外修理的机械器具、运输工具或其他货物，出境时已向海关报明，并在海关规定期限内复运进境的，应当以海关审定的境外修理费和料件费为完税价格。

应纳关税税额=(8+9)×20%=3.4(万元)

2)从量应纳税额的计算

关税税额=应税进口货物数量×单位货物税额

3)复合税应纳税额的计算

我国目前实行的复合税都是先计征从量税，再计征从价税。

关税税额=应税进口货物数量×单位货物税额+应税进口货物数量×单位完税价格×税率

2. 出口货物应纳关税

1)从价应纳税额的计算

关税税额＝应税出口货物数量×单位完税价格×税率

具体分以下几种情况：

(1)以我国口岸离岸价格(FOB)成交的出口关税计算公式：

应纳关税额＝FOB÷(1＋关税税率)×关税税率

(2)以国外口岸到岸价格(CIF)成交的出口关税计算公式：

应纳关税额＝(CIF－保险费－运费)÷(1＋关税税率)×关税税率

(3)以国外口岸价格加运费价格(CFR)成交的出口关税公式：

应纳关税额＝(CFR－运费)÷(1＋关税税率)×关税税率

【例 5-5】 某进出口公司自营出口商品一批，我国口岸 FOB 价格折合人民币为 720000 元，出口关税税率为 20%，根据海关开出的专用缴款书，以银行转账支票付讫税款。应纳的出口关税为：

出口关税＝720000/(1＋20%)×20%＝120000(元)

2)从量应纳税额的计算

出口关税税额＝应税出口货物数量×单位货物税额

3)复合税应纳税额的计算

我国目前实行的复合税都是先计征从量税，再计征从价税。

出口关税税额＝应税出口货物数量×单位货物税额＋应税出口货物数量×单位完税价格×税率

任务 5.2 关税会计核算

【任务描述】

1. 设置会计科目："应交税费——应交进(出)口关税"及其他相关科目；

2. 自营进(出)口业务关税的会计核算、代理进(出)口业务关税的会计核算。

【教学准备】

1.《企业会计准则》及应用指南；

2.《中华人民共和国海关法》、《中华人民共和国进出口关税条例》、《中华人民共和国海关进出口税则》和关税其他相关法规；

3. 企业进出口不同经济业务资料。

【相关知识】

5.2.1 会计科目的设置

有进出口货物的企业在核算关税时，应在"应交税费"科目下设"应交进口关税"、"应交出口关税"两个明细科目分别对进、出口关税进行账务处理。企业按规定计算应纳税额时，借记有关科目，贷记"应交税费——应交进(出)口关税"；实际缴纳时，借记"应交税费——应交进(出)口关税”,贷记“银行存款”。

在实际工作中,由于企业经营进出口业务的形式和内容不同,具体会计核算方式有所区别。

5.2.2　会计核算实务处理

1. 自营进出口关税的核算

自营进出口是指由有进出口自营权的企业办理对外洽谈和签订进出口合同,执行合同并办理运输、开证、付汇全过程,并自负进出口盈亏。

企业自营进口商品计算应纳关税额时,借记“在途物资”等科目,贷记“应交税费——应交进口关税”,进口当时直接支付关税的,也可不通过“应交税费”科目;企业自营出口商品计算应纳关税额时,借记“营业税金及附加”等科目,贷记“应交税费——应交出口关税”。

【例 5-6】 某外贸企业从国外自营进口商品一批,CIF 价格折合人民币为 400000 元,进口关税税率为 40%,代征增值税税率 17%,根据海关开出的专用缴款书,以银行转账支票付讫税款。

计算应交关税和物资采购成本如下:

应交关税＝400000×40%＝160000(元)

物资采购成本＝400000＋160000＝560000(元)

代征增值税＝560000×17%＝95200(元)

做会计分录如下:

计提关税和增值税时:

借:在途物资　560000

　贷:应交税费——应交进口关税　160000

　　应付账款　400000

支付关税和增值税时:

借:应交税费——应交进口关税　160000

　　　　——应交增值税(进项税额)　95200

　贷:银行存款　255200

商品验收入库时:

借:库存商品　560000

　贷:在途物资　560000

【例 5-7】 某企业直接对外出口产品一批,离岸价为 2000000 元,出口税税率为 15%,则:

应纳出口关税额＝2000000÷(1＋15%)×15% ＝260869.57 元

做会计分录如下:

借:营业税金及附加　260869.57

　贷:应交税费——应交出口关税　260869.57

缴纳出口关税时:

借:应交税费——应交出口关税　260869.57

　贷:银行存款　260869.57

2.代理进出口关税的核算

代理进出口是外贸企业接受国内委托方的委托，办理对外洽谈和签订进出口合同，执行合同并办理运输、开证、付汇全过程的进出口业务。受托企业不负担进出口盈亏，只按规定收取一定比例的手续费，因此，受托企业进出口商品计算应纳关税时，借记“应收账款”等有关科目，贷记“应交税费——应交进（出）口关税”科目；代交进出口关税时，借记“应交税费——应交进（出）口关税”科目，贷记“银行存款”科目；收到委托单位的税款时，借记“银行存款”科目，贷记“应收账款”科目。

【例5-8】 某进出口公司接受宏远公司的委托进口商品一批，进口货款2550000元，已汇入进出口公司存款户。该进口商品我国口岸CIF价格为USD240000，进口关税税率为20%，当日的外汇牌价为USD100＝RMB710，代理手续费按货价2%收取，现该批商品已运达，向委托单位办理结算。

商品货价＝240000×7.1＝1704000（元）

进口关税＝1704000×20%＝340800（元）

代理手续费＝1704000×2%＝34080（元）

做会计分录如下：

收到委托单位划来进口货款时：

借：银行存款　　2550000

　　贷：应付账款——宏远公司　　2550000

对外付汇进口商品时：

借：应收账款——外商　　1704000

　　贷：银行存款　　1704000

支付进口关税时：

借：应付账款——宏远公司　　340800

　　贷：应交税费——应交进口关税　　340800

借：应交税费——应交进口关税　　340800

　　贷：银行存款　　340800

将进口商品交付委托单位并收取手续费时：

借：应付账款——宏远公司　　1738080

　　贷：其他业务收入（或主营业务收入）　　34080

　　　　应收账款——外商　　1704000

将委托单位剩余的进口货款退回时：

借：应付账款——宏远公司　　471120

　　贷：银行存款　　471120

【例5-9】 某进出口公司代理乙企业出口商品一批，该商品的FOB价格折合人民币300000元，出口关税税率20%，手续费12800元。

（1）计算并缴纳关税：

应纳出口关税＝300000÷（1＋20%）×20%＝50000（元）

借：应收账款——乙企业　　50000

　　贷：应交税费——应交出口关税　　50000

借：应交税费——应交出口关税　　50000
　　贷：银行存款　　50000

(2)计算应收手续费时：

借：应收账款——乙企业　　12800
　　贷：其他业务收入(或主营业务收入)　　12800

(3)收到乙单位支付的税款及手续费时：

借：银行存款　　62800
　　贷：应收账款——乙企业　　62800

任务 5.3　关税征收管理

【任务描述】

1.办理进出口货物的报关手续；

2.明确关税的缴纳地点、缴纳凭证和缴纳期限；

3.明确关税的强制执行和关税的退还、补征、追征事项。

【教学准备】

1.海关出口货物报关单、海关进口货物报关单和关税专用缴款书；

2.《中华人民共和国海关法》、《中华人民共和国进出口关税条例》、《中华人民共和国税收征收管理法》、关税其他相关法规；

3.企业进出口不同经济业务资料。

【相关知识】

5.3.1　进出口货物报关

1.报关时间

进口货物的纳税人应当自运输工具申报进境之日起 14 日内，向货物的进境地海关申报，如实填写海关进口货物报关单，并提交进口货物的发票、装箱清单、进口货物提货单或运单、关税免税或免予查验的证明文件等。

出口货物的发货人除海关特准外，应当在装货的 24 小时以前，填报出口货物报关单，交验出口许可证和其他证件，申报出口，由海关放行，否则货物不得离境出口。

2.报关应提交的相关材料

进出口货物时应当提交以下材料：

①进出口货物报关单(表 5-1、表 5-2)；②合同；③发票；④装箱清单；⑤载货清单(舱单)；⑥提(运)单；⑦代理报关授权委托协议；⑧进出口许可证件；⑨海关要求的加工贸易手册(纸质或电子数据的)及其他进出口有关单证。

表 5-1　中华人民共和国海关出口货物报关单

预录入编号：　　　　　　　　　　　　　　　　海关编号：

出口口岸	备案号		出口日期	申报日期
经营单位	运输方式	运输工具名称		提运单号
发货单位	贸易方式		征免性质	结汇方式
许可证号	运抵国(地区)		起运港	境内货源地
批准文号	成交方式	运费	保费	杂费
合同协议号	件数	包装种类	毛重(公斤)	净重(公斤)
集装箱号	随附单据		生产厂家	
标记唛码及备注				

商品编号	商品名称	数量及单位	最终目的国(地区)	单价	总价	币制	征免

税费征收情况		
录入员　录入单位	兹申明以上申报无讹，并承担法律责任	海关审单批注及放行日期(签章) 审单　　审价
报关员 单位地址 邮编　　电话	申报单位(签章) 填制日期	征税　　统计 查验　　放行

表 5-2　中华人民共和国海关进口货物报关单

预录入编号：　　　　　　　　　　　　　　　　海关编号：

进口口岸	备案号		进口日期	申报日期
经营单位	运输方式	运输工具名称		提运单号
收货单位	贸易方式		征免性质	征税比例
许可证号	起运国(地区)		装货港	境内目的地
批准文号	成交方式	运费	保费	杂费
合同协议号	件数	包装种类	毛重(公斤)	净重(公斤)
集装箱号	随附单据		用途	
标记唛码及备注				

续表

<table>
<tr><td>项号</td><td>商品编号</td><td>商品名称</td><td>规格型号</td><td>数量及单位</td><td>原产国(地区)</td><td>单价</td><td>总价</td><td>币制</td><td>征免</td></tr>
<tr><td></td><td></td><td></td><td></td><td></td><td></td><td></td><td></td><td></td><td></td></tr>
<tr><td></td><td></td><td></td><td></td><td></td><td></td><td></td><td></td><td></td><td></td></tr>
<tr><td></td><td></td><td></td><td></td><td></td><td></td><td></td><td></td><td></td><td></td></tr>
<tr><td></td><td></td><td></td><td></td><td></td><td></td><td></td><td></td><td></td><td></td></tr>
<tr><td></td><td></td><td></td><td></td><td></td><td></td><td></td><td></td><td></td><td></td></tr>
<tr><td colspan="10">税费征收情况</td></tr>
<tr><td colspan="3">录入员　录入单位</td><td colspan="3">兹申明以上申报无讹,并承担法律责任</td><td colspan="4">海关审单批注及放行日期(签章)
审单　　审价</td></tr>
<tr><td colspan="6" rowspan="3">报关员
单位地址
申报单位(签章)
邮编　　电话　　填制日期</td><td colspan="4"></td></tr>
<tr><td colspan="4">征税　　统计</td></tr>
<tr><td colspan="4">查验　　放行</td></tr>
</table>

5.3.2　关税的缴纳

1. 缴纳地点

根据纳税人的申请及进出口货物的具体情况,关税可以在关境地缴纳,也可在主管地缴纳。关境地缴纳是指进出口货物在哪里通关,纳税人即在哪里缴纳关税,这是最常见的做法。主管地纳税是指纳税人住址所在地海关监管其通关并征收关税,它只适用于集装箱运载的货物。

2. 缴纳凭证

海关在接受进出口货物通关手续申报后,逐票计算应征关税并向纳税人或其代理人填发《海关进(出)口关税专用缴款书》(见表5-3),纳税人或其代理人持《海关进(出)口关税专用缴款书》在规定期限内向银行办理税款交付手续。

表5-3　海关进(出)口关税专用缴款书(收据联)

收入系统:　　　　填发日期:　　年　　月　　日　　　　No.

<table>
<tr><td rowspan="3">收款单位</td><td>收入机关</td><td colspan="3"></td><td rowspan="3">缴款单位(人)</td><td>名　称</td><td colspan="2"></td><td rowspan="13">第一联:(收据)国库收款签章后交缴款单位或缴款人</td></tr>
<tr><td>科　目</td><td></td><td>预算级次</td><td></td><td>科　目</td><td colspan="2"></td></tr>
<tr><td>收缴国库</td><td colspan="3"></td><td>开户银行</td><td colspan="2"></td></tr>
<tr><td>税号</td><td>货物名称</td><td>数量</td><td>单位</td><td colspan="2">完税价格(¥)</td><td>税率(%)</td><td colspan="2">税款金额(¥)</td></tr>
<tr><td></td><td></td><td></td><td></td><td colspan="2"></td><td></td><td colspan="2"></td></tr>
<tr><td></td><td></td><td></td><td></td><td colspan="2"></td><td></td><td colspan="2"></td></tr>
<tr><td colspan="7">金额人民币(大写)</td><td colspan="2">合计(¥)</td></tr>
<tr><td colspan="2">申请单位编号</td><td></td><td>报关单编号</td><td></td><td>填制单位</td><td colspan="3">收缴国库(银行)</td></tr>
<tr><td colspan="2">合同(批文)号</td><td></td><td>运输工具号</td><td></td><td rowspan="3">制单人:
复核人:</td><td colspan="3" rowspan="3"></td></tr>
<tr><td colspan="2">缴款日期</td><td>年　月　日</td><td>提/装货单号</td><td></td></tr>
<tr><td>备注</td><td colspan="4">一般征税:
国际代码:</td></tr>
</table>

从填发缴款书之日起限15日内缴纳(期末遇法定节假日顺延),逾期按日征收税款总额0.5‰的滞纳金。

进出口货物收货人或其代理人缴纳税款后，应将盖有“收讫”章的《海关进(出)口关税专用缴款书》第一联送签发海关验核，海关凭予办理有关手续。

3. 缴纳期限

纳税人应当自海关填发税款缴款书之日起15日内，向指定银行缴纳税款。如果关税缴纳期限的最后1日是周末或法定节假日，则关税缴纳期限顺延至周末或法定节假日过后的第1个工作日。

关税纳税人因不可抗力或者在国家税收政策调整的情形下，不能按期缴纳税款的，经海关总署批准，可以延期缴纳税款，但最长不得超过6个月。

5.3.3 关税的强制执行

根据《海关法》规定，纳税人或其代理人应当在海关规定的缴款期限内缴纳税款，逾期未缴的即构成关税滞纳。为保证海关决定的有效执行和国家财政收入的及时入库，《海关法》赋予海关对滞纳关税的纳税人强制执行的权力。强制措施主要有两类：

1. 征收滞纳金

滞纳金自关税缴纳期限届满滞纳之日起，至纳税人缴纳关税之日止，按滞纳税款万分之五的比例按日征收，周末或法定节假日不予扣除。计算公式为：

$$关税滞纳金金额＝滞纳关税税额\times 0.5‰\times 滞纳天数$$

2. 强制征收

纳税人自海关填发缴款书之日起3个月仍未缴纳税款的，经海关关长批准，海关可以采取强制措施扣缴。强制措施主要有强制扣缴和变价抵扣两种。

(1)强制扣缴

强制扣缴是指海关依法自行或向人民法院申请采取从纳税人的开户银行或者其他金融机构的存款中将相当于纳税人应纳税款的款项强制划拨入国家金库的措施。即书面通知其开户银行或者其他金融机构从其存款中扣缴税款。

(2)变价抵扣

变价抵扣是指如果纳税人的银行账户中没有存款或存款不足以强制扣缴时，海关可以将未放行的应税货物依法变卖，以销售货物所得价款抵缴应缴税款。如果该货物已经放行，海关可以将该纳税人的其他价值相当于应纳税款的货物或其他财产依法变卖，以变卖所得价款抵缴应缴税款。

强制扣缴和变价抵扣的税款含纳税人未缴纳的税款滞纳金。

5.3.4 关税的退还

关税的退还是关税纳税人缴纳税款后，因某种原因的出现，海关将实际征收多于应当征收的税款退还给原纳税人的一种行政行为。根据《海关法》规定，海关多征的税款，海关发现后应当立即退还。

按规定，有下列情形之一的，纳税人可以自缴纳税款之日起1年内，书面声明理由，连同原纳税收据向海关申请退还税款并加算银行同期活期存款利息，逾期不予受理：

(1)因海关误征，多纳税款的；

(2)海关核准免验进口的货物，在完税后发现有短缺情况，经海关审查认可的；

(3)已征出口关税的货物,因故未装运出口,申报退关,经海关查明属实的。

对已征出口关税的出口货物和已征进口关税的进口货物,因货物品种或规格原因(非其他原因)原状复运进境或出境的,经海关查验属实的,也应退还已征关税,海关应当在受理退税申请之日起30日内作出书面答复并通知退税申请人。

5.3.5 关税的补征和追征

关税的补征和追征是海关在纳税人按海关规定交纳关税后,发现实际征收税额少于应当征收的税额时,责令纳税人补缴所差税款的一种行政行为。

关税的补征是非因纳税人违反海关规定造成少征关税。根据《海关法》规定,进出境货物或物品放行后,海关发现少征或漏征税款,应当自交纳税款或者货物、物品放行之日起1年内,向纳税人补征。

关税的追征是由于纳税人违反海关规定造成少征关税。因纳税人违反规定而造成的少征或者漏征的税款,自纳税人应缴纳税款之日起3年以内可以追征,并从缴纳税款之日起按日加收少征或者漏征税款万分之五的滞纳金。

5.3.6 关税的纳税争议

为保护纳税人合法权益,我国《海关法》和《关税条例》都规定了纳税人对海关确定的进出口货物的征税、减税、补税或者退税等有异议时,有提出申诉的权利。在纳税义务人同海关发生纳税争议时,可以向海关申请复议,但同时应当在规定期限内按海关核定的税额缴纳关税,逾期则构成滞纳,海关有权按规定采取强制执行措施。

纳税争议的内容一般为进出境货物和物品的纳税人对海关在原产地认定、税则归类、税率或汇率适用、完税价格确定、关税减征、免征、追征、补征和退还等征税行为是否合法或适当,是否侵害了纳税义务人的合法权益,而对海关征收关税的行为表示异议。

纳税争议的申诉程序:纳税义务人自海关填发税款缴款书之日起30日内,向原征税海关的上一级海关书面申请复议。逾期申请复议的,海关不予受理。海关应当自收到复议申请之日起60日内作出复议决定,并以复议决定书的形式正式答复纳税人;纳税人对海关复议决定仍然不服的,可以自收到复议决定书之日起15日内,向人民法院提起诉讼。

能力测试5.1　职业能力判断与选择

一、判断题

1.关税的征税对象是贸易性商品,不包括入境旅客携带的个人行李和物品。　(　　)

2.关税完税价格是纳税人向海关申报的价格,即货物实际成交价格。　(　　)

3.出口货物的完税价格,是由海关以该货物向境外销售的成交价格为基础审查确定,包括货物运至我国境内输出地点装卸前的运输费、保险费,但不包括出口关税。　(　　)

4.外国政府国际组织无偿赠送的物资,依照关税基本法的规定,可实行特定减免。

(　　)

5.进口货物离岸价格中不包括货物从内地口岸至最后出境口岸所支付的国内段运输费用。（　　）

6.我国对少数进口商品计征关税时所采用的滑准税实质上是一种特殊的从价税。（　　）

7.实际成交价格是一般贸易项下进出口货物的买方为购买该货物向卖方实际支付或应当支付的价格。（　　）

8.修理货物复运进境时应当向海关申报在境外实际支付的修理费、材料费，复运进境的运输及其相关费用和保险费，由海关审查确定完税价格，计征进口关税和进口环节代征税。（　　）

9.根据关税的缴纳时间规定，进口货物自运输工具申报进境之日起15日内，向海关申报纳税，并于海关填发税款缴款书之日起14日内缴纳税款。（　　）

10.如果出口货物中申报价格明显偏高，而又不能提供合法证据和正当理由的，可由海关估价征税。（　　）

二、单项选择题

1.依据关税的有关规定，下列各项中不应计入完税价格的有（　　）。

A.为进口货物而支付的包装劳务费

B.为进口货物而支付的商标权费用

C.为进口货物而发生的境外考察费

D.为进口货物而支付的境外开发、设计等相关费用

2.海关对逾期未缴的关税，按日加收（　　）滞纳金。

A.0.2%　　B.0.05%　　C.2%　　D.0.1%

3.减免进出口关税的权限属于（　　）。

A.海关总署　　B.税务总局

C.财政部　　D.国务院

4.依据关税的有关规定，下列费用中不得计入完税价格的是（　　）。

A.买价　　B.境外运费

C.由买方负担的包装费　　D.由买方负担的购货佣金

5.关于关税的完税价格，下列说法中正确的是（　　）。

A.进料加工进口料件申报内销时，海关应以料件销售时的成交价格为基础审查确定完税价格

B.进口货物的成交价格无法确定时，海关应直接采用倒扣价格估价方法

C.由买方负担的经纪费用应计入完税价格中

D.设备进口后发生的安装费用，应计入完税价格中

6.《进出口关税条例》规定，关税税额在人民币（　　）以下的一票货物，可以免税。

A.5元　　B.10元　　C.50元　　D.100元

7.进口货物的完税价格是指货物的（　　）。

A.成交价格　　B.到岸价格

C.成交价格为基础的到岸价格　　D.到岸价格为基础的成交价格

8.下列项目中，不计入进口完税价格的有（　　）。

A. 货物价款　B. 进口关税　C. 运杂费　D. 由买方负担的包装费

9. 某外贸企业收购一批货物出口，离岸价格 15 万元，该批货物应纳出口关税（关税税率为 50%）为（　　）。

A. 5 万元　B. 7.5 万元　C. 10 万元　D. 15 万元

10. 某公司进口一批货物，海关于 2008 年 3 月 1 日填发关税专用缴款书，但公司迟至 3 月 27 日才缴纳 500 万元的关税。海关应征收关税滞纳金（　　）。

A. 2.75 万元　B. 3 万元　C. 6.5 万元　D. 6.75 万元

三、多项选择题

1. 根据规定，下列各项中，哪些属于关税纳税人？（　　）

A. 进口货物收货人　B. 出口货物发货人

C. 携带物品进境的入境人员　D. 进口货物的代理人

2. 我国特别关税的种类包括（　　）。

A. 报复性关税　B. 保障性关税

C. 进口附加税　D. 反倾销税与反补贴税

3. 进口货物的关税税率形式有（　　）。

A. 最惠国税率　B. 协定税率　C. 特惠税率　D. 普通税率

4. 进口关税计征方法包括（　　）。

A. 从价税　B. 从量税　C. 复合税　D. 反倾销税

5. 以下关于我国出口关税表述正确的是（　　）。

A. 以出境货物、物品为课税对象

B. 征收的主要目的是限制、调控某些商品的过度、无序出口

C. 主要以从价税为计征标准

D. 在一定时期内对部分出口商品临时开征出口暂定关税

6. 除了成交价格方法外，海关估价的其他方法有（　　）。

A. 同等级货物或类似货物成交价格

B. 倒扣价格方法

C. 计算价格方法

D. 合理方法

7. 进口货物的完税价格还包括以下费用（　　）。

A. 由买方负担的购货佣金以外的佣金和经纪费

B. 由买方负担的在审查确定完税价格时与该货物视为一体的容器的费用

C. 由买方负担的包装材料费用和包装劳务费用

D. 进口货物运抵境内输入地点起卸后的运输及其相关费用、保险费

8. 出口货物离岸价格可扣除（　　）。

A. 出口关税

B. 出口货物国内段运输、装卸等费用

C. 售价中包含的离境口岸至境外口岸之间的运输费用

D. 包含在成交价格中的支付给境外的佣金

9. 关税征收管理规定中，关于补征和追征的期限为(　　)。

A. 补征期 1 年内　　B. 追征期 1 年内

C. 补征期 3 年内　　D. 追征期 3 年内

10. 依据关税的有关规定，下列各项中不应计入完税价格的有(　　)。

A. 为进口货物而支付的包装劳务费

B. 为进口货物而支付的商标权费用

C. 为进口货物而发生的境外考察费

D. 为进口货物而支付的境外开发、设计等相关费用

能力测试 5.2　项目实训

1. 某市大型商贸公司为增值税一般纳税人，兼营商品加工、批发、零售和进出口业务，2009 年 9 月进口化妆品一批，支付国外的买价 220 万元、国外的采购代理人佣金 6 万元、国外的经纪费 4 万元；支付运抵我国海关地前的运输费用 20 万元、装卸费用和保险费用 11 万元；支付海关地再运往商贸公司的运输费用 8 万元、装卸费用和保险费用 3 万元。

要求：分别计算该公司进口环节应缴纳的关税、消费税、增值税(关税税率为 20%，消费税税率 30%)。

2. 某公司从日本进口 500 吨化肥，货物以境外口岸离岸价格成交，每吨 2 000 美元，外汇牌价为 1 美元=6.8 元人民币，货物运达我国境内输入地点起卸前的运输费、保险费和其他劳务费用为每吨人民币 1 000 元，关税税率为 10%。计算应缴纳的关税并做相关会计处理。

3. 某公司出口生丝一批，离岸价格为 450 万元人民币，关税税率为 50%。计算应纳出口关税并进行会计处理。

4. 某出版社印刷厂有一台印刷机 1 月运往香港修理，出境时已向海关报明该台机械的原值为 200 万。6 月此台机械按海关规定期限复运进境，海关审查确定的修理费为 40 万元，料件费 60 万元。该机械复运进境时的市价为 300 万元，关税税率为 10%。计算该机械应纳的关税。

5. 某企业为增值税一般纳税人，2009 年 9 月从国外进口一批材料，货价 80 万元，买方支付购货佣金 2 万元，运抵我国输入地点起卸前运费及保险费 5 万元；从国外进口一台设备，货价 10 万元，境外运费和保险费 2 万元，与设备有关的软件特许权使用费 3 万元；企业缴纳进口环节相关税金后海关放行。材料关税税率 20%，设备关税税率 10%。计算该企业应纳进口环节税金。

项目六　企业所得税会计核算与申报

【学习目标】

知识目标

1. 理解企业所得税的基本法规知识；
2. 掌握企业所得税的纳税调整和应税所得额的计算；
3. 掌握企业所得税应纳税额的计算及相关抵免规定；
4. 理解企业所得税的月(季)度预缴、年终汇算清缴；
5. 熟悉企业所得税涉税业务的会计处理。

能力目标

1. 能根据学习内容的需要查阅有关资料；
2. 能判断居民纳税人、非居民纳税人，适用何种种率；
3. 会根据业务资料计算应纳企业所得税额；
4. 会根据业务资料填制企业所得税月(季)度预缴纳税申报表、企业所得税年度纳税申报表及相关附表，能办理年终企业所得税的汇缴清算工作；
5. 能根据业务资料进行所得税会计业务处理；
6. 培养敬业精神、团队合作能力和良好的职业道德修养。

【项目引言】

企业所得税法是国家规定对境内企业纳税人获取各种所得和利润额(收入额)征税的法律规范。企业所得税法借助于会计才得以推行，现代会计因企业所得税而更加规范，当然也更为复杂。由于财务会计与所得税法确认收益实现和费用扣减的时间以及费用扣减标准的不同，根据会计准则计算的税前利润，要经过调整才能作为计算企业所得税的基础。若说财务会计与企业所得税“情意绵绵”、难舍难分，却又各有所思、各有所爱，当你学了企业所得税的计算与申报以后，就会明白其中的原因。

任务 6.1　纳税人和征税对象的确定

【任务描述】

1. 确定企业所得税居民企业纳税人、非居民企业纳税人和法定扣缴义务人；
2. 确定居民企业来源于中国境内、境外所得；非居民企业来源于中国境外所得；
3. 正确选择企业所得税税率；

4. 运用税收优惠政策，明确减免税项目。

【教学准备】

1.《中华人民共和国企业所得税法》、《中华人民共和国企业所得税法实施条例》和企业所得税其他相关法规；

2. 企业所得税不同纳税人的经济业务资料。

【相关知识】

6.1.1 纳税人的确定

企业所得税，是指国家对境内企业生产、经营所得和其他所得依法征收的一种税。它是国家参与企业利润分配的重要手段。

企业所得税的纳税义务人为在中华人民共和国境内的企业和其他取得收入的组织（以下统称企业）。个人独资企业、合伙企业不征收企业所得税，而征收个人所得税。企业所得税纳税人按照国际惯例一般分为居民企业和非居民企业，这是确定纳税人是否负有全面纳税义务的基础。

1. 居民企业

居民企业是指依照一国法律、法规在该国境内成立，或者实际管理机构、总机构在该国境内的企业。实际管理机构，是指对企业的生产经营、人员、账务、财产等实施实质性全面管理和控制的机构。例如，在我国注册成立的沃尔玛（中国）公司、通用汽车（中国）公司，就是我国的居民企业；在英国、百慕大群岛等国家和地区注册的公司，但实际管理机构在我国境内的，也是我国的居民企业。

2. 非居民企业

非居民企业是指按照一国税法规定不符合居民企业标准的企业，即依照外国（地区）法律、法规成立且实际管理机构不在中国境内，但在中国境内设立机构、场所的，或者在中国境内未设立机构、场所，但有来源于中国境内所得的企业。例如，在我国设立的代表处及其他分支机构等外国企业。

对中国境内未设立机构、场所的非居民企业或者虽设立机构、场所但取得的所得与其所设机构、场所没有实际联系的中国境内所得应缴纳的所得税，实行源泉扣缴，以支付人为扣缴义务人，税款由扣缴义务人在每次支付或者到期应支付时，从支付或者到期应支付的款项中扣缴；对非居民企业在中国境内取得工程作业和劳务所得应缴纳的所得税，税务机关可以指定工程价款或者劳务费的支付人为扣缴义务人；扣缴义务人未依法扣缴或者无法履行扣缴义务的，由纳税人在所得发生地缴纳。纳税人未依法缴纳的，税务机关可以从该纳税人在中国境内其他收入项目的支付人应付的款项中，追缴该纳税人的应纳税款。

6.1.2 征税对象的确定

企业所得税的征税对象为在中国境内企业的生产经营所得和其他所得。所谓生产经营所得是指企业从事物质生产、商品流通、交通运输、劳动服务以及其他营利事业取得的境内外所得。其他所得包括企业有偿转让各类财产取得的财产转让所得；纳税人购买各种有价证券取得的利息及因外单位欠款取得的利息所得；纳税人出租固定资产、包装物等取得的租赁所得；纳税人因提供转让专利权、非专利技术、商标权、著作权等取得的特许权使用费所得；纳税人对外投资入股取得的股息、红利所得以及固定资产盘盈、因债权人原因确实无法支付的应付款项、物资及现金溢余等取得的其他所得。

居民企业应当就其来源于中国境内、境外的所得缴纳企业所得税；非居民企业在中国境内设立机构、场所的，应当就其所设机构、场所取得的来源于中国境内的所得，以及发生在中国境外但与其所设机构、场所有实际联系的所得，缴纳企业所得税；非居民企业在中国境内未设立机构、场所的，或者虽设立机构、场所但取得的所得与其所设机构、场所没有实际联系的，应当就其来源于中国境内的所得缴纳企业所得税。

纳税对象的具体化即为应纳税所得额，是指纳税人每一纳税年度的收入总额减除不征税收入、免税收入、各项扣除以及允许弥补的以前年度亏损后的余额。具体计算在下一节中详细介绍。

6.1.3　税率的选择

我国企业所得税实行的是比例税率，从 2008 年起税法规定企业所得税税率为 25%；同时对以下所得作了专门的规定：

①对符合条件的小型微利企业减按 20%的税率征收。小型微利企业是指从事国家非限制和禁止行业，并符合下列条件的企业：工业企业，年度应纳税所得额不超过 30 万元，从业人数不超过 100 人，资产总额不超过 3000 万元；其他企业，年度应纳税所得额不超过 30 万元，从业人数不超过 80 人，资产总额不超过 1000 万元。

②在中国境内未设立机构、场所，或者虽设立机构、场所但取得的所得与其所设机构、场所没有实际联系的非居民企业的中国境内所得，减按 10%的税率征收企业所得税。

③对国家需要重点扶持的高新技术企业，减按 15%的税率征收企业所得税。

6.1.4　优惠政策的运用

税收优惠政策是指为了照顾某些纳税人的特殊情况而给予减征或免征所得税款的规定。它是税法原则性和灵活性相结合的体现，是发挥税收特殊调节作用的重要手段。根据《企业所得税法》、《企业所得税法实施条例》及现行的有关法规，我国从 2008 年 1 月 1 日起企业所得税的减免优惠政策主要有以下五个方面：

1. 促进技术创新和科技进步

(1)对国家需要重点扶持的高新技术企业，减按 15%的税率征收企业所得税。国家需要重点扶持的高新技术企业，必须同时符合下列条件：①拥有核心自主知识产权；②产品(服务)属于《国家重点支持的高新技术领域》规定的范围；③有关比例符合规定标准，即研究开发费用占销售收入的比例、高新技术产品(服务)收入占企业总收入的比例、科技人员占企业职工总数的比例不低于规定比例；④高新技术企业认定管理办法规定的其他条件。

(2)对经济特区(深圳、珠海、汕头、厦门和海南)和上海浦东新区内在 2008 年 1 月 1 日(含)之后完成登记注册的国家需要重点扶持的高新技术企业(以下简称新设高新技术企业)，在经济特区和上海浦东新区内取得的所得，自取得第一笔生产经营收入所属纳税年度起，第一年至第二年免征企业所得税，第三年至第五年按照 25%的法定税率减半征收企业所得税。

(3)企业为开发新技术、新产品、新工艺发生的研究开发费用，未形成无形资产计入当期损益的，在按照规定据实扣除的基础上，按照研究开发费用的50%加计扣除；形成无形资产的，按照无形资产成本的150%摊销。

(4)创业投资企业采取股权投资方式投资于未上市的中小高新技术企业2年以上的，可以按照其投资额的70%在股权持有满2年的当年抵扣该创业投资企业的应纳税所得额；当年不足抵扣的，可以在以后纳税年度结转抵扣。

(5)企业的固定资产由于技术进步等原因，确需加速折旧的，可以缩短折旧年限或者采取加速折旧的方法。

可以采取缩短折旧年限或者采取加速折旧的方法的固定资产，包括：①由于技术进步，产品更新换代较快的固定资产；②常年处于强震动、高腐蚀状态的固定资产。

采取缩短折旧年限方法的，最低折旧年限不得低于规定折旧年限的60%；采取加速折旧方法的，可以采取双倍余额递减法或者年数总和法。

(6)在一个纳税年度内，居民企业技术转让所得不超过500万元的部分，免征企业所得税；超过500万元的部分，减半征收企业所得税。

2. 鼓励基础设施建设

从事国家重点扶持的公共基础设施项目投资经营的所得，自项目取得第一笔生产经营收入所属纳税年度起，第一年至第三年免征企业所得税，第四年至第六年减半征收企业所得税。国家重点扶持的公共基础设施项目，是指《公共基础设施项目企业所得税优惠目录》规定的港口码头、机场、铁路、公路、城市公共交通、电力、水利等项目，不包括企业承包经营、承包建设和内部自建自用的项目。

3. 扶持农、林、牧、渔业发展

(1)企业从事下列项目的所得，免征企业所得税：①蔬菜、谷物、薯类、油料、豆类、棉花、麻类、糖料、水果、坚果的种植；②农作物新品种的选育；③中药材的种植；④林木的培育和种植；⑤牲畜、家禽的饲养；⑥林产品的采集；⑦灌溉、农产品初加工、兽医、农技推广、农机作业和维修等农、林、牧、渔服务业项目；⑧远洋捕捞。

(2)企业从事下列项目的所得，减半征收企业所得税：①花卉、茶以及其他饮料作物和香料作物的种植；②海水养殖、内陆养殖。

企业从事国家限制和禁止发展的项目，不得享受企业所得税优惠。

4. 支持环境保护、节能节水、资源综合利用、安全生产

(1)从事符合条件的环境保护、节能节水项目的所得，自项目取得第一笔生产经营收入所属纳税年度起，第一年至第三年免征企业所得税，第四年至第六年减半征收企业所得税。

环境保护、节能节水项目，包括公共污水处理、公共垃圾处理、沼气综合开发利用、节能减排技术改造、海水淡化等。

(2)企业以《资源综合利用企业所得税优惠目录》规定的资源作为主要原材料并符合规定比例，生产国家非限制和禁止并符合国家和行业相关标准的产品取得的收入，可以在计算应纳税所得额时减按90%计入收入总额。

(3)企业购置用于环境保护、节能节水、安全生产等专用设备投资额的10%可以从企业当年的应纳税额中抵免；当年不足抵免的，可以在以后5个纳税年度结转抵免。

购置环境保护、节能节水、安全生产设备是指企业购置并实际使用《环境保护专用设备企业所得税优惠目录》、《节能节水专用设备企业所得税优惠目录》和《安全生产专用设备企

业所得税优惠目录》规定的专用设备。企业购置的专用设备在5年内转让、出租的，应当停止享受企业所得税优惠，并补缴已经抵免的企业所得税税款。

5.促进公益事业和照顾弱势群体

(1)企业发生的公益性捐赠支出，在年度利润总额12%以内的部分，准予在计算应纳税所得额时扣除。

公益性捐赠，是指企业通过公益性社会团体或者县级以上人民政府及其部门，用于《中华人民共和国公益事业捐赠法》规定的公益事业的捐赠。年度利润总额，是指企业依照国家统一会计制度的规定计算的年度会计利润。

(2)企业安置残疾人员的，在按照支付给残疾职工工资据实扣除的基础上，按照支付给残疾职工工资的100%加计扣除。残疾人员的范围适用《中华人民共和国残疾人保障法》的有关规定。

(3)企业安置国家鼓励的其他就业人员所支付的工资，可以在计算应纳税所得额时加计扣除。国家鼓励安置的其他就业人员是指下岗失业人员、军队转业干部、城镇退役士兵、随军家属等。

(4)民族自治地方的自治机关对本民族自治地方的企业应缴纳的企业所得税中属于地方分享的部分，可以决定减征或者免征。自治州、自治县决定减征或者免征的，须报省、自治区、直辖市人民政府批准。

(5)自2010年1月1日至2010年12月31日，对年应纳税所得额抵于3万元(含3万元)的小型微利企业，其所得减按50%计入应纳税所得额。

企业同时从事适用不同企业所得税待遇的项目的，其优惠项目应当单独计算所得，并合理分摊企业的期间费用；没有单独计算的，不得享受企业所得税优惠。

自2008年1月1日起，原享受低税率优惠政策的企业(指2007年3月16日以前经工商等登记管理机关登记设立的企业)，在新税法施行后5年内逐步过渡到法定税率。其中：享受企业所得税15%税率的企业，2008年按18%税率执行，2009年按20%税率执行，2010年按22%税率执行，2011年按24%税率执行，2012年按25%税率执行；原执行24%税率的企业，2008年起按25%税率执行。

自2008年1月1日起，原享受企业所得税“两免三减半”、“五免五减半”等定期减免税优惠的企业，新税法施行后继续按原税收法律、行政法规及相关文件规定的优惠办法及年限享受至期满为止，但因未获利而尚未享受税收优惠的，其优惠期限从2008年度起计算。

纳税人申请减免税，必须向主管税务机关提供如下书面资料：①减免税申请报告，包括减免税的依据、范围、年限、金额、企业的基本情况等；②纳税人的财务会计报表；③工商执照和税务登记证的复印件；④根据不同的减免税项目，税务机关要求提供的其他材料；⑤减免税受理的截止日期为年度终了后2个月内，逾期税务机关不再办理减免税申请。

任务6.2 企业所得税税款计算

【任务描述】

1.计算应税所得额。确定利润总额,计算纳税调整增加额,计算纳税调整减少额,确定弥补亏损额;

2.计算应纳税额。计算平时预缴所得税额;办理应纳所得税额的年终汇算:确定减免所得税额、确定抵免所得税额、计算境外所得应补的税额、本年应补(退)的所得税额;

3.企业所得税的核定征收。确定所得税核定征收的范围,选择核定征收方式,计算核定征收的应纳税额。

【教学准备】

1.《中华人民共和国企业所得税法》、《中华人民共和国企业所得税法实施条例》和企业所得税其他相关法规;

2.企业所得税不同纳税人的经济业务资料。

【相关知识】

6.2.1 应税所得额的计算

应税所得额也称为应纳税所得额,是指纳税人每一纳税年度的收入总额减除不征税收入、免税收入、各项扣除以及允许弥补的以前年度亏损后的余额,是计算应纳所得税额的依据。应税所得额的计算以权责发生制为原则,属于当期的收入和费用,不论款项是否收付,均作为当期的收入和费用;不属于当期的收入和费用,即使款项已经在当期收付,均不作为当期的收入和费用。

新的企业所得税申报办法规定,在企业会计利润总额的基础上,加减纳税调整额后计算出应纳税所得额。其计算公式为:

应纳税所得额=利润总额+纳税调整增加额-纳税调整减少额+境外应税所得弥补境内所得-弥补以前年度亏损

1.确定利润总额

利润总额是指按会计准则核算计算的会计利润总额,数据可直接取自《利润表》。

利润总额=营业收入-营业成本-营业税金及附加-期间费用-资产减值损失+公允价值变动收益+投资收益+营业外收入-营业外支出

1)营业收入

收入总额是指纳税人当期发生的,以货币形式和非货币形式从各种来源取得的收入,包括会计核算中的主营业务收入和其他业务收入。

(1)主营业务收入。包括销售货物收入、提供劳务收入、让渡资产使用权收入和建造合同收入。

销售货物收入,是指从事工业制造、商品流通、农业生产以及其他商品销售企业的主营业务收入。

提供劳务收入，是指从事提供旅游饮食服务、交通运输、邮政通信、对外经济合作等劳务，开展其他服务的纳税人取得的主营业务收入。

让渡资产使用权收入，是指让渡无形资产使用权（如商标权、专利权、专有技术使用权、版权、专营权等）而取得的使用费收入以及以租赁业务为基本业务的出租固定资产、无形资产、投资性房地产在主营业务收入中核算取得的租金收入。转让处置固定资产、出售无形资产（所有权的让渡）属于“营业外收入”，不属于本项目内容。

建造合同收入，是指纳税人建造房屋、道路、桥梁、水坝等建筑物，以及船舶、飞机、大型机械设备等的主营业务收入。

(2)其他业务收入。包括材料销售收入、代购代销手续费收入、包装物出租收入和其他收入。

材料销售收入，是指销售材料、下脚料、废料、废旧物资等收入。

代购代销手续费收入，是指从事代购代销、受托代销商品收取的手续费收入。专业从事代理业务的纳税人收取的手续费收入不属本项目内容，而是作为主营业务收入列入主营业务收入中。

包装物出租收入，是指出租、出借包装物的租金和逾期未退包装物没收的押金。

其他收入，是指在“其他业务收入”会计科目核算的、上述未列举的其他业务收入，不包括已在主营业务收入中反映的让渡资产使用权取得的收入。

2)营业成本

营业成本是纳税人经营主要业务和其他业务发生的实际成本总额。包括会计核算中的主营业务成本和其他业务成本。

(1)主营业务成本。包括销售货物成本、提供劳务成本、让渡资产使用权成本和建造合同成本。

(2)其他业务成本。包括材料销售成本、代购代销费用、包装物出租成本和其他支出。

3)营业税金与附加

营业税金及附加，是指企业发生的除企业所得税和允许抵扣的增值税以外的各项税金及其附加，包括营业税、消费税、城市维护建设税、资源税、土地增值税和教育费附加等。企业缴纳的房产税、车船税、土地使用税、印花税等已经计入管理费用的，属于期间费用，不在本项目计算。企业缴纳的增值税因其属于价外税，也不属于本项目。

4)期间费用

期间费用，是指企业在生产经营活动中发生的销售费用、管理费用和财务费用，已经计入成本的有关费用除外。

销售费用，是指纳税人在销售商品过程中发生的包装费、广告费等费用和为销售本企业商品而专设的销售机构的职工薪酬、业务费等经营费用。

管理费用，是指纳税人为组织和管理企业生产经营所发生的管理费用。

财务费用，是指纳税人为筹集生产经营所需资金等而发生的筹资费用。

5)资产减值损失

资产减值损失，是指纳税人计提的各项资产减值准备所形成的损失。

6)公允价值变动收益

公允价值变动收益，是指纳税人交易性金融资产、交易金融负债、采取公允价值模式计量的投资性房地产、衍生工具、套期保期业务等公允价值变动形成的应计入当期损益的利得或损失。

7)投资收益

投资收益,是指纳税人以各种方式对外投资所取得的收益或投资损失。企业持有的交易性金融资产处置和出让时,处置收益部分应当自“公允价值变动损益”项目转出,列入本项目,包括境外投资应纳税所得额。

8)营业外收入

营业外收入,是指纳税人发生的与其经营活动无直接关系的各项收入。

9)营业外支出

营业外支出,是指纳税人发生的与其经营活动无直接关系的各项支出。

2.纳税调整项目

《中华人民共和国企业所得税法》第21条规定:“在计算应纳税所得额时,企业财务、会计处理办法与税收法律、行政法规的规定不一致的,应当依照税收法律、行政法规的规定计算。”纳税人按照会计准则、会计制度核算与税收规定不一致的项目,应当进行纳税调整。纳税调整项目分为收入类调整项目、扣除类调整项目、资产类调整项目、准备金调整项目、房地产企业预售业务调整项目和特别纳税调整项目,每个项目涉及纳税调整增加和纳税调整减少的内容。

1)收入类调整项目

(1)收入类纳税调整增加的项目

①视同销售收入

视同销售收入是指会计上不作为销售核算,而在税收上应作应税收入缴纳企业所得税的收入,主要包括非货币性交易视同销售收入、货物财产劳务视同销售收入和其他视同销售收入。

非货币性交易视同销售收入,是指执行企业会计制度或会计准则的纳税人,对不具有商业实质或交换涉及资产的公允价值均不能可靠计量的非货币性资产交换,按照税收规定应视同销售确认收入的金额。

货物、财产、劳务视同销售收入,是指执行企业会计制度的纳税人,将货物、财产、劳务用于捐赠、偿债、赞助、集资、广告、样品、职工福利或者利润分配等用途的,按照税收规定应视同销售确认收入的金额。

其他视同销售收入,是指税收规定的上述货物、财产、劳务之外的其他视同销售收入金额。

②接受捐赠收入

接受捐赠收入是指执行企业会计制度的纳税人接受的捐赠收入,将其计入资本公积核算的,应进行纳税调整。执行企业会计准则已将接受的捐赠收入计入营业外收入的,不再进行调增纳税所得额。

③不符合税收规定的销售折扣和折让

不符合税收规定的销售折扣和折让是指不符合税收规定的销售折扣和折让应进行纳税调整的金额。税收规定对折扣额另开发票的,不得从销售额中减除折旧额,应调增纳税所得额。

④不允许扣除的境外投资损失

不允许扣除的境外投资损失是指纳税人境外投资除合并、撤销、依法清算外形成的损失。按税收规定，境外投资损失除了前面规定可以扣除外，其他均不得在税前扣除。

(2)收入类纳税调整减少的项目

①权益法核算对初始投资成本调整产生的收益

权益法核算对初始投资成本调整产生的收益是指纳税人在权益法核算下，初始投资成本小于取得投资时应享有被投资单位可辨认净资产公允价值份额的，两者之间的差额会计核算中计入取得投资当期的营业外收入的金额。税收规定对这部分收入不征税，调减纳税所得额。

②境外应税所得

境外应税所得是指纳税人来自境外的收入总额(包括生产经营所得和其他所得)，扣除按税收规定允许扣除的境外发生的成本费用后的金额。对于境外所得补税问题在应纳税额计算中单独计算。

③不征税收入

不征税收入包括财政拨款、行政事业性收费、政府性基金及其他。

财政拨款是指各级人民政府对纳入预算管理的事业单位、社会团体等组织拨付的财政资金，但国务院和国务院财政、税务主管部门另有规定的除外。

行政事业性收费是指依照法律、行政法规等有关规定，按照国务院规定程序批准，在实施社会公共管理，以及在向公民、法人或者其他组织提供特定公共服务过程中，向特定对象收取并纳入财政管理的费用。

政府性基金是指纳税人依照法律、行政法规等有关规定，代政府收取的具有专项用途的财政资金。

其他不征税收入是指纳税人取得的，由国务院财政、税务主管部门规定专项用途并经国务院批准的财政性资金。

④免税收入

免税收入是指纳税人本年度发生的根据税收规定免征企业所得税的收入和所得，具体包括国债利息收入，居民企业之间的股息、红利等权益性投资收益，符合条件的非营利组织的收入和其他免税收入。

国债利息收入是指企业持有国务院财政部门发行的国债取得的利息收入。

居民企业之间的股息、红利等权益性投资收益是指居民企业直接投资于另一居民企业所取得的投资收益，不包括连续持有居民企业公开发行并上市流通的股票不足12个月取得的投资收益。税收政策规定对来自于所有非上市企业，以及连续持有上市公司股票12个月以上取得的股息、红利等投资收益，给予免税，不再补税率差。

符合条件的非营利组织的收入是指同时符合下列条件的非营利组织的收入：依法履行非营利组织登记手续；从事公益性或者非营利性活动；取得的收入除用于与该组织有关的、合理的支出外，全部用于登记核定或者章程规定的公益性或者非营利性事业；财产及其孳息不用于分配；按照登记核定或者章程规定，该组织注销后的剩余财产用于公益性或者非营利性目的，或者由登记管理机关转赠给与该组织性质、宗旨相同的组织，并向社会公告；投入人对投入该组织的财产不保留或者享有任何财产权利；工作人员工资福利开支控制在规定的比例内，不变相分配该组织的财产。

我国相关管理办法规定，非营利组织一般不能从事营利性活动。因此，为规范此类组织的活动，防止其从事经营性活动可能带来的税收漏洞，《企业所得税法实施条例》规定，对非营利组织的营利性活动取得的收入，不予免税。但国务院财政、税务主管部门另有规定的除外。

其他免税收入是指纳税人除上述已列明免税收入以外的，按税收规定可以免税的其他收入。

⑤减计收入

减计收入是指纳税人以《资源综合利用企业所得税优惠目录》内的资源作为主要原材料，生产非国家限定并符合国家和行业相关标准的产品所取得的收入，减按 90%计入收入总额。调减按政策规定减计 10%收入的部分以及国务院根据税法授权制定的其他减计收入部分。

⑥减、免税项目所得

减、免税项目所得是指按照税法规定减征、免征企业所得税项目的所得。主要包括农林类免税、减税所得，公共基础设施项目投资所得，环保节能节水项目所得，技术转让所得和其他免税项目所得。

农林类免税所得是指纳税人从事下列项目的所得，免征企业所得税：蔬菜、谷物、薯类、油料、豆类、棉花、麻类、糖料、水果、坚果的种植；农作物新品种的选育；中药材的种植；林木的培育和种植；牲畜、家禽的饲养；林产品的采集；灌溉、农产品初加工、兽医、农技推广、农机作业和维修等农、林、牧、渔服务业项目；远洋捕捞。

农林类减税所得是指纳税人从事下列项目减半征收企业所得税的所得额：花卉、茶以及其他饮料作物和香料作物的种植；海水养殖、内陆养殖。

公共基础设施项目投资所得是指纳税人从事《公共基础设施项目企业所得税优惠目录》规定的港口码头、机场、铁路、公路、城市公共交通、电力、水利等国家重点扶持的项目的投资经营减免税所得额，不包括企业承包经营、承包建设和内部自建自用该项目的所得。税法规定从事国家重点扶持的公共基础设施项目投资经营的所得，自项目取得第一笔生产经营收入所属纳税年度起，第一年至第三年免征企业所得税，第四年至第六年减半征收企业所得税。

环保节能节水项目所得是指从事符合条件的公共污水处理、公共垃圾处理、沼气综合开发利用、节能减排技术改造、海水淡化等项目的减免税所得额。税法规定从事符合条件的环境保护、节能节水项目的所得，自项目取得第一笔生产经营收入所属纳税年度起，第一年至第三年免征企业所得税，第四年至第六年减半征收企业所得税。

技术转让所得是指居民企业技术转让的免税、减税所得额。税法规定技术转让所得不超过 500 万元的部分，免征企业所得税；超过 500 万元的部分，减半征收企业所得税。

⑦抵扣应纳税所得额

抵扣应纳税所得额是指创业投资企业采取股权投资方式投资于未上市的中小高新技术企业 2 年以上的，可以按照其投资额的 70%在股权持有满 2 年的当年抵扣该创业投资企业的应纳税所得额；当年不足抵扣的，可以在以后纳税年度结转抵扣。

(3)收入类纳税调整视情况增减的项目

①未按权责发生制原则确认的收入

未按权责发生制原则确认的收入是指会计上按照权责发生制原则确认收入，计税时按照收付实现制确认的收入，如分期收款销售商品销售收入的确认、税收规定按收付实现制确认的收入、持续时间超过 12 个月的收入的确认、利息收入的确认、租金收入的确认等企业财务会计处理办法与税收规定不一致应进行纳税调整产生的时间性差异的项目数据。税收规定的收入大于会计核算确认的收入，其差额应调整增加纳税所得额；反之，则应调整减少纳税所得额。

②按权益法核算的长期股权投资持有期间的投资损益

按权益法核算的长期股权投资持有期间的投资损益是指企业根据《中华人民共和国企业所得税法》及其实施条例以及企业会计制度、企业会计准则核算的长期股权投资持有收益、处置收益中，会计核算与税收的差异金额。会计核算确认的投资收益大于税收规定的收入，其差额应调整减少纳税所得额；反之，则应调整增加纳税所得额。

税法实施条例规定，对来自于所有非上市企业，以及连续持有上市公司股票 12 个月以上取得的股息、红利收入，给予免税，不再实行补税率差的做法；纳税人因收回、转让或清算处置股权投资发生的股权投资损失，可以在税前扣除，但在每一纳税年度扣除的股权投资损失，不得超过当年实现的股权投资收益和投资转让所得，超过部分可按规定向以后年度结转扣除。

③特殊重组和一般重组

特殊重组是指非同一控制下的企业合并、免税改组产生的企业会计处理办法与税收规定不一致应进行纳税调整的金额。

一般重组是指同一控制下的企业合并产生的企业会计处理办法与税收规定不一致应进行纳税调整的金额。

重组过程中，会计处理确认的收入大于税收规定的收入，其差额应调整减少纳税所得额；反之，则应调整增加纳税所得额。

④公允价值变动净收益

公允价值变动净收益是指企业以公允价值计量且其变动计入当期损益的金融资产、金融负债以及投资性房地产的公允价值，其税法规定的计税基础与会计处理不一致应进行纳税调整的金额。

当纳税人所有的按照公允价值计量且其变动进入当期损益的金融资产、金融负债以及投资性房地产按照税收规定确认的期末与期初的差额大于根据会计准则核算的期末与期初的差额时，其差额应调整增加纳税所得额；反之，则应调整减少纳税所得额。

⑤确认为递延收益的政府补助

确认为递延收益的政府补助是指纳税人收到不属于税收规定的不征税收入、免税收入以外的其他政府补助，会计处理上计入递延收益，税收规定应计入应纳税所得额征收企业所得税而产生的差异应进行纳税调整的数据。

会计处理确认的政府补助收入大于税收规定的收入，其差额应调整减少纳税所得额；反之，则应调整增加纳税所得额。

2)扣除类调整项目

(1)扣除类纳税调整增加的项目

①工资薪金支出

工资薪金支出是指企业每一纳税年度支付给在本企业任职或者受雇的员工的所有现金形式或者非现金形式的劳动报酬，包括基本工资、奖金、津贴、补贴、年终加薪、加班工资，以及与员工任职或者受雇有关的其他支出。企业发生的合理的工资薪金支出，准予扣除，对明显不合理的工资、薪金，则不予扣除。对一般雇员而言，企业按市场原则所支付的报酬应该认为是合理的，但也可能出现一些特殊情况，如在企业内任职的股东及与其有密切关系的亲属通过多发工资变相分配股利的，或者国有及国有控股企业管理层的工资违反国有资产管理部门的规定变相提高的，不得在税前扣除，应调增纳税所得额。

②工会经费支出、职工福利费支出、职工教育经费支出

纳税人的工会经费、职工福利费，分别按照工资薪金总额的2%、14%计算扣除，超过部分应调增纳税所得额；纳税人的职工教育经费按工资薪金总额的2.5%计算扣除，超过部分，准予在以后纳税年度结转扣除，本年度应调增纳税所得额。

③业务招待费

业务招待费是指企业发生的与生产经营活动有关的业务招待费支出，按照发生额的60%扣除，但最高不得超过当年销售(营业)收入的5‰，超过部分应调增纳税所得额。

④广告宣传费

企业发生的符合条件的广告费和业务宣传费支出，除国务院财政、税务主管部门另有规定外，不超过当年销售(营业)收入15%的部分，准予扣除；超过部分，准予在以后纳税年度结转扣除。纳税人因行业特点等特殊原因确需提高广告费扣除比例的，须报国家税务总局批准。

对化妆品制造、医药制造和饮料制造(不含酒类制造，下同)企业发生的广告费和业务宣传费支出，不超过当年销售(营业)收入30%的部分，准予扣除；烟草企业的烟草广告费和业务宣传费支出，一律不得在计算应纳税所得额时扣除。

⑤捐赠支出

捐赠支出分为公益性捐赠支出和非公益性捐赠支出。公益性捐赠是指企业通过公益性社会团体或者县级以上人民政府及其部门，用于《中华人民共和国公益事业捐赠法》规定的公益事业的捐赠。

企业发生的公益性捐赠支出，不超过年度会计利润总额12%的部分，准予据实扣除；超过部分和非公益性捐赠支出不允许税前扣除，应调增纳税所得额。

⑥利息支出

在生产、经营期间，非金融企业向金融企业借款的利息支出、金融企业的各项存款利息支出和同业拆借利息支出、企业经批准发行债券的利息支出，按照实际发生数扣除；非金融企业向非金融企业借款的利息支出，不超过按照金融企业同期同类贷款利率计算的数额的部分，准予扣除。企业为购置、建造固定资产、无形资产和经过12个月以上的建造才能达到预定可销售状态的存货发生借款的，在有关资产购置、建造期间发生的合理的借款费用，应当作为资本性支出计入有关资产的成本，调增纳税所得额。此外，纳税人逾期归还银行贷款，向银行支付的加收罚息，不属于行政性罚款，允许在税前扣除。

⑦住房公积金

纳税人在国家规定范围内缴纳的住房公积金允许在税前扣除，实际发生的住房公积金

超过规定部分，应调增纳税所得额。

⑧罚金、罚款和被没收财物的损失

纳税人的生产、经营因违反国家法律、法规和规章，被有关部门处以的罚款、被没收财物的损失以及因违反税法规定，被处以的滞纳金、罚金，不得扣除，应调增纳税所得额。但纳税人逾期归还银行贷款，银行按规定加收的罚息、罚款和诉讼费，不属于行政性罚款，允许在税前扣除。

⑨各类保险基金、统筹基金和经济补偿

企业依照国务院有关主管部门或者省级人民政府规定的范围和标准为职工缴纳的基本养老保险费、基本医疗保险费、失业保险费、工伤保险费、生育保险费等基本社会保险费和住房公积金，准予扣除。超过规定范围和标准部分应调增纳税所得额。

企业为投资者或者职工支付的补充养老保险费、补充医疗保险费，在国务院财政、税务主管部门规定的范围和标准内，准予扣除。

除企业依照国家有关规定为特殊工种职工支付的人身安全保险费和国务院财政、税务主管部门规定可以扣除的其他商业保险费外，企业为投资者或者职工支付的商业保险费，不得扣除，应调增纳税所得额。

⑩与未实现融资收益相关在当期确认的财务费用

具有融资性质的分期收款销售商品时，根据会计准则企业应当按照应收的合同或协议价款的公允价值确定收入金额，即按照其未来现金流量现值或商品现销价格计算确定，合同或协议价款与其公允价值之间的差额，应当在合同或协议期间内，按照实际利率法摊销，分期冲减财务费用。税收规定分期收款销售商品，按合同或协议确定的时间确认收入，不存在未实现融资收益抵减当期财务费用问题，企业发生与未实现融资收益相关在当期确认的财务费用时应调增纳税所得额。

⑪与收入无关的支出

与收入无关的支出是指纳税人实际发生与取得收入无关的支出，如各种非广告性质的赞助支出（如果属于广告性赞助支出，可参照广告费用的相关规定扣除）；企业已出售给职工个人住房的折旧费、维修管理费。

⑫不征税收入用于支出所形成的费用

不征税收入用于支出所形成的费用是指纳税人本年度实际发生的与不征税收入相关的支出。

⑬其他调增项目

其他调增项目是指纳税人会计与税收有差异需要纳税调整增加的其他扣除类项目金额，如分期收款销售方式下应结转的存货成本、一般重组和特殊重组的相关扣除项目调整等。

（2）扣除类纳税调整减少的项目

①视同销售成本

视同销售成本是指纳税人按税收规定计算的与视同销售收入对应的成本，每一笔被确认为视同销售的经济事项，在确认计算应税收入的同时，均有与此收入相配比的应税成本。主要包括非货币性交易视同销售成本、货物财产劳务视同销售成本和其他视同销售成本。

②本年扣除的以前年度结转额

当本年度允许税前扣除的广告宣传费实际发生额小于本年度扣除限额时，可将以前年度发生还没有结转的广告宣传费在本年度结转，但结转后不得超过本年度扣除限额；当本年度允许税前扣除的职工教育经费实际发生额小于本年扣除限额时，可将以前年度发生还没有结转的职工教育经费在本年度结转，但结转后不得超过本年度扣除限额。

③未列入当期费用的各类保险基金、统筹基金

本纳税年度实际发生的各类基本社会保障性缴款，包括基本医疗保险费、基本养老保险费、失业保险费、工伤保险费、生育保险费和补充养老保险费、补充医疗保险费。会计核算中未列入当期费用，按税收规定允许当期扣除的金额应调减纳税所得额。

④加计扣除

加计扣除主要包括开发新技术、新产品、新工艺发生的研究开发费用，安置残疾人员和国家鼓励安置的其他就业人员所支付的工资等可以加计扣除的税收优惠政策。

开发新产品、新技术、新工艺所发生的研究开发费用，包括新产品设计费，工艺流程制定费，设备调整费，原材料和半成品的试验费，技术图书资料费，未纳入国家计划的中间试验费，研究机构人员的工资，研究设备的折旧，与新产品的试制、技术研究有关的其他经费以及委托其他单位进行科研试制的费用，未形成无形资产的，可不受比例限制在据实扣除的基础上，按照研究开发费用50%加计扣除；已形成无形资产的，按照无形资产成本的150%摊销。

企业安置残疾人员所支付的工资，在按照支付给残疾职工工资据实扣除的基础上，按照支付给残疾职工工资的100%加计扣除。残疾人员的范围适用《中华人民共和国残疾人保障法》的有关规定。

企业安置国家鼓励安置的其他就业人员所支付的工资，可以在计算应纳税所得额时加计扣除。国家鼓励安置的其他就业人员是指下岗失业人员、军队转业干部、城镇退役士兵、随军家属等。

⑤其他调减项目

其他调减项目是指纳税人会计与税收有差异需要纳税调整减少的其他扣除类项目金额，如分期收款销售方式下会计核算一次性结转成本时，税收应冲减的存货成本等。

3)资产类调整项目

(1)财产损失的纳税调整

企业资产发生永久或实质性损害，按以下规定处理，允许在税前扣除，超过税务机关审批的财产损失金额不得扣除，应调增纳税所得额。

①企业的存货、固定资产、无形资产和投资当有确凿证据表明已形成财产损失或者已发生永久或实质性损害时，应扣除变价收入、可收回金额以及责任和保险赔款后，确认为财产损失。可收回金额可以由中介机构评估确定。未经中介机构评估的，固定资产和长期投资的可收回金额一律暂定为账面余额的5%；存货为账面价值的1%。已按永久或实质性损害确认财产损失的各项资产必须保留会计记录，各项资产实际清理报废时，应根据实际清理报废情况和已预计的可收回金额确认损益。

②企业的各项财产损失，应在损失发生当年申报扣除，不得提前或延后。非因计算错误或其他客观原因，企业未及时申报的财产损失，逾期不得扣除。确因税务机关原因未能按期扣除的，经税务机关批准后，应调整该财产损失发生年度的纳税申报表，并相应抵退税款，不得改变财产损失所属纳税年度。

③企业申报扣除各项资产损失时，均应提供能够证明资产损失确属已实际发生的合法证据，包括：具有法律效力的外部证据、具有法定资质的中介机构的经济鉴证证明和特定事项的企业内部证据。

④存货出现以下一项或若干项情形时，应当确认为发生永久或实质性损害：已霉烂变质；已过期且无转让价值；经营中已不再需要，并且已无使用价值和转让价值；其他足以证明已无使用价值和转让价值的情形。

⑤固定资产出现下列情形之一时，应当确认为发生永久或实质性损害：长期闲置不用，且已无转让价值；由于技术进步原因，已经不可使用；已遭毁损，不再具有使用价值和转让价值；因本身原因，使用后导致企业产生大量不合格品；其他实质上已经不能再给企业带来经济利益的情形。

⑥无形资产出现以下一项或若干项情形时，应当确认为发生永久或实质性损害：已被其他新技术所替代，且已无使用价值和转让价值；已超过法律保护期限，且已不能为企业带来经济利益；其他足以证明已经丧失使用价值和转让价值的情形。

⑦投资出现以下一项或若干项情形时，应当确认为发生永久或实质性损害：被投资方已依法宣告破产、撤销、关闭或被注销、吊销工商营业执照；被投资方财务状况严重恶化，累计发生巨额亏损，已连续停止经营三年以上，且无重新恢复经营的改组计划等；被投资方财务状况严重恶化，累计发生巨额亏损，被投资方的股票从证券交易市场摘牌，停止交易一年或一年以上；被投资方财务状况严重恶化，累计发生巨额亏损，已进行清算。

⑧资产盘亏、毁损净损失。纳税人当期发生的固定资产和流动资产盘亏、毁损净损失，由其提供清查盘存资料，经主管税务机关审核后，准予扣除；纳税人因存货盘亏、毁损、报废等原因不得从销项税金中抵扣的进项税金，应视同企业财产损失，准予与存货损失一起在所得税前按规定进行扣除；除金融保险企业等国家规定允许从事信贷业务的企业外，其他企业直接借出的款项，由于债务人破产、关闭、死亡等原因无法收回或逾期无法收回的，一律不得作为财产损失在税前进行扣除；其他企业委托金融保险企业等国家规定允许从事信贷业务的企业借出的款项，由于债务人破产、关闭、死亡等原因无法收回或逾期无法收回的，准予作为财产损失在税前进行扣除。

(2)固定资产的纳税调整

纳税人的固定资产，是指企业为生产产品、提供劳务、出租或者经营管理而持有的、使用时间超过 12 个月的非货币性资产，包括房屋、建筑物、机器、机械、运输工具以及其他与生产经营活动有关的设备、器具、工具等。未作为固定资产管理的工具、器具等，作为低值易耗品，可以一次或分期扣除。

①固定资产的计税基础，按以下原则处理：外购的固定资产，以购买价款和支付的相关税费以及直接归属于使该资产达到预定用途发生的其他支出为计税基础；自行建造的固定资产，以竣工结算前发生的支出为计税基础；融资租入的固定资产，以租赁合同约定的付款总额和承租人在签订租赁合同过程中发生的相关费用为计税基础，租赁合同未约定付款总额的，以该资产的公允价值和承租人在签订租赁合同过程中发生的相关费用为计税基础；盘盈的固定资产，以同类固定资产的重置完全价值为计税基础；通过捐赠、投资、非货币性资产交换、债务重组等方式取得的固定资产，以该资产的公允价值和支付的相关税费为计税基础；改建的固定资产，以改建过程中发生的改建支出增加计税基础。

固定资产的价值确定后，除国家统一规定的清产核资，将固定资产的一部分拆除，固定资产发生永久性损害后(经批准可调整至固定资产可收回金额，并确认损失)，根据实际价值调整原暂估价值或发现原计价有错误的情况以外，不得调整其价值。

②应当提取折旧的固定资产包括：房屋、建筑物；在用的机器设备、运输车辆、器具、工具；季节性停用和大修理停用的机器设备；以经营方式租出的固定资产；经融资方式租入的固定资产；财政部规定的其他应当计提折旧的固定资产。

不得提取折旧的固定资产包括：房屋、建筑物以外未投入使用的固定资产；以经营租赁方式租入的固定资产；以融资租赁方式租出的固定资产；已足额提取折旧仍继续使用的固定资产；与经营活动无关的固定资产；单独估价作为固定资产入账的土地；财政部规定的其他不得计算折旧扣除的固定资产。

③提取折旧的依据和方法主要规定如下：纳税人的固定资产，应当从投入使用月份的次月起计提折旧；停止使用的固定资产，应当从停止使用月份的次月起，停止计提折旧；企业应当根据固定资产的性质和使用情况，合理确定固定资产的预计净残值，固定资产的预计净残值一经确定，不得变更；固定资产一般应当按照直线法计提折旧，由于技术进步等原因，确需加速折旧的，对技术进步、产品更新换代较快或常年处于强震动、高腐蚀状态的固定资产可以缩短折旧年限或者采取双倍余额递减法或者年数总和法，最低折旧年限不得低于规定折旧年限的60%。除国务院财政、税务主管部门另有规定外，固定资产计算折旧的最低年限为：房屋、建筑物，20年；飞机、火车、轮船、机器、机械和其他生产设备，10年；与生产经营活动有关的器具、工具、家具等，5年；飞机、火车、轮船以外的运输工具，4年；电子设备，3年。

固定资产折旧在会计核算与税收规定不一致时，需要按税收规定进行纳税调整。

(3)生产性生物资产的纳税调整

生产性生物资产是指企业为生产农产品、提供劳务或者出租等而持有的生物资产，包括经济林、薪炭林、产畜和役畜等。

生产性生物资产按照以下方法确定计税基础：外购的生产性生物资产，以购买价款和支付的相关税费为计税基础；通过捐赠、投资、非货币性资产交换、债务重组等方式取得的生产性生物资产，以该资产的公允价值和支付的相关税费为计税基础。

生产性生物资产应当按照直线法计算折旧：企业应当自生产性生物资产投入使用月份的次月起计算折旧；停止使用的生产性生物资产，应当自停止使用月份的次月起停止计算折旧。企业应当根据生产性生物资产的性质和使用情况，合理确定生产性生物资产的预计净残值，预计净残值一经确定，不得变更。生产性生物资产计算折旧的最低年限如下：林木类生产性生物资产，为10年；畜类生产性生物资产，为3年。

生产性生物资产折旧在会计核算与税收规定不一致时，需要按税收规定进行纳税调整。

(4)长期待摊费用的纳税调整

长期待摊费用是指不能全部计入当年损益，应当在以后年度内分期摊销的各项费用。包括固定资产的改建支出(含已足额提取折旧的固定资产的改建支出和租入固定资产改建支出)、固定资产的大修理支出和开办费等。

固定资产的改建支出是指改变房屋或者建筑物结构、延长使用年限等发生的支出。已足额提取折旧的固定资产的改建支出按照固定资产预计尚可使用年限分期摊销；租入固定资产的改建支出按照合同约定的剩余租赁期限分期摊销。其他改建的固定资产延长使用年限的，应当适当延长折旧年限。

固定资产的大修理支出，是指同时符合下列条件的支出：①修理支出达到取得固定资产时的计税基础 50%以上；②修理后固定资产的使用年限延长 2 年以上。

固定资产的大修理支出按照固定资产尚可使用年限分期摊销。

其他应当作为长期待摊费用的支出自支出发生月份的次月起，分期摊销，摊销年限不得低于 3 年。

长期待摊费用的摊销在会计核算与税收规定不一致时，需要按税收规定进行纳税调整。

(5)无形资产摊销

无形资产是指企业为生产产品、提供劳务、出租或者经营管理而持有的、没有实物形态的非货币性长期资产，包括专利权、商标权、著作权、土地使用权、非专利技术、商誉等。

无形资产按照以下方法确定计税基础：外购的无形资产，以购买价款和支付的相关税费以及直接归属于使该资产达到预定用途发生的其他支出为计税基础；自行开发的无形资产，以开发过程中该资产符合资本化条件后至达到预定用途前发生的支出为计税基础；通过捐赠、投资、非货币性资产交换、债务重组等方式取得的无形资产，以该资产的公允价值和支付的相关税费为计税基础。

无形资产按照直线法计算的摊销费用，准予扣除，摊销年限不得低于 10 年；作为投资或者受让的无形资产，有关法律规定或者合同约定了使用年限的，可以按照规定或者约定的使用年限分期摊销；外购商誉的支出，在企业整体转让或者清算时，准予扣除。

下列无形资产不得计算摊销费用扣除：①自行开发的支出已在计算应纳税所得额时扣除的无形资产；②自创商誉；③与经营活动无关的无形资产；④其他不得计算摊销费用扣除的无形资产。

无形资产摊销在会计核算与税收规定不一致时，需要按税收规定进行纳税调整。

(6)以前年度结转的投资转让、处置损失

当本年度实际发生的股权投资损失金额小于本年度实现的股权投资收益、投资转让所得额时，可将以前年度发生还没有结转的股权投资转让(处置)损失额在本年度结转，但结转后不得超过本年度扣除限额。

(7)其他调整项目

其他调整项目是指纳税人会计核算与税收规定有差异需要纳税调整的其他资产类项目。

4)准备金调整项目

纳税人按照国务院财政、税务主管部门的规定条件和标准范围内提取的减值准备金和风险准备金，准予在计算应纳所得税额时扣除。未经财政、税务部门核实的准备金，如存货跌价准备金、短期投资跌价准备金、固定资产减值准备金、长期投资减值准备金、无形资产减值准备金以及国家税收法规规定可提取的准备金之外的任何形式的准备金，不得扣除，应调增纳税所得额。企业按会计准则因价值恢复、资产转让等原因转回准备金时，调减纳税所得额。企业资产损失实际发生时，经报主管税务机关核定后，在实际发生年度按其发生额扣除。

5)预售收入的预计利润调整项目

预售收入的预计利润是指从事房地产业务的纳税人本期取得的预售收入，按照税收规定的预售收入利润率计算的预计利润。

各种经济性质的内资房地产开发企业，以及从事房地产开发业务的其他内资企业，开发、建造的以后用于出售的住宅、商业用房以及其他建筑物、附着物、配套设施等应根据收入来源的性质和销售方式，按下列原则分别确认收入的实现：

开发产品销售收入的确认。采取一次性全额收款方式销售的，应于实际收讫价款或取得索取价款凭据时，确认收入的实现；采取分期付款方式销售的，应按销售合同或协议约定的付款日确认收入实现，付款方提前付款的，在实际付款日确认收入的实现；采取银行按揭方式销售的，其首付款应于实际收到日确认收入的实现，余款在银行按揭贷款办理转账之日确认收入的实现。

开发产品预售收入的确认。房地产开发企业采取预售方式销售开发产品的，其当期取得的预售收入先按规定的利润率计算出预计营业利润额，调增当期应纳税所得额，统一计算缴纳企业所得税；待开发产品完工，将预售收入转为销售收入时，将其结转的预售收入已按税收规定的预计利润率计算的预计利润数转回，调减纳税所得额。

预计营业利润额＝预售开发产品收入×利润率

预计利润率从 2008 年 1 月 1 日起按以下规定执行：

①非经济适用房开发项目：位于省、自治区、直辖市和计划单列市人民政府所在地城区和郊区的，不得低于 20%；位于地级市、地区、盟、州城区及郊区的，不得低于 15%；位于其他地区的，不得低于 10%。

②经济适用房开发项目：经济适用房开发项目符合建设部、国家发展与改革委员会、国土资源部、中国人民银行《关于印发〈经济适用房管理办法〉的通知》（建住房[2004]77 号）等有关规定的，不得低于 3%。

6）特别纳税调整项目

特别纳税调整是税务机关对各种避税行为进行特定纳税事项所作的调整，包括针对纳税人转让定价、资本弱化、避税港避税及其他情况所进行的税务调整。

①企业与其关联方之间的业务往来，不符合独立交易原则而减少企业或者其关联方应纳税收入或者所得额的，税务机关有权按照合理方法进行调整。

②企业与其关联方共同开发、受让无形资产，或者共同提供、接受劳务发生的成本，在计算应纳税所得额时应当按照独立交易原则进行分摊。企业与其关联方分摊成本时，应当按照成本与预期收益相配比的原则进行，并在税务机关规定的期限内，按照税务机关的要求报送有关资料。企业与其关联方分摊成本时违反独立交易原则或配比原则的，其自行分摊的成本不得在计算应纳税所得额时扣除。

企业可以向税务机关提出与其关联方之间业务往来的定价原则和计算方法，税务机关与企业协商、确认后，达成预约定价安排。预约定价安排，是指企业就其未来年度关联交易的定价原则和计算方法，向税务机关提出申请，与税务机关按照独立交易原则协商、确认后达成的协议。企业向税务机关报送年度企业所得税纳税申报表时，应当就其与关联方之间的业务往来，附送年度关联业务往来报告表。税务机关在进行关联业务调查时，企业及其关联方，以及与关联业务调查有关的其他企业，应当按照规定提供相关资料，企业不提供与其关联方之间业务往来资料，或者提供虚假、不完整资料，未能真实反映其关联业务往来情况的，税务机关有权依法按合理的方法核定其应纳税所得额。

③由居民企业，或者由居民企业和中国居民控制的设立在实际税负明显低于我国法定税率水平的国家(地区)的企业，即低于我国法定税率的50%，并非由于合理的经营需要而对利润不作分配或者减少分配的，上述利润中应归属于该居民企业的部分，应当计入该居民企业的当期收入。

④企业从其关联方接受的债权性投资与权益性投资的比例超过规定标准而发生的利息支出，不得在计算应纳税所得额时扣除。

企业实施其他不具有合理商业目的的安排而减少其应纳税收入或者所得额的，税务机关有权按照合理方法调整。税务机关作出纳税调整，需要补征税款的，应当补征税款，并按照规定加收利息。

税务机关根据规定对企业作出特别纳税调整的，自税款所属纳税年度的次年6月1日起至补缴税款之日止的期间，按日加收利息，并按照税款所属纳税年度中国人民银行公布的与补税期间同期的人民币贷款基准利率加5个百分点计算；企业按规定提供有关资料的，可以只按规定的人民币贷款基准利率计算利息。加收的利息，不得在计算应纳税所得额时扣除。

企业与其关联方之间的业务往来，不符合独立交易原则，或者企业实施其他不具有合理商业目的的安排的，税务机关有权在该业务发生的纳税年度起10年内，进行纳税调整。

3. 弥补企业亏损

1)境外应税所得弥补境内亏损

境外应税所得弥补境内亏损是指纳税人在计算缴纳企业所得税时，其境外营业机构的盈利可以弥补境内营业机构的亏损。即当“利润总额”加“纳税调整增加额”减“纳税调整减少额”为负数时，境外应税所得可以用于弥补境内亏损，最大不得超过企业当年的全部境外应税所得；若为正数时，如以前年度无亏损额，则不需要补亏；如以前年度有亏损额，则可以弥补以前年度亏损额，最大不得超过企业当年的全部境外应税所得。

2)弥补以前年度亏损

弥补以前年度亏损是指纳税人按税收规定可以在税前弥补的以前年度亏损额。税务会计中的亏损称为应税亏损，它是指对财务会计亏损按税法调整后的应纳税所得额为负数的金额。企业某一年度发生的亏损可以用下一年度的所得弥补；下一年度的所得不足以弥补的，可以逐年延续弥补，但最长不超过5年。亏损弥补应注意的问题：

①亏损弥补期应连续计算，不得间断，不论弥补亏损的5年中是否盈利或亏损。

②连续发生亏损，其亏损弥补期应按每个年度分别计算，按先亏先补的顺序弥补，不能将每个亏损年度的亏损弥补期相加。

③企业境外业务之间的盈亏可以互相弥补，但企业境外投资除合并、撤销、依法清算外形成的亏损不得用境内盈利弥补。

6.2.2 应纳所得税额的计算

1. 计算平时预缴所得税额

企业所得税实行按年计征，分月(季)预缴，年终汇算清缴、多退少补的办法。实行查账征收方式申报企业所得税的居民纳税人及在中国境内设立机构的非居民纳税人在月(季)度预缴企业所得税时可采用以下方法计算缴纳：

1)据实预缴

本月(季)应缴所得税额＝实际利润累计额×税率－减免所得税额－已累计预缴的所得税额

实际利润累计额是指纳税人按会计制度核算的利润总额,包括从事房地产开发企业按本期取得预售收入计算出的预计利润等。平时预缴时,先按会计利润计算,暂不作纳税调整,待会计年度终了再作纳税调整。

税率统一按照《企业所得税法》规定的25%计算应纳所得税额。

减免所得税额是指纳税人当期实际享受的减免所得税额,包括享受减免税优惠过渡期的税收优惠、小型微利企业的税率优惠、高新技术企业的税率优惠及经税务机关审批或备案的其他减免税优惠。

2)按照上一纳税年度应纳税所得额的平均额预缴

$$本月(季)应缴所得税额=\frac{上一纳税年度应纳税所得额}{12(或4)}\times税率$$

按上一纳税年度应纳税所得额实际数除以12(或4)得出每月(或季)纳税所得额,上一纳税年度所得额中不包括纳税人的境外所得。税率统一按照25%计算。

除了以上两种方法计算预缴所得税外,还可以由税务机关确定的其他方法进行。

2.汇算清缴年度应纳所得税额

企业所得税纳税人在分月(季)预缴的基础上,实行年终汇算清缴、多退少补的办法。计算公式如下:

实际应纳所得税额＝应纳税所得额×税率－减免所得税额－抵免所得税额＋境外所得应纳所得税额－境外所得抵免所得税额

本年应补(退)的所得税额＝实际应纳所得税额－本年累计实际已预缴的所得税额

应纳税所得额是在企业会计利润总额的基础上,加减纳税调整额后计算得出的,税率按25%计算。

1)减免所得税额

减免所得税额是指纳税人按照税收优惠政策规定实际减免的企业所得税额,主要有:

(1)小型微利企业的减征税额

纳税人从事国家非限制和禁止行业并符合规定条件的小型微利企业享受20%的优惠税率。小型微利企业必须同时符合下列条件:工业企业,年度应纳税所得额不超过30万元,从业人数不超过100人,资产总额不超过3000万元;其他企业,年度应纳税所得额不超过30万元,从业人数不超过80人,资产总额不超过1000万元。

小型微利企业的减征税额＝应纳税所得额×(25%－20%)

(2)高新技术企业的减征税额

纳税人从事国家需要重点扶持的高新技术企业,减按15%的税率征收企业所得税。国家需要重点扶持的高新技术企业,必须同时符合下列条件:①拥有核心自主知识产权;②产品(服务)属于《国家重点支持的高新技术领域》规定的范围;③有关比例符合规定标准,即研究开发费用占销售收入的比例、高新技术产品(服务)收入占企业总收入的比例、科技人员占企业职工总数的比例不低于规定比例;④高新技术企业认定管理办法规定的其他条件。

高新技术企业的减征税额＝应纳税所得额×(25%－15%)

(3)民族自治地方企业的减征额

民族自治地方的自治机关对本民族自治地方的企业应缴纳的企业所得税中属于地方分享的部分,可以决定减征或者免征。自治州、自治县决定减征或者免征的,须报省、自治区、直辖市人民政府批准。

(4)过渡期税收优惠的减征额

自2008年1月1日起,原享受低税率优惠政策的企业(指2007年3月16日以前经工商等登记管理机关登记设立的企业),在新税法施行后5年内逐步过渡到法定税率。其中:享受企业所得税15%税率的企业,2008年按18%税率执行,2009年按20%税率执行,2010年按22%税率执行,2011年按24%税率执行,2012年按25%税率执行;原执行24%税率的企业,2008年起按25%税率执行。

自2008年1月1日起,原享受企业所得税"两免三减半"、"五免五减半"等定期减免税优惠的企业,新税法施行后继续按原税收法律、行政法规及相关文件规定的优惠办法及年限享受至期满为止,但因未获利而尚未享受税收优惠的,其优惠期限从2008年度起计算。

2)抵免所得税额

纳税人购置并实际使用《环境保护专用设备企业所得税优惠目录》、《节能节水专用设备企业所得税优惠目录》和《安全生产专用设备企业所得税优惠目录》规定的环境保护、节能节水、安全生产等专用设备的,该专用设备的投资额的10%可以从企业当年的应纳税额中抵免;当年不足抵免的,可以在以后5个纳税年度结转抵免。

享受上述企业所得税优惠的企业,应当实际购置并自身实际投入使用规定的专用设备;企业购置上述专用设备在5年内转让、出租的,应当停止享受企业所得税优惠,并补缴已经抵免的企业所得税税款。

3)境外所得应补税额的计算

居民企业纳税人应就其来源于境内外所得纳税,对来源于境外的所得已在境外缴纳的所得税税额,可以从其当期应纳税额中抵免。计算步骤如下:

境外所得应补税额=境外所得应纳所得税额-境外所得抵免所得税额

境外所得应纳所得税额=(境外所得换算成含税收入的所得-弥补以前年度境外亏损-境外免税所得-境外所得弥补境内亏损)×税率

境外所得抵免所得税额=本年可抵免的境外所得税款+本年可抵免的以前年度所得税额

(1)境外所得应纳所得税额的计算

境外所得是指纳税人来源于境外的收入总额(包括生产经营所得和其他所得),扣除按税收规定允许扣除的境外发生的成本费用后的金额。若取得的所得为税后收入,则需将其换算为包含在境外缴纳企业所得税的所得,换算公式如下:

境外所得换算成含税收入的所得=适用所在国家地区所得税税率的境外所得÷(1-适用所在国家地区所得税税率)+适用所在国家地区预提所得税率的境外所得÷(1-适用所在国家地区预提所得税税率)

弥补以前年度亏损是指纳税人境外所得按税收规定弥补以前年度的境外亏损额;免税所得是指境外所得中按税收规定予以免税的部分;境外所得弥补境内亏损是指境外所得按税收规定弥补境内的亏损额部分。

(2)境外所得抵免所得税额的计算

境外所得抵免所得税额包括本年度可抵免的境外所得税款和本年度可抵免的以前年度所得税额两部分金额。

境外所得税款的抵免限额为该项所得依照我国税法规定计算的应纳税额，超过抵免限额的部分，可以在以后五个年度内，用每年度抵免限额抵免当年应抵税额后的余额进行抵补。除国务院财政、税务主管部门另有规定外，应当按分国(地区)不分项计算，公式如下：

抵免限额＝中国境内、境外所得依照企业所得税法和条例的规定计算的应纳税总额×来源于某国(地区)的应纳税所得额÷中国境内、境外应纳税所得总额

纳税人来源于境外的所得在境外实际缴纳的所得税税款，低于依照税法计算的扣除限额的，可以从应纳税额中如数扣除，若有前五年境外所得已缴税款未抵扣的余额，可在限额内扣除；高于扣除限额的，其超过部分不得在本年度的应纳税额中扣除，也不得列为费用支出，但可用以后年度税额扣除的余额补扣，补扣期限最长不得超过五年。

6.2.3 企业所得税的核定征收

为了加强企业所得税的征收管理，对部分中小企业采取核定征收的办法计算其应纳税额，根据《税收征收管理法》，核定征收企业所得税的有关规定如下：

1.确定所得税核定征收的范围

纳税人具有下列情形之一的，应采取核定征收方式征收企业所得税：

(1)依照税法规定可以不设账或应设而未设账的。

(2)只能准确核算收入总额或收入总额能够查实，但其成本费用支出不能准确核算的。

(3)只能准确核算成本费用支出或成本费用支出能够查实，但其收入总额不能准确核算的。

(4)收入总额、成本费用支出虽能正确核算，但未按规定保存有关凭证、账簿及纳税资料的。

(5)虽然能够按规定设置账簿并进行核算，但未按规定保存有关凭证、账簿及纳税资料的。

(6)未按规定期限办理纳税申报，经税务机关责令限期申报，逾期仍不申报的。

2.选择核定征收的办法

核定征收方式包括定额征收和核定应税所得率征收两种方法。

(1)定额征收

定额征收是税务机关按照一定的标准、程序和方法，直接核定纳税人年度应纳所得税额，由纳税人按规定申报缴纳的办法。主管税务机关应对纳税人的有关情况进行调查研究、分类排队、认真测算，按年从高直接核定纳税人的应纳所得税额。

(2)核定应税所得率征收

核定应税所得率征收是税务机关按照一定的标准、程序和方法，预先核定纳税人的应税所得率，由纳税人根据纳税年度内的收入总额或成本费用等项目的实际发生额，按预先核定的应税所得率计算缴纳企业所得税的办法。

应税所得额计算公式如下：

应税所得额＝收入总额×应税所得率

或　　$=\frac{\text{成本费用支出额}}{1-\text{应税所得率}}\times\text{应税所得率}$

应纳所得税额＝应税所得额×适用税率

应税所得率统一执行标准见表 6-1。

表 6-1　应税所得率

行　业	应税所得率(%)
农、林、牧、渔业	3－10
制造业	5－15
批发和零售贸易业	4－15
交通运输业	7－15
建筑业	8－20
饮食业	8－25
娱乐业	15－30
其他行业	10－30

企业经营多业时，不论其经营项目是否单独核算，均由主管税务机关根据其主营项目，核定其适用某一行业的应税所得率。

【任务设计】

工作实例：

2009 年 4 月，会计专业应届毕业生陈某到甲公司报税岗位进行顶岗实习，正值企业进行 2008 年度企业所得税年度汇算清缴工作。

甲公司为居民企业，2008 年境内经营业务如下：

①取得销售收入 2500 万元；

②销售成本 1100 万元；

③发生销售费用 670 万元(其中广告费 450 万元)，管理费用 480 万元(其中业务招待费 15 万元、新技术的研究开发费用为 40 万元)，财务费用 60 万元；

④销售税金 160 万元(含增值税 120 万元)；

⑤营业外收入 70 万元，营业外支出 50 万元(含通过公益性社会团体向贫困山区捐款 36.24 万元，支付税收滞纳金 6 万元)；

⑥连续 12 个月以上的权益性投资收益 34 万元(已在投资方所在地按 15%的税率缴纳了所得税)；

⑦计入成本、费用中的实发工资总额 150 万元，拨缴职工工会经费 3 万元，支出职工福利费 23 万元，职工教育经费 6 万元。

甲公司 2008 年已预缴了企业所得税 50 万元。

甲公司在 A、B 两国设有分支机构，在 A 国机构的税后所得为 28 万元，A 国所得税税率为 30%；在 B 国机构的税后所得为 24 万元，B 国所得税税率为 20%。在 A、B 两国已分别缴纳所得税 12 万元、6 万元。假设在 A、B 两国应税所得额的计算与我国税法相同。

请问：陈某将会学到企业所得税纳税申报的哪些能力？能直接用会计利润计算所得税

额吗?

【操作步骤】

第一步:计算会计利润总额

会计利润总额=2500－1100－670－480－60－40＋70－50＋34＋28＋24=256(万元)

第二步:计算纳税调整增加额

①广告费和业务宣传费调增所得额=450－2500×15%=450－375=75(万元)

②业务招待费调增所得额=15－15×60%=15－9=6(万元);

2500×5‰=12.5(万元)>9(万元)

③捐赠支出应调增所得额=36.24－256×12%=5.52(万元)

④支付的税收滞纳金调增所得额=6(万元)

⑤职工福利费调增所得额=23－150×14%=2(万元)

职工教育经费调增所得额=6－150×2.5%=2.25(万元)

纳税调整增加额=75＋6＋5.52＋6＋2＋2.25=96.77(万元)

第三步:计算纳税调整减少额

①技术研究开发费用调减所得额=40×50%=20(万元)

②权益性投资收益调减所得额=34(万元)

③境外税后所得在计算境内所得应纳税额时,予以调减 28＋24=52(万元)

纳税调整减少额=20＋34＋52=106(万元)

第四步:计算应税所得额

应税所得额=256＋96.77－106=246.77(万元)

第五步:计算应纳所得税额

①境内所得应纳所得税额=246.77×25%=61.6925(万元)

②境外所得应补缴的税额

境外所得换算为含税收入的所得:

A 国:28÷(1－30%)=40(万元)

B 国:24÷(1－20%)=30(万元)

境外所得应纳所得税额=(40＋30)×25%=17.5(万元)

抵扣限额:

A 国的抵扣限额=(246.77＋40＋30)×25%×40/316.77=10(万元)

B 国的抵扣限额=(246.77＋40＋30)×25%×30/316.77=7.5(万元)

在 A 国实际缴纳所得税 12 万元,高于抵扣限额,只能抵扣 10 万元,超过限额的 2 万元当年不得抵扣。

在 B 国实际缴纳所得税 6 万元,低于抵扣限额 7.5 万元,可全额抵扣。

境外所得应补缴的所得税额=17.5－10－6=1.5(万元)

注意:A、B 两国不能合并计算。

③甲公司 2008 年应补缴企业所得税额

61.6925＋1.5－50=13.1925(万元)

任务6.3 企业所得税会计核算

【任务描述】

1.确定暂时性差异:资产计税基础的确定、负债计税基础的确定、应纳税暂时性差异的确认、可抵扣暂时性差异的确认;

2.设置会计科目:“递延所得税负债”、“递延所得税资产”、“所得税费用”、“应交税费——应交所得税”;

3.采用资产负债表债务法进行企业所得税的会计处理。

【教学准备】

1.《企业会计准则第18号——所得税》及应用指南;

2.《中华人民共和国企业所得税法》、《中华人民共和国企业所得税法实施条例》、企业所得税其他相关法规;

3.采用资产负债表债务法核算的经济业务资料。

【相关知识】

6.3.1 暂时性差异的确认

企业所得税会计核算是对按照会计准则计算的税前会计利润(或亏损)与按税法计算的应纳税所得(或亏损)之间的差异进行会计处理。目前有两种处理办法:一是将应纳所得税全部作为所得税费用,计入当期利润表;二是对应税所得额进行调整,然后得出所得税费用。前者称之为应付税款法,后者称之为纳税影响会计法。纳税影响会计法又可分为递延法和债务法;债务法分为利润表债务法和资产负债表债务法。我国《企业会计准则第18号——所得税》规定,所得税会计核算应该采用资产负债表债务法。

暂时性差异是指资产或负债的账面价值与其计税基础之间的差额。账面价值是指按照企业会计准则规定确定的有关资产、负债在企业的资产负债表中应列示的金额;计税基础分为资产的计税基础和负债的计税基础。

1.确定资产计税基础

资产的计税基础,是指企业收回资产账面价值的过程中,计算应纳税所得额时,按照税法规定可以自应税经济利益中抵扣的金额,即某一项资产在未来期间计税时可以税前扣除的金额。从税收的角度考虑,资产的计税基础是假定企业按照税法规定进行核算所提供的资产负债表中资产的应有金额,本质上就是税收口径的资产价值标准。

通常情况下,资产在取得时其入账价值与计税基础是相同的,后续计量过程中因企业会计准则规定与税法规定不同,可能造成计税基础与其账面价值不同,常见的有以下资产项目:

(1)固定资产。以各种方式取得的固定资产,初始确认时入账价值基本上是被税法认可的,即取得时其入账价值一般等于计税基础,但固定资产在持有期间进行后续计量时,会计与税收处理在折旧方法、折旧年限的不同以及固定资产减值准备的提取等方面会产生差异。

①折旧方法、折旧年限不同产生的差异。企业会计准则规定,企业可以根据消耗固定资产经济利益的方式合理选择折旧方法,如可以按直线法计提折旧,也可以按照双倍余额递减法、年数总和法等计提折旧,前提是有关的方法能够反映固定资产为企业带来经济利益的实现方式。税法一般会规定固定资产的折旧方法,除某些按照规定可以加速折旧的情况外,基本上可以税前扣除的是按照直线法计提的折旧。

②因计提固定资产减值准备产生的差异。持有固定资产的期间内,在对固定资产计提了减值准备以后,因所计提的减值准备不允许税前扣除,账面价值下降,但计税基础不会随资产减值准备的提取而发生变化,也会造成其账面价值与计税基础的差异。

(2)无形资产。在无形资产后续计量和内部研究开发形成的无形资产的初始确认方面,其入账价值与税法规定的成本之间会存在一定差异。

①无形资产在后续计量时,会计与税收的差异主要产生于对无形资产是否需要摊销及无形资产减值准备的提取。企业会计准则规定,对于无形资产应根据其使用寿命情况,区分为使用寿命有限的无形资产与使用寿命不确定的无形资产。对于使用寿命不确定的无形资产,不要求摊销,在会计期末应进行减值测试。税法规定,企业取得的无形资产成本,应在一定期限内摊销,合同、法律未明确规定摊销期限的,应按不少于10年的期限摊销。因摊销规定的不同,会造成其账面价值与计税基础的差异;在对无形资产计提减值准备的情况下,因所计提的减值准备不允许税前扣除,也会造成其账面价值与计税基础的差异。

②对于内部研究开发形成的无形资产,企业会计准则规定,有关研究开发支出区分为两个阶段,研究阶段的支出应当费用化计入当期损益,而开发阶段符合资本化条件以后发生的支出应当资本化作为无形资产的成本;税法规定,企业发生的研究开发支出可在税前加计扣除,即一般可按当期实际发生的研究开发支出的150%加计扣除。两者就会造成其账面价值与计税基础的差异(从2008年1月1日起,形成无形资产的按无形资产成本的150%摊销)。

(3)以公允价值计量且其变动计入当期损益的金融资产。按照《企业会计准则第22号——金融工具确认和计量》的规定,对于以公允价值计量且其变动计入当期损益的金融资产,其于某一会计期末的账面价值为公允价值;如果税法规定按照企业会计准则确认的公允价值变动损益在计税时不予考虑,即有关金融资产在某一会计期末的计税基础为其取得成本,会造成该类金融资产账面价值与其计税基础之间的差异。

(4)其他资产。因企业会计准则规定与税法规定不同,企业持有的其他资产,可能造成其账面价值与计税基础之间存在差异。

①投资性房地产。对于采用公允价值模式进行后续计量的投资性房地产,其期末账面价值为公允价值;而如果税法规定不认可该类资产在持有期间因公允价值变动产生的利得或损失,则其计税基础应以取得时支付的历史成本为基础计算确定,从而会造成账面价值与计税基础之间的差异。

②其他计提了资产减值准备的各项资产。有关资产计提减值准备以后,其账面价值会随之下降,而税法规定,资产的减值准备在转化为实质性损失之前,不允许税前扣除,即其计税基础不会因减值准备的提取而发生变化,从而造成资产的账面价值与其计税基础之间的差异。

2. 确定负债计税基础

负债的计税基础，是指负债的账面价值减去未来期间计算应纳税所得额时按照税法规定可予抵扣的金额。与账面价值的关系式如下：

负债的计税基础＝负债的账面价值－将来负债在兑付时允许扣税的金额

一般情况下，负债的确认与偿还不会影响企业的损益，也不会影响其应纳税所得额，未来期间计算应纳税所得额时按照税法规定可予抵扣的金额为零，计税基础即为账面价值，如企业的短期借款、应付账款等。但是，某些情况下，负债的确认可能会影响企业的损益，进而影响不同期间的应纳税所得额，使得其计税基础与账面价值之间产生差额，如按照会计规定确认的某些预计负债和预收账款。

(1)企业因销售商品提供售后服务等原因确认的预计负债。按照《企业会计准则第13号——或有事项》的规定，企业应将预计提供售后服务发生的支出在销售当期确认为费用，同时确认预计负债。如果税法规定，有关的支出在实际发生时可全部税前扣除，该事项产生的预计负债在期末的计税基础为其账面价值与未来兑付时允许扣除的全部账面价值之间的差额等于零，即计税基础为零。

因其他事项确认的预计负债，应按照税法规定的计税原则确定其计税基础。某些情况下，因有些事项确认的预计负债，如果税法规定其支出无论是否实际发生均不允许税前扣除，即未来期间按照税法规定可予抵扣的金额为零，其账面价值与计税基础相同。

(2)预收账款。企业在收到客户预付款项时，因不符合收入确认条件，会计上将其确认为负债。税法中对收入的确认原则一般与会计规定相同，即会计上未确认收入时，计税时一般亦不计入应纳税所得额，该部分经济利益在未来期间计税时可予税前扣除的金额为零，计税基础等于账面价值。

如果不符合企业会计准则规定的收入确认条件，但按照税法规定应计入当期应纳税所得额时，预收账款的计税基础为零，即因其产生时已经计算交纳所得税，未来期间可全额税前扣除，计税基础为账面价值减去在未来期间可全额税前扣除的金额，即其计税基础为零。

3. 确认应纳税暂时性差异

应纳税暂时性差异是指在确定未来收回资产或清偿负债期间的应纳税所得额时，将导致产生应税金额的暂时性差异。该差异在未来期间转回时，会增加转回期间的应纳税所得额。由于该暂时性差异的转回，会进一步增加转回期间的应纳税所得额和应交所得税额。在该暂时性差异产生当期，应当确认相关的递延所得税负债。应纳税暂时性差异通常产生于以下两种情况：

(1)资产的账面价值大于其计税基础。一项资产的账面价值代表的是企业在持续使用及最终出售该项资产时会取得的经济利益的总额，而计税基础代表的是一项资产在未来期间可予税前扣除的总金额。当资产的账面价值大于计税基础，意味着该项资产未来期间产生的经济利益不能全部税前扣除，两者之间的差额需要交税，产生应纳税暂时性差异。

(2)负债的账面价值小于其计税基础。一项负债的账面价值为企业预计在未来期间清偿该项负债时的经济利益流出，而计税基础代表的是账面价值在扣除税法规定未来期间允许税前扣除的金额之后的差额。负债的账面价值小于其计税基础，则意味着该项负债在未来期间可以税前抵扣的金额为负数，即应在未来期间应纳税所得额的基础上调增，增加应纳税所得额和应交所得税金额，产生应纳税暂时性差异。这种情况一般情况不会产生。

4. 确认可抵扣暂时性差异

可抵扣暂时性差异是指在确定未来收回资产或清偿负债期间的应纳税所得额时，将导致产生可抵扣金额的暂时性差异。该差异在未来期间转回时会减少转回期间的应纳税所得额，减少未来期间的应交所得税。在该暂时性差异产生当期，应当确认相关的递延所得税资产。可抵扣暂时性差异一般产生于以下两种情况：

(1)资产的账面价值小于计税基础。从经济含义来看，资产在未来期间产生的经济利益少，按照税法规定允许税前扣除的金额多，则企业在未来期间可以减少应税所得额并减少应交所得税，形成可抵扣暂时性差异。

(2)负债的账面价值大于计税基础。负债产生的暂时性差异实质上是税法规定就该项负债可以在未来期间税前扣除的金额。一项负债的账面价值大于其计税基础，意味着未来期间按照税法规定构成负债的全部或部分金额可以从未来应税经济利益中扣除，减少未来期间的应交所得税，产生可抵扣暂时性差异。

6.3.2 会计科目的设置

企业在选择资产负债表债务法时，应设置"递延所得税负债"、"递延所得税资产"、"所得税费用"、"应交税费——应交所得税"等科目。

(1)"递延所得税负债"是负债类科目，核算企业确认的应纳税暂时性差异产生的所得税负债。贷方反映企业确认的各类递延所得税负债以及递延所得税负债的应有余额大于其账面余额的差额。与直接计入所有者权益的交易或事项相关的递延所得税负债以及企业合并中取得资产、负债的入账价值与其计税基础不同形成应纳税暂时性差异也贷记本科目。借方反映资产负债表日递延所得税负债的应有余额小于其账面余额的差额。期末贷方余额反映企业已确认的递延所得税负债。

(2)"递延所得税资产"是资产类科目，核算企业由于可抵扣暂时性差异确认的递延所得税资产及按规定可用以后年度税前利润弥补的亏损及税款抵减产生的所得税资产。借方反映期末确认的各类递延所得税资产以及递延所得税资产应有余额大于其账面余额的差额。在贷方反映企业期末递延所得税资产应有余额小于其账面余额的差额，资产负债表日，预计未来期间很可能无法获得足够的应纳税所得额用以抵扣可抵扣暂时性性差异的，按原已确认的递延所得税资产中应减记的金额也贷记本科目。本科目期末借方余额，反映企业确认的递延所得税资产。

(3)"所得税费用"是损益类科目，核算企业确认的应从当期利润总额中扣除的所得税费用，按"当期所得税费用"、"递延所得税费用"进行明细核算。借方反映资产负债表日企业按照税法规定计算确定的当期应交所得税(当期所得税费用)和递延所得税资产的应有余额小于"递延所得税资产"科目余额的差额(递延所得税费用)。贷方反映资产负债表日递延所得税资产的应有余额大于"递延所得税资产"科目余额的差额(递延所得税费用)。企业应予确认的递延所得税负债，也比照上述原则调整本科目。期末，应将本科目的余额转入"本年利润"，结转后无余额。

6.3.3 资产负债表债务法的会计处理

企业会计准则规定，企业应采用资产负债表债务法核算所得税。资产负债表债务法是指从资产负债表出发，通过比较资产负债表上列示的资产、负债按照企业会计准则规定确定的账面价值与按照税法规定的计税基础，对两者之间的差额分别应纳税暂时性差异与可抵扣暂时性差异，确认相关的递延所得税负债和递延所得税资产，并在此基础上确定每一期间利润表中的所得税费用。

1. 确认递延所得税资产

（1）递延所得税资产的确认应以未来期间可能取得的应纳税所得额为限。资产、负债的账面价值与其计税基础不同产生可抵扣暂时性差异的，在估计未来期间能够取得足够的应纳税所得额用以利用该可抵扣暂时性差异时，应当以很可能取得用来抵扣可抵扣暂时性差异的应纳税所得额为限，确认相关的递延所得税资产；在可抵扣暂时性差异转回的未来期间内，若企业无法产生足够的应纳税所得额用以抵减可抵扣暂时性差异的影响，使得与递延所得税资产相关的经济利益无法实现的，该部分递延所得税资产不应确认。

（2）按照税法规定可以结转以后年度的未弥补亏损和税款抵减，应视同可抵扣暂时性差异处理。在预计可利用可弥补亏损或税款抵减的未来期间内能够取得足够的应纳税所得额时，应当以很可能取得的应纳税所得额为限，确认相应的递延所得税资产，同时减少确认当期的所得税费用。

（3）适用税率的确定。确认递延所得税资产时，应估计相关可抵扣暂时性差异的转回时间，采用转回期间适用的所得税税率为基础计算确定。无论相关的可抵扣暂时性差异转回期间如何，递延所得税资产均不予折现。

（4）在资产负债表日，企业应当对递延所得税资产的账面价值进行复核。如果未来期间很可能无法取得足够的应纳税所得额用以利用递延所得税资产的利益，应当减记递延所得税资产的账面价值。递延所得税资产的账面价值减记以后，继后期间根据新的环境和情况判断能够产生足够的应纳税所得额利用可抵扣暂时性差异，使得递延所得税资产包含的经济利益能够实现的，应相应恢复递延所得税资产的账面价值。

递延所得税资产的计算公式：

递延所得税资产的余额＝该时点可抵扣暂时性差异×当时的所得税税率

当期递延所得税资产变动额＝（年末可抵扣暂时性差异－年初可抵扣暂时性差异）×所得税税率

如果所得税税率发生变化，则：

当期递延所得税资产变动额＝年末可抵扣暂时性差异×新的所得税税率
－年初可抵扣暂时性差异×旧的所得税税率

2. 确认递延所得税负债

（1）应纳税暂时性差异在转回期间将增加未来期间企业的应纳税所得额和应交所得税，导致企业经济利益的流出，从其发生当期看，构成企业应支付税金的义务，应作为递延所得税负债确认。除直接计入所有者权益的交易或事项以及企业合并外，在确认递延所得税负债的同时，应增加利润表中的所得税费用。

（2）递延所得税负债应以相关应纳税暂时性差异转回期间适用的所得税税率计量。在我国，除享受优惠政策的情况以外，企业适用的所得税税率在不同年度之间一般不会发生变化，企业在确认递延所得税负债时，以现行适用税率为基础计算确定，递延所得税负债的确认不要求折现。

递延所得税负债的计算公式：

递延所得税负债的余额＝该时点应纳税暂时性差异×当时的所得税税率

当期递延所得税负债变动额＝(年末应纳税暂时性差异－年初应纳税暂时性差异)×所得税税率

如果所得税税率发生变化，则：

当期递延所得税负债变动额＝年末应纳税暂时性差异×新的所得税税率－年初应纳税暂时性差异×旧的所得税税率

3. 确认所得税费用

利润表中的所得税费用由当期所得税和递延所得税两部分组成，即：

所得税费用＝当期所得税＋递延所得税

当期所得税，是指企业按照税法规定计算确定的针对当期发生的交易和事项，应交纳给税务部门的所得税金额，即应交所得税。

递延所得税，是指按照企业会计准则规定应予以确认的递延所得税资产和递延所得税负债在期末应有的金额相对于原已确认金额之间的差额，即递延所得税资产及递延所得税负债的当期发生额，但不包括直接计入所有者权益交易事项及企业合并的所得税影响。用公式表示如下：

递延所得税＝递延所得税费用－递延所得税收益

递延所得税费用＝当期递延所得税负债增加额＋当期递延所得税资产减少额

递延所得税收益＝当期递延所得税资产增加额＋当期递延所得税负债减少额

6.3.4 应付税款法的会计处理

企业会计准则规定，上市公司应采用资产负债表法核算所得税，非上市企业仍执行《企业会计制度》和《小企业会计制度》，因而绝大部分非上市企业采用应付税款法核算所得税费用，因此对应付税款法也作简单介绍。

应付税款法是指企业不确认时间性差异对所得税的影响金额，将当期计算的应交所得税确认为所得税费用的方法。在这种情况下，当期所得税费用等于当期应交的所得税。该核算方法的特点是，本期所得税费用为按照本期应税所得与适用的所得税税率计算的应交所得税，即本期从净利润中扣除的所得税费用等于本期应交的所得税。时间性差异产生的影响所得税的金额均在本期确认所得税费用，或在本期抵减所得税费用，在会计报表中不反映为一项负债或一项资产。例如：按照我国税法规定，企业固定资产一般应按直线法提取折旧。但会计准则对企业的固定资产采用什么方法提取折旧由企业自行确定。在这种情况下，按直线法提取折旧额计算的应税所得和采用加速折旧法提取折旧额计算的税前会计利润之间必然产生一个差额。在采用应付税款法进行处理时，应按税法规定，就存在的差额对本期税前会计利润进行调整，将其调整为应税所得，按照应税所得计算本期应交所得税，作为本期的所得税费用。

根据实际应缴的所得税额：

借：所得税费用

　　贷：应交税费——应交所得税

实际上交所得税：

借:应交税费——应交所得税

　　贷:银行存款

在应付税款法下,本期发生的暂时性差异不单独核算,与本期发生的永久性差异同样处理。也就是说,不管税前会计利润是多少,在计算交纳所得税时均应按税法规定对税前会计利润进行调整,将其调整为应税所得,再按应税所得计算出本期应交的所得税,作为本期所得税费用,即本期所得税费用等于本期应交所得税。

【任务设计】

工作实例:

某公司2008年度利润表中利润总额为1200万元,该公司适用的所得税税率为25%,假定2007年末资产负债表各项目的账面价值与其计税基础一致,2008年发生的有关交易和事项中,会计处理与税收处理存在的差异有:

(1)2008年1月2日开始计提折旧的一项固定资产,成本为600万元,使用年限为10年,净残值为零,税法规定可采用双倍余额递减法计提折旧,会计处理按直线法计提折旧。假定税法规定的使用年限及净残值与会计规定相同。

(2)向关联企业提供现金捐赠200万元。

(3)当年度发生技术研究支出500万元。

(4)应付违反环保法规定罚款100万元。

(5)期末对持有的存货计提了30万元的存货跌价准备。

要求按资产负债表债务法进行会计核算。

【操作步骤】

第一步:计算当期应缴纳的所得税金额

2008年度当期应交所得税

应纳税所得额=1200－60＋200－(500×150%－500)＋100＋30=1220(万元)

应交所得税=1220×25%=305(万元)

第二步:确定资产、负债的账面价值和计税基础并确定暂时性差异

该公司2008年资产负债表相关项目金额及其计税基础如表6-2所示:

表6-2　2008年资产负债表相关项目金额及其计税基础　　单位:万元

项目	账面价值	计税基础	差异	
			应纳税暂时性差异	可抵扣暂时性差异
存货	800	830		30
固定资产				
固定资产原价	600	600		
减:累计折旧	60	120		
减:固定资产减值准备	0	0		
固定资产账面价值	540	480	60	
其他应付款	100	100		
总计			60	30

第三步:计算确定所得税费用

递延所得税费用=60×33%=19.8(万元)

递延所得税收益=30×33%=9.9(万元)

递延所得税=19.8-9.9=9.9(万元)

利润表中应确认的所得税费用=402.6+9.9=412.5(万元)

第四步:进行账务处理

借:所得税费用——当期所得税费用　　4026000

　所得税费用——递延所得税费用　　99000

　递延所得税资产　　99000

　贷:应交税费——应交所得税　　4026000

　　递延所得税负债　　198000

任务6.4 企业所得税纳税申报

【任务描述】

1.确定征收方式。根据纳税人具体情况分为:自行申报、查账征收;定额征收;核定应税所得税率办法征收三种方式;

2.确定纳税期限、纳税地点。月份或季度终了后15日内报送预缴所得税申报表;年度终了后5个月内报送年度申报表并汇算清缴;扣缴义务人自代扣之日起7日内缴入国库;纳税地点分居民纳税人和非居民纳税人两种情况;

3.填制预缴纳税申报表、扣缴所得税报告表;

4.填制年度纳税申报表、附表;办理汇算清缴工作。

【教学准备】

1.企业所得税月(季)度预缴纳税申报表;

2.企业所得税年度纳税申报表、企业所得税扣缴报告表、企业所得税相关附表;

3.《中华人民共和国企业所得税法》、《中华人民共和国企业所得税法实施条例》、《中华人民共和国税收征收管理法》、企业所得税其他相关法规;

4.企业所得税不同纳税人的经济业务资料。

【相关知识】

6.4.1 企业所得税的征收管理

1.确定征收方式

企业在每年第一季度应填列《企业所得税征收方式鉴定表》(表6-3)一式三份,报主管税务机关审核。①-⑤项均合格的,实行纳税人自行申报、税务机关查账方式征收;若①④⑤项中有一项不合格或②③项均不合格,实行定额征收;若②③项中有一项合格、一项不合格的,实行核定应税所得率办法征收。征收方式确定后,在一个纳税年度内一般不得变更。

表 6-3　企业所得税征收方式鉴定表

<table>
<tr><td colspan="2">纳税人识别号</td><td colspan="4"></td></tr>
<tr><td colspan="2">纳税人名称</td><td colspan="4"></td></tr>
<tr><td colspan="2">纳税人地址</td><td colspan="4"></td></tr>
<tr><td>经济类型</td><td></td><td>所属行业</td><td></td><td>开业日期</td><td></td></tr>
<tr><td>开户银行</td><td></td><td>账　　号</td><td colspan="3"></td></tr>
<tr><td>邮政编码</td><td></td><td>联系电话</td><td colspan="3"></td></tr>
<tr><td colspan="2">上年收入总额</td><td></td><td colspan="3">上年成本费用额</td></tr>
<tr><td colspan="2">上年应纳税所得额</td><td></td><td colspan="3">上年所得税额</td></tr>
<tr><td>行次</td><td colspan="2">项　　目</td><td colspan="2">纳税人自报情况</td><td>主管税务机关审核情况</td></tr>
<tr><td>1</td><td colspan="2">账簿设置情况</td><td colspan="2"></td><td></td></tr>
<tr><td>2</td><td colspan="2">收入总额核算情况</td><td colspan="2"></td><td></td></tr>
<tr><td>3</td><td colspan="2">成本费用核算情况</td><td colspan="2"></td><td></td></tr>
<tr><td>4</td><td colspan="2">账簿凭证保存情况</td><td colspan="2"></td><td></td></tr>
<tr><td>5</td><td colspan="2">纳税义务履行情况</td><td colspan="2"></td><td></td></tr>
<tr><td colspan="6">征收方式：</td></tr>
<tr><td colspan="6">纳税人意见：
纳税人签章：　（公章）　　　　年　　月　　日</td></tr>
<tr><td colspan="6">税务机关审批意见：</td></tr>
<tr><td colspan="2">经办人签字：

年　　月　　日</td><td colspan="2">科室负责人签字：
（公章）
年　　月　　日</td><td colspan="2">主管局长签字：
（公章）
年　　月　　日</td></tr>
</table>

2. 明确纳税期限

企业所得税实行按年计算，按月或季预缴，年终汇算清缴、多退少补的征收办法。纳税年度一般为公历年度，即公历 1 月 1 日至 12 月 31 日为一个纳税年度；纳税人在一个纳税年度的中间开业，或由于合并、关闭等原因使该纳税年度的实际经营期不足 12 个月的，以其实际经营期为一个纳税年度；纳税人破产清算时，以清算期为一个纳税年度。

纳税人应当在月份或季度终了后 15 日内，向其所在地主管税务机关报送预缴所得税申报表，预缴税款。企业应当自年度终了之日起 5 个月内，无论盈利或亏损，均向税务机关报送年度企业所得税纳税申报表、财务会计报告和其他有关资料并汇算清缴，结清应缴应退税款。少预缴的所得税额，应在下一年度内补缴；多预缴的所得税额，在下一年度内抵缴；抵缴后仍有结余，或下一年度发生亏损的，应及时办理退库。

企业在年度中间终止经营活动的，应当自实际经营终止之日起六十日内，向税务机关办理当期企业所得税汇算清缴。

扣缴义务人每次代扣的税款，应当自代扣之日起七日内缴入国库，并向所在地的税务机关报送扣缴企业所得税报告表。

纳税人预缴所得税时，应按纳税期限的实际数预缴。按实际数预缴有困难的，可按上一年度应纳税所得额的1/12或1/4，或经当地税务机关认可的其他方法预缴所得税。预缴方法一经确定，不得随意改变。

企业进行清算时，应当在办理注销工商登记之前，办理所得税申报。企业若在年度中间合并、分立、终止时，应当在停止生产经营之日起60日内，向当地税务机关办理当期所得税汇算清缴。

3. 选择纳税地点

企业所得税由纳税人向其所在地主管税务机关缴纳。居民企业以企业登记注册地为纳税地点；但登记注册地在境外的，以实际管理机构所在地为纳税地点；居民企业在中国境内设立不具有法人资格的营业机构的，应当汇总计算并缴纳企业所得税。

非居民企业在中国境内设立机构、场所的，取得的所得以及发生在中国境外但与其所设机构、场所有实际联系的所得，应当以机构、场所所在地为纳税地点；非居民企业在中国境内未设立机构、场所，或者虽设立机构、场所但取得的所得与其所设机构、场所没有实际联系取得的所得，以扣缴义务人所在地为纳税地点；非居民企业在中国境内设立两个或者两个以上机构、场所的，经税务机关审核批准，可以选择由其主要机构、场所汇总缴纳企业所得税。

除国务院另有规定外，企业之间不得合并缴纳企业所得税。

6.4.2 企业所得税的申报

新的企业所得税法于2008年1月1日开始实施，国家税务总局印发了新的企业所得税月(季)度预缴纳税申报表和企业所得税年度纳税申报表。

1. 填制企业所得税预缴纳税申报表

查账征收企业所得税的居民纳税人及在中国境内设立机构的非居民纳税人在月(季)度预缴企业所得税时应填制《企业所得税月(季)度预缴纳税申报表》(A类)(表6-4所示)；实行核定征收管理办法(包括核定应税所得率和核定税额征收方式)缴纳企业所得税的纳税人在月(季)度申报缴纳企业所得税时应填制《企业所得税月(季)度预缴纳税申报表》(B类)(表6-5所示)。

2. 填制企业所得税年度纳税申报表

查账征收企业所得税的纳税人在年度汇算清缴时，无论盈利或亏损，都必须在规定的期限内进行纳税申报，填写企业所得税纳税年度申报表及其有关附表。

企业所得税纳税申报表附表有以下几种：附表一《收入明细表》、附表二《成本费用明细表》、附表三《纳税调整项目明细表》、附表四《企业所得税弥补亏损明细表》、附表五《税收优惠明细表》、附表六《境外所得税抵免计算明细表》、附表七《以公允价值计量资产纳税调整表》、附表八《广告和业务宣传费跨年度纳税调整表》、附表九《资产折旧、摊销纳税调整明细表》、附表十《资产减值准备项目调整明细表》、附表十一《长期股权投资所得(损失)明细表》。附表一至附表六是主表的附表，附表七至附表十一是附表的附表，相关表式列在任务设计的工作实例中。

表 6-4　中华人民共和国企业所得税月(季)度预缴纳税申报表(A 类)

税款所属期间　　年　　月　　日至　　年　　月　　日

纳税人识别号:□□□□□□□□□□□□□□□□□

纳税人名称:　　　　　　　　　　　　　　　　金额单位:人民币元(列至角分)

行次	项目		本期金额	累计金额
1	一、据实预缴			
2	营业收入			
3	营业成本			
4	实际利润额			
5	税率(25%)			
6	应纳所得税额(4 行×5 行)			
7	减免所得税额			
8	实际已缴所得税额		——	
9	应补(退)的所得税额(6 行－7 行－8 行)		——	
10	二、按照上一纳税年度应纳税所得额的平均额预缴			
11	上一纳税年度应纳税所得额		——	
12	本月(季)应纳税所得额(11 行÷12 或 11 行÷4)			
13	税率(25%)		——	——
14	本月(季)应纳所得税额(12 行×13 行)			
15	三、按照税务机关确定的其他方法预缴			
16	本月(季)确定预缴的所得税额			
17	总分机构纳税人			
18	总机构	总机构应分摊的所得税额(9 行或 14 行或 16 行×25%)		
19		中央财政集中分配的所得税额(9 行或 14 行或 16 行×25%)		
20		分支机构分摊的所得税额(9 行或 14 行或 16 行×25%)		
21	分支机构	分配比例		
22		分配的所得税额(20 行×21 行)		

谨声明:此纳税申报表是根据《中华人民共和国企业所得税法》、《中华人民共和国企业所得税法实施条例》和国家有关税收规定填报的,是真实的、可靠的、完整的。

法定代表人(签字):　　　　年　月　日

纳税人公章:	代理申报中介机构公章:	主管税务机关受理专用章:
	经办人:	
会计主管:	经办人执业证件号码:	受理人:
填表日期:　　年　月　日	代理申报日期:　年　月　日	受理日期:　　年　月　日

国家税务总局监制

表 6-5　中华人民共和国企业所得税月(季)度预缴纳税申报表(B 类)

税款所属期间　　年　　月　　日至　　年　　月　　日

纳税人识别号:□□□□□□□□□□□□□□□□□□□□

纳税人名称:　　　　　　　　　　　　　　　　　　　　金额单位:人民币元(列至角分)

项　　目			行次	累计金额
应纳税所得额的计算	按收入总额核定应纳税所得额	收入总额	1	
		税务机关核定的应税所得率(%)	2	
		应纳税所得额(1 行×2 行)	3	
	按成本费用核定应纳税所得额	成本费用总额	4	
		税务机关核定的应税所得率(%)	5	
		应纳税所得额[4 行÷(1−5 行)×5 行]	6	
	按经费支出换算应纳税所得额	经费支出总额	7	
		税务机关核定的应税所得率(%)	8	
		换算的收入额[7 行÷(1−8 行)]	9	
		应纳税所得额(8 行×9 行)	10	
应纳所得税额的计算		税率(25%)	11	
		应纳所得税额(3 行×11 行或 6 行×11 行或 10 行×11 行)	12	
		减免所得税额	13	
应补(退)所得税额的计算		已预缴所得税额	14	
		应补(退)所得税额(12 行−13 行−14 行)	15	

谨声明:此纳税申报表是根据《中华人民共和国企业所得税法》、《中华人民共和国企业所得税法实施条例》和国家有关税收规定填报的,是真实的、可靠的、完整的。

法定代表人(签字):　　　　　　年　　月　　日

纳税人公章:	代理申报中介机构公章:	主管税务机关受理专用章:
	经办人:	
会计主管:	经办人执业证件号码:	受理人:
填表日期:　　年　月　日	代理申报日期:　　年　月　日	受理日期:　　年　月　日

国家税务总局监制

3. 开具《税收缴款书》缴纳税款

纳税人在向税务机关报送企业所得税月(季)度预缴纳税申报表或年度纳税申报表后,应在规定期限内向税务机关指定为代理金库的银行缴纳税款,缴纳税款时,应开具《税收缴款书》。《税收缴款书》共六联,纳税人缴纳税款后,以经国库经收处收款签章后的“收据联”作为完税凭证,证明纳税义务完成,并据此作为会计核算的依据。

《税收缴款书》的格式和内容如表 6-6 所示。

表 6-6 税收缴款书

中华人民共和国

税收（企业所得税）缴款书

国缴字（甲）隶属关系 NO：4455582

收入机关： 填发日期： 年 月 日 经济类型：

无银行收讫章无效

<table>
<tr><td rowspan="4">缴款单位（人）</td><td>代码</td><td colspan="3"></td><td rowspan="3">预算科目</td><td colspan="2">款</td><td colspan="6"></td></tr>
<tr><td>全称</td><td colspan="3"></td><td colspan="2">项</td><td colspan="6"></td></tr>
<tr><td>开户银行</td><td colspan="3"></td><td colspan="2">级次</td><td colspan="6"></td></tr>
<tr><td>账号</td><td colspan="3"></td><td colspan="3">收款国库</td><td colspan="6"></td></tr>
<tr><td colspan="4">税款所属日期： 年 月 日</td><td colspan="10">税款限缴日期： 年 月 日</td></tr>
<tr><td colspan="2" rowspan="2">项目</td><td rowspan="2">计税所得额</td><td rowspan="2">税率</td><td rowspan="2">所得税额</td><td rowspan="2">已预缴税额</td><td colspan="9">实缴税额</td></tr>
<tr><td>百</td><td>十</td><td>万</td><td>千</td><td>百</td><td>十</td><td>元</td><td>角</td><td>分</td></tr>
<tr><td colspan="2"></td><td></td><td></td><td></td><td></td><td></td><td></td><td></td><td></td><td></td><td></td><td></td><td></td><td></td></tr>
<tr><td colspan="2"></td><td></td><td></td><td></td><td></td><td></td><td></td><td></td><td></td><td></td><td></td><td></td><td></td><td></td></tr>
<tr><td colspan="2"></td><td></td><td></td><td></td><td></td><td></td><td></td><td></td><td></td><td></td><td></td><td></td><td></td><td></td></tr>
<tr><td colspan="2">金额合计</td><td colspan="4">人民币（大写）</td><td></td><td></td><td></td><td></td><td></td><td></td><td></td><td></td><td></td></tr>
<tr><td colspan="3">缴款单位（人）盖章
经办人（章）</td><td colspan="2">税务机关
（盖章）
填票人（章）</td><td colspan="7">上列款项已收妥并划转收款单位账户（国库银行）盖章
年 月 日</td><td colspan="3">备注</td></tr>
</table>

第一联（收据）国库收款盖章后退缴款单位（人）作完税凭证

【任务设计】

工作实例：

接任务 6.2 的工作实例，填报甲公司 2008 年度纳税申报表及其附表，办理 2008 年度甲企业所得税年度汇算清缴工作。

【操作步骤】

第一步：填报附表一、附表二

根据收入、支出的会计核算资料填写附表一：收入明细表（表 6-7）；附表二：成本费用明细表（表 6-8）。

表 6-7 企业所得税年度纳税申报表附表一 收入明细表

填报时间：年 月 日 金额单位：元（列至角分）

行次	项 目	金 额
1	一、销售（营业）收入合计（2＋13）	25000000
2	（一）营业收入合计（3＋8）	25000000
3	1. 主营业务收入（4＋5＋6＋7）	25000000
4	（1）销售货物	25000000
5	（2）提供劳务	
6	（3）让渡资产使用权	

续表

行次	项　　目	金　额
7	(4)建造合同	
8	2.其他业务收入(9+10+11+12)	
9	(1)材料销售收入	
10	(2)代购代销手续费收入	
11	(3)包装物出租收入	
12	(4)其他	
13	(二)视同销售收入(14+15+16)	
14	(1)非货币性交易视同销售收入	
15	(2)货物、财产、劳务视同销售收入	
16	(3)其他视同销售收入	
17	二、营业外收入(18+19+20+21+22+23+24+25+26)	700000
18	1.固定资产盘盈	
19	2.处置固定资产净收益	700000
20	3.非货币性资产交易收益	
21	4.出售无形资产收益	
22	5.罚款净收入	
23	6.债务重组收益	
24	7.政府补助收入	
25	8.捐赠收入	
26	9.其他	

经办人(签章):　　　　　　　　　　　　　　法定代表人(签章):

表 6-8　企业所得税年度纳税申报表附表二(1)　成本费用明细表

填报时间:　年　月　日　　　　　　　　　　金额单位:元(列至角分)

行次	项　　目	金　额
1	一、销售(营业)成本合计(2+7+12)	11000000
2	(一)主营业务成本(3+4+5+6)	11000000
3	(1)销售货物成本	11000000
4	(2)提供劳务成本	
5	(3)让渡资产使用权成本	
6	(4)建造合同成本	
7	(二)其他业务成本(8+9+10+11)	
8	(1)材料销售成本	
9	(2)代购代销费用	
10	(3)包装物出租成本	
11	(4)其他	
12	(三)视同销售成本(13+14+15)	
13	(1)非货币性交易视同销售成本	

续表

行次	项　　目	金　额
14	(2)货物、财产、劳务视同销售成本	
15	(3)其他视同销售成本	
16	二、营业外支出(17＋18＋……＋24)	500000
17	1.固定资产盘亏	
18	2.处置固定资产净损失	77600
19	3.出售无形资产损失	
20	4.债务重组损失	
21	5.罚款支出	60000
22	6.非常损失	
23	7.捐赠支出	362400
24	8.其他	
25	三、期间费用(26＋27＋28)	12100000
26	1.销售(营业)费用	6700000
27	2.管理费用	4800000
28	3.财务费用	600000

经办人(签章)：　　　　　　　　　　　　　　法定代表人(签章)：

第二步：填报附表五、附表六、附表八

根据会计核算资料填写附表五：税收优惠明细表(6-9)；附表六：境外所得税抵免计算明细表(6-10)；附表八：广告和业务宣传费跨年度纳税调整表(6-11)。

表 6-9　企业所得税年度纳税申报表附表五　税收优惠明细表

填报时间：　年　月　日　　　　　　　　金额单位：元(列至角分)

行次	项　　目	金　额
1	一、免税收入(2＋3＋4＋5)	340000
2	1.国债利息收入	
3	2.符合条件的居民企业之间的股息、红利等权益性投资收益	340000
4	3.符合条件的非营利组织的收入	
5	4.其他	
6	二、减计收入(7＋8)	
7	1.企业综合利用资源，生产符合国家产业政策规定的产品所取得的收入	
8	2.其他	
9	三、加计扣除额合计(10＋11＋12＋13)	200000
10	1.开发新技术、新产品、新工艺发生的研究开发费用	200000
11	2.安置残疾人员所支付的工资	
12	3.国家鼓励安置的其他就业人员支付的工资	
13	4.其他	
14	四、减免所得额合计(15＋25＋29＋30＋31＋32)	
15	(一)免税所得(16＋17＋…＋24)	

续表

行次	项　　目	金　额
16	1.蔬菜、谷物、薯类、油料、豆类、棉花、麻类、糖料、水果、坚果的种植	
17	2.农作物新品种的选育	
18	3.中药材的种植	
19	4.林木的培育和种植	
20	5.牲畜、家禽的饲养	
21	6.林产品的采集	
22	7.灌溉、农产品初加工、兽医、农技推广、农机作业和维修等农、林、牧、渔服务业项目	
23	8.远洋捕捞	
24	9.其他	
25	(二)减税所得(26+27+28)	
26	1.花卉、茶以及其他饮料作物和香料作物的种植	
27	2.海水养殖、内陆养殖	
28	3.其他	
29	(三)从事国家重点扶持的公共基础设施项目投资经营的所得	
30	(四)从事符合条件的环境保护、节能节水项目的所得	
31	(五)符合条件的技术转让所得	
32	(六)其他	
33	五、减免税合计(34+35+36+37+38)	
34	(一)符合条件的小型微利企业	
35	(二)国家需要重点扶持的高新技术企业	
36	(三)民族自治地方的企业应缴纳的企业所得税中属于地方分享的部分	
37	(四)过渡期税收优惠	
38	(五)其他	
39	六、创业投资企业抵扣的应纳税所得额	
40	七、抵免所得税额合计(41+42+43+44)	
41	(一)企业购置用于环境保护专用设备的投资额抵免的税额	
42	(二)企业购置用于节能节水专用设备的投资额抵免的税额	
43	(三)企业购置用于安全生产专用设备的投资额抵免的税额	
44	(四)其他	
45	企业从业人数(全年平均人数)	
46	资产总额(全年平均数)	
47	所属行业(工业企业　　其他企业　　)	

经办人(签章):　　　　　　　　　　　　　　　　法定代表人(签章):

表 6-10　企业所得税年度纳税申报表附表六　境外所得税抵免计算明细表

填报时间：　　年　月　日　　　　　　　　　　　　　　　　　　　　　　　　　　金额单位：元（列至角分）

抵免方式	国家或地区	境外所得	境外所得换算含税所得	弥补以前年度亏损	免税所得	弥补亏损前境外应税所得额	可弥补境内亏损	境外应纳税所得额	税率	境外所得应纳税额	境外所得可抵免税额	境外所得税款抵免限额	本年可抵免的境外所得税款	未超过境外所得税款抵免限额的余额	本年可抵免以前年度所得税额	前五年境外所得已缴税款未抵免余额	定率抵免
	1	2	3	4	5	6(3－4－5)	7	8(6－7)	9	10(8×9)	11	12	13	14(12－13)	15	16	17
直接抵免	A	280000	400000			400000		400000	25%	100000	120000	100000	100000	0			
	B	240000	300000			300000		300000	25%	75000	60000	75000	60000	15000			
间接抵免				*	*									*	*	*	
				*	*									*	*	*	
				*	*									*	*	*	
				*	*									*	*	*	
	合计	520000	700000			700000		700000	25%	175000	180000	175000	160000	15000			

经办人（签章）：　　　　　　　　　　　　　　　　　　　　　　　　　法定代表人（签章）：

表 6-11　企业所得税年度纳税申报表附表八　广告费和业务宣传费跨年度纳税调整表

填报时间：　　年　月　日　　　　　　　　　　　　金额单位：元(列至角分)

行次	项　　目	金　额
1	本年度广告费和业务宣传费支出	4500000
2	其中：不允许扣除的广告费和业务宣传费支出	
3	本年度符合条件的广告费和业务宣传费支出(1－2)	4500000
4	本年计算广告费和业务宣传费扣除限额的销售(营业)收入	25000000
5	税收规定的扣除率	15%
6	本年广告费和业务宣传费扣除限额(4×5)	3750000
7	本年广告费和业务宣传费支出纳税调整额(3≤6，本行＝2 行；3>6，本行＝1－6)	750000
8	本年结转以后年度扣除额(3>6，本行＝3－6；3≤6，本行＝0)	750000
9	加：以前年度累计结转扣除额	
10	减：本年扣除的以前年度结转额	
11	累计结转以后年度扣除额(8＋9－10)	750000

经办人(签章)：　　　　　　　　　　　　　　　　法定代表人(签章)：

第三步：填报附表三：

根据附表一、附表二、附表五、附表六、附表八及会计核算资料填写附表三：纳税调整项目明细表(6-12)。

表 6-12　企业所得税年度纳税申报表附表三　纳税调整项目明细表

填报时间：　　年　月　日　　　　　　　　　　　　金额单位：元(列至角分)

	行次	项目	账载金额	税收金额	调增金额	调减金额
			1	2	3	4
	1	一、收入类调整项目	*	*	0	860000
	2	1. 视同销售收入(填写附表一)	*	*		*
#	3	2. 接受捐赠收入	*			*
	4	3. 不符合税收规定的销售折扣和折让				*
*	5	4. 未按权责发生制原则确认的收入				
*	6	5. 按权益法核算长期股权投资对初始投资成本调整确认收益	*	*	*	
	7	6. 按权益法核算的长期股权投资持有期间的投资损益	*	*		
*	8	7. 特殊重组				
*	9	8. 一般重组				
*	10	9. 公允价值变动净收益(填写附表七)	*	*		
	11	10. 确认为递延收益的政府补助				
	12	11. 境外应税所得(填写附表六)	*	*	*	520000
	13	12. 不允许扣除的境外投资损失	*	*		*

续表

行次	项目	账载金额	税收金额	调增金额	调减金额
		1	2	3	4
14	13.不征税收入（填附表一[3]）	*	*	*	
15	14.免税收入（填附表五）	*	*	*	340000
16	15.减计收入（填附表五）	*	*	*	
17	16.减、免税项目所得（填附表五）	*	*	*	
18	17.抵扣应纳税所得额（填附表五）	*	*	*	
19	18.其他				
20	二、扣除类调整项目	*	*	967700	200000
21	1.视同销售成本（填写附表二）	*	*	*	
22	2.工资薪金支出				
23	3.职工福利费支出	230000	210000	20000	
24	4.职工教育经费支出	60000	37500	22500	
25	5.工会经费支出				
26	6.业务招待费支出	150000	90000	60000	*
27	7.广告费和业务宣传费支出（填写附表八）	*	*	750000	
28	8.捐赠支出	362400	307200	55200	*
29	9.利息支出				
30	10.住房公积金				*
31	11.罚金、罚款和被没收财物的损失		*		*
32	12.税收滞纳金	60000	*	60000	*
33	13.赞助支出		*		*
34	14.各类基本社会保障性缴款				
35	15.补充养老保险、补充医疗保险				
36	16.与未实现融资收益相关在当期确认的财务费用				
37	17.与取得收入无关的支出		*		*
38	18.不征税收入用于支出所形成的费用		*		*
39	19.加计扣除（填附表五）	*	*	*	200000
40	20.其他				
41	三、资产类调整项目	*	*		
42	1.财产损失				
43	2.固定资产折旧（填写附表九）	*	*		
44	3.生产性生物资产折旧（填写附表九）	*	*		
45	4.长期待摊费用的摊销（填写附表九）	*	*		
46	5.无形资产摊销（填写附表九）	*	*		
47	6.投资转让、处置所得（填写附表十一）	*	*		
48	7.油气勘探投资（填写附表九）				

续表

行次	项目	账载金额 1	税收金额 2	调增金额 3	调减金额 4
49	8.油气开发投资(填写附表九)				
50	9.其他				
51	四、准备金调整项目(填写附表十)	*	*		
52	五、房地产企业预售收入计算的预计利润	*	*		
53	六、特别纳税调整应税所得	*	*		*
54	七、其他	*	*		
55	合　　计	*	*	967700	1060000

注:1.标有*的行次为执行新会计准则的企业填列,标有#的行次为除执行新会计准则以外的企业填列。

2.没有标注的行次,无论执行何种会计核算办法,有差异就填报相应行次,填*号不可填列。

3.有二级附表的项目只填调增、调减金额,账载金额、税收金额不再填写。

经办人(签章):　　　　　　　　　　　　　　　　法定代表人(签章):

第四步:填报企业所得税年度纳税申报表(A类)

企业所得税年度纳税申报表(A类)是纳税申报表的主表(表6-13),根据附表一、附表二、附表三、附表五、附表六及会计核算资料填写。

表6-13　中华人民共和国企业所得税年度纳税申报表(A类)

税款所属期间:2008年1月1日至2008年12月31日

纳税人名称:甲公司

纳税人识别号:□□□□□□□□□□□□□□□□□□□□　　　　金额单位:元(列至角分)

类别	行次	项　　目	金　额
利润总额计算	1	一、营业收入(填附表一)	25000000
	2	减:营业成本(填附表二)	11000000
	3	营业税金及附加	400000
	4	销售费用(填附表二)	6700000
	5	管理费用(填附表二)	4800000
	6	财务费用(填附表二)	600000
	7	资产减值损失	
	8	加:公允价值变动收益	
	9	投资收益	860000
	10	二、营业利润	2360000
	11	加:营业外收入(填附表一)	700000
	12	减:营业外支出(填附表二)	500000
	13	三、利润总额(10+11-12)	2560000

续表

类别	行次	项　　目	金　额
应纳税所得额计算	14	加:纳税调整增加额(填附表三)	967700
	15	减:纳税调整减少额(填附表三)	1060000
	16	其中:不征税收入	
	17	免税收入	340000
	18	减计收入	
	19	减、免税项目所得	
	20	加计扣除	200000
	21	抵扣应纳税所得额	
	22	加:境外应税所得弥补境内亏损	
	23	纳税调整后所得(13＋14－15＋22)	2467700
	24	减:弥补以前年度亏损(填附表四)	
	25	应纳税所得额	2467700
应纳税额计算	26	税率(25％)	25％
	27	应纳所得税额(25×26)	616925
	28	减:减免所得税额(填附表五)	
	29	减:抵免所得税额(填附表五)	
	30	应纳税额(27－28－29)	616925
	31	加:境外所得应纳所得税额(填附表六)	175000
	32	减:境外所得抵免所得税额(填附表六)	160000
	33	实际应纳所得税额(30＋31－32)	631925
	34	减:本年累计实际已预缴的所得税额	500000
	35	其中:汇总纳税的总机构分摊预缴的税额	
	36	汇总纳税的总机构财政调库预缴的税额	
	37	汇总纳税的总机构所属分支机构分摊的预缴税额	
	38	合并纳税(母子体制)成员企业就地预缴比例	
	39	合并纳税企业就地预缴的所提税额	
	40	本年应补(退)的所得税额(33－34)	131925
附例资料	41	以前年度多缴的所得税额在本年抵减额	
	42	以前年度应缴未缴在本年入库所得税额	

纳税人公章: 经办人: 申报日期:　　年　月　日	代理申报中介机构公章: 经办人执业证件号码: 代理申报日期:　　年　月　日	主管税务机关受理专用章: 受理人: 受理日期:　　年　月　日

能力测试6.1 职业能力判断与选择

一、判断题

1.企业所得税的纳税人仅指企业,不包括社会团体。 ( )

2.利息收入和股息收入一样都表现为全额增加企业所得税的应纳税所得额。 ( )

3.企业自产产品的广告宣传费均可在企业所得税前列支。 ( )

4.企业取得的所有技术服务收入均可暂免征企业所得税。 ( )

5.企业所得税法也适用于个人独资企业、合伙企业。 ( )

6.纳税人在生产、经营期间的借款利息支出作为费用,在计算应纳税所得时,可以按实际发生数扣除。 ( )

7.企业发生的年度亏损,可用以后五个盈利年度的利润弥补。 ( )

8.某内资企业当年应纳税所得额为50万元,但上一年度利润表上亏损48万元,则当年应缴纳企业所得税5000元。 ( )

9.确定应纳税所得额时,对企业生产、经营期间,向经人民银行批准从事金融业务的非银行金融机构的借款利息支出,可按照实际发生额从税前扣除。 ( )

10.纳税人来源于境外的所得在境外实际缴纳的所得税税款,准予在汇总纳税时从其应纳税额中扣除;其在境外发生的亏损也可用境内的利润弥补。 ( )

11.年度终了,某企业填报的利润表反映全年利润总额为-17万元,因此,当年不需缴纳企业所得税。 ( )

12.企业接受其他单位的捐赠物资,不计入应纳税所得额。 ( )

13.确认由可抵扣暂时性差异产生的递延所得税资产,应当以未来期间很可能取得用来抵扣可抵扣暂时性差异的应纳税所得额为限。 ( )

14.负债的计税基础是指负债的账面价值中按照税法规定可予抵扣的金额。 ( )

15.资产的账面价值大于其计税基础或者负债的账面价值小于其计税基础的,产生可抵扣暂时性差异。 ( )

二、单项选择题

1.下列利息收入中,不计入企业所得税应纳税所得额的是( )。

A.企业债券利息 B.外单位欠款付给的利息收入

C.购买国库券的利息收入 D.银行存款利息收入

2.企业缴纳的下列税种,在计算企业所得税应纳税所得额时,不准从收入总额中扣除的是( )。

A.增值税 B.消费税 C.营业税 D.土地增值税

3.下列项目中,准予在计算企业所得税应纳税所得额时从收入总额中扣除的项目是( )。

A.资本性支出

B.无形资产开发未形成资产的部分

C. 违法经营的罚款支出

D. 各项税收滞纳金、罚金、罚款支出

4. 在一个纳税年度内，居民企业技术转让所得不超过(　　)的部分，免征企业所得税，超过部分，减半征收企业所得税。

A. 5 万元　　B. 10 万元　　C. 20 万元　　D. 500 万元

5. 企业所得税法中所称的小型微利工业企业，必须符合年度应纳税所得额不超过(　　)万元，从业人数不超过(　　)人，资产总额不超过(　　)万元。

A. 30，80，3000　　B. 30，80，1000　　C. 20，100，3000　　D. 30，100，3000

6. 某工业生产企业，从业人员 85 人，资产总额 2800 万元，全年销售额 1520 万元，成本 600 万元，销售税金及附加 460 万元，按规定列支各种费用 400 万元。已知上述成本费用中包括新产品开发费 80 万元。该企业当年应纳企业所得税(　　)。

A. 15 万元　　B. 19.8 万元　　C. 4 万元　　D. 6.6 万元

7. 根据企业所得税法等有关规定，不得提取折旧的固定资产是(　　)。

A. 以经营租赁方式租出的固定资产　　B. 以融资租赁方式租入的固定资产

C. 以经营租赁方式租入的固定资产　　D. 季节性停用的机器设备

8. 纳税人通过国内非营利的社会团体、国家机关的公益、救济性捐赠，在年度(　　)12%以内的部分准予扣除。

A. 收入总额　　B. 利润总额　　C. 应纳税所得额　　D. 应纳所得税额

9. 除国务院财政、税务主管部门另有规定外，企业所得税法等规定，固定资产计算折旧的最低年限(　　)。

A. 房屋、建筑物，为 25 年

B. 与生产经营活动有关的器具、工具、家具、电子设备等，为 5 年

C. 飞机、火车、轮船、机器、机械和其他生产设备，为 10 年

D. 飞机、火车、轮船以外的运输工具，为 6 年

10. 缴纳企业所得税，月份或季度终了后要在规定的期限内预缴，年度终了后要在规定的期限内汇算清缴，其预缴、汇算清缴的规定期限分别是(　　)。

A. 7 日、45 日　　B. 15 日、45 日　　C. 15 日、4 个月　　D. 15 日、5 个月

11. 企业来源于境外所得，已在境外实际缴纳的所得税税款，在汇总纳税并按规定计算扣除限额时，如果境外实际缴纳的税款超过扣除限额，对超过部分的处理方法是(　　)。

A. 列为当年费用支出

B. 从本年的应纳所得税额中扣除

C. 用以后年度税额扣除的余额补扣，补扣期限最长不得超过 5 年

D. 从以后年度境外所得中扣除

12. 纳税人在纳税年度内无论盈利或亏损，都应当在年度终了后(　　)内，向其所在地主管税务机关报送年度会计报表和所得税申报表。

A. 15 日　　B. 45 日　　C. 5 个月　　D. 60 日

13. 企业与其关联方共同开发、受让无形资产，或者共同提供、接受劳务发生的成本，在计算应纳税所得额时应当按照(　　)进行分摊。

A. 公平交易原则　　B. 方便交易原则

C. 独立交易原则　　　　　　　　　　D. 节约成本原则

14. 甲股份有限公司2006年12月购入一台设备，原价为3010万元，预计净残值为10万元，税法规定的折旧年限为5年，按直线法计提折旧，公司按照3年计提折旧，折旧方法与税法相一致。2008年1月1日起，公司所得税税率由33%降为25%。除该事项外，历年来无其他纳税调整事项。公司采用资产负债表债务法进行所得税会计处理。该公司2008年末资产负债表中反映的"递延所得税资产"项目的金额为（　）。

A. 186.67万元　　B. 400万元　　C. 200万元　　D. 320万元

15. 资料同14，2008年初"递延所得税资产"的余额为（　　）。

A. 140万元　　B. 120万元　　C. 132万元　　D. 152万元

16. 资料同14，如果甲公司2008年税前会计利润为500万元，则当年的所得税费用为（　　）。

A. 145万元　　B. 162万元　　C. 157万元　　D. 147万元

17. 乙公司采用资产负债表债务法核算所得税，2007年年末"递延所得税负债"账户的贷方余额为330万元，适用的所得税税率为33%，2008年年初所得税税率由原来的33%改为25%，本期新增应纳税暂时性差异350万元，乙公司2008年"递延所得税负债"的本期发生额为（　）。

A. 借记7.5万元　　B. 借记6万元　　C. 贷记7.5万元　　D. 贷记6万元

18. 乙公司采用资产负债表债务法核算所得税，2007年年末"递延所得税资产"账户的贷方余额为660万元，适用的所得税税率为33%，2008年年初所得税税率由原来的33%改为25%，本期转回可抵扣暂时性差异300万元，乙公司2008年"递延所得税资产"的本期发生额为（　　）。

A. 借记300万元　　B. 贷记235万元　　C. 借记235万元　　D. 贷记300万元

三、多项选择题

1. 企业从事（　　）项目的所得，减半征收企业所得税。

A. 中药材的种植

B. 花卉、茶以及其他饮料作物和香料作物的种植

C. 海水养殖、内陆养殖

D. 牲畜、家禽的饲养

2. 下列项目中，在会计利润的基础上应调整增加应纳税所得额的项目有（　　）。

A. 职工教育经费支出超标准　　　　B. 利息费用支出超标准

C. 公益救济性捐赠超标准　　　　D. 查补的营业税

3. 下列项目中，在会计利润的基础上应调整减少应纳税所得额的项目有（　　）。

A. 查补的消费税　　　　B. 多提的职工福利费

C. 国库券利息收入　　　　D. 多列的无形资产摊销费

4. 按照企业所得税法及实施条例规定，工业企业要享受企业所得税法规定的小型微利企业的优惠税率，必须同时符合的条件有（　　）。

A. 年度应纳税所得额不超过30万元　　　　B. 从事加工业

C. 从业人数不超过100人　　　　D. 资产总额不超过3000万元

5. 在资产负债表债务法下，应设置的账户有（　　）。

A. 所得税费用　　　　　　　　　　B. 应交税费——应交所得税

C. 递延所得税资产　　　　　　　　D. 应交所得税

6. 下列叙述正确的是(　　)。

A. 企业从事国家重点扶持的公共基础设施项目的投资经营的所得，自项目取得第一笔生产经营收入所属纳税年度起，第一年至第三年免征企业所得税，第四年至第六年减半征收企业所得税(简称“三免三减半”)

B. 企业从事符合条件的环境保护、节能节水项目的所得，自项目取得第一笔生产经营收入所属纳税年度起，实行“三免三减半”

C. 企业从事以《资源综合利用企业所得税优惠目录》规定的资源作为主要原材料，生产国家非限制和禁止并符合国家和行业相关标准的产品取得的收入，减按90%计入收入总额

D. 企业从事开发新技术、新产品、新工艺发生的研究开发费用，未形成无形资产的计入当期损益，在按照规定据实扣除的基础上，按照研究开发费用的50%加计扣除；形成无形资产的，按照无形资产成本的150%摊销

7. 下列支出项目不得列为成本、费用和损失的有(　　)。

A. 无形资产的受让、开发支出

B. 资本的利息

C. 对外投资所发生的投资费用或损失

D. 违法经营的罚款和被没收财物的损失

8. 以下对资产负债表债务法的表述正确的有(　　)。

A. 税率变动时，“递延所得税资产”的账面余额不需要进行相应调整

B. 根据新的会计准则规定，商誉产生的应纳税暂时性差异不确认相应的递延所得税负债

C. 与联营企业、合营企业投资等相关的应纳税暂时性差异不确认相应的递延所得税负债

D. 递延所得税＝当期递延所得税负债的增加＋当期递延所得税资产的减少－当期递延所得税负债的减少－当期递延所得税资产的增加

9. 以下业务不影响到“递延所得税资产”的有(　　)。

A. 资产减值准备的计提

B. 非公益性捐赠支出

C. 国债利息收入

D. 税务上对使用寿命不确定的无形资产执行不超过10年的摊销标准

10. 下列有关资产计税基础的判定中，正确的有(　　)。

A. 某交易性金融资产，取得成本为100万元，该时点的计税基础为100万元，会计期末公允价值变为90万元，会计确认账面价值为90万元，税法规定的计税基础保持不变，仍为100万元

B. 一项按照权益法核算的长期股权投资，企业最初以1000万元购入，购入时初始投资成本及计税基础均为1000万元，当期期末按照持股比例计算应享有被投资单位的净利润份额50万元后，会计账面价值为1050万元，而其计税基础依然为1000万元

C. 一项用于出租的房屋，取得成本为500万元，会计处理按照双倍余额递减法计提折

旧，税法规定按直线法计提折旧，使用年限为10年，净残值为0，一年的折旧后，该投资性房地产的账面价值为400万元，其计税基础为450万元

D. 企业支付了3000万元购入另一企业100%的股权，购买日被购买方各项可辨认净资产公允价值为2600万元，则企业应确认的合并商誉为400万元，税法规定，该商誉的计税基础为0

11. 下列有关所得税的论断中，正确的有（　　）。

A. 当负债的账面价值大于计税基础时，会派生可抵扣暂时性差异

B. 在计算应税所得时，新增可抵扣暂时性差异额应追加税前会计利润

C. 在计算应税所得时，转回应纳税暂时性差异额应抵减当期税前会计利润

D. 所有长期资产的减值计提均派生可抵扣暂时性差异

12. 下列有关负债计税基础的判定中，正确的有（　　）。

A. 企业因销售商品提供售后三包等原因于当期确认了100万元的预计负债，则该预计负债的账面价值为100万元，计税基础为0

B. 企业因债务担保确认了预计负债1000万元，则该项预计负债的账面价值为1000万元，计税基础也是1000万元

C. 企业收到客户的一笔款项80万元，因不符合收入确认条件，会计上作为预收账款反映，但符合税法规定的收入确认条件，该笔款项已计入当期应纳税所得额，则预收账款的账面价值为80万元，计税基础为0

D. 企业收到客户的一笔款项80万元，因不符合收入确认条件，会计上作为预收账款反映，如果税法规定的收入确认时点与会计准则保持一致，则预收账款的账面价值为80万元，计税基础也是80万元

能力测试6.2　项目实训

1. 2008年度，某企业产品销售收入800万元，劳务收入40万元，出租固定资产租金收入5万元。该企业全年发生的产品销售成本430万元，销售费用80万元，管理费用20万元，财务费用10万元，营业外支出3万元（其中缴纳税收滞纳金1万元），按税法规定缴纳增值税90万元，其他税金7.2万元。按照税法规定，在计算该企业应纳税所得额时，其他准予扣除项目金额为23万元，已知该企业适用所得税税率为25%。

要求：

（1）计算该企业2008年度应纳税所得额，并列出计算过程。

（2）计算该企业2008年度应纳所得税税额，并列出计算过程。

2. 假如某生产企业2008年度生产经营情况如下：产品销售收入500万元，产品销售成本300万元，产品销售费用40万元，发生管理费用35万元（其中业务招待费5万元），当年出租固定资产取得收入40万元，购买国家公债取得利息收入10万元，准许税前扣除的有关税费30万元，经批准向企业职工集资100万元，支付年息15万元，同期银行贷款利率为10%，通过县级人民政府向南方遭受雪灾地区捐款20万元。

要求：

计算该企业 2008 年度应缴的企业所得税税额。

3. 假定某企业为居民企业，2008 年经营业务如下：

(1)取得销售收入 2500 万元。

(2)销售成本 1100 万元。

(3)发生销售费用 670 万元(其中广告费 450 万元)；管理费用 480 万元(其中业务招待费 15 万元)；财务费用 60 万元。

(4)销售税金 160 万元(含增值税 120 万元)。

(5)营业外收入 70 万元，营业外支出 50 万元(含通过公益性社会团体向贫困山区捐款 30 万元，支付税收滞纳金 6 万元)。

(6)计入成本、费用中的实发工资总额 150 万元，拨缴职工工会经费 3 万元，支出职工福利费和职工教育经费 29 万元。

要求：

计算该企业 2008 年度实际应纳的企业所得税税额。

4. 假定甲企业 2008 年利润总额为 1500 万元。企业适用的所得税税率为 25%。

(1)该企业 2008 年会计与税收之间差异包括以下事项：

①国债利息收入 100 万元；

②税款滞纳金 120 万元；

③交易性金融资产公允价值增加 140 万元；

④计提固定资产减值准备 400 万元；

⑤因售后服务预计费用 220 万元。

(2)假定甲企业 2008 年 12 月 31 日资产负债表中部分项目账面价值与计税基础情况如表 6-14 如示：

表 6-14　资产负债表相关项目的账面价值与计税基础

项目	账面价值	计税基础	差异	
			应纳税差异	可抵扣差异
交易性金融资产	5400000	4000000	1400000	
固定资产	30000000	34000000		4000000
预计负债	2200000	0		2200000
总计			1400000	6200000

(3)假定 2009 年利润总额为 2000 万元，2009 年资产负债表中部分项目情况如表 6-15 所示：

表 6-15　资产负债表相关项目的账面价值与计税基础

项目	账面价值	计税基础	差异	
			应纳税差异	可抵扣差异
交易性金融资产	5800000	6000000		200000
固定资产	30000000	34000000		4000000
预计负债	1200000	0		1200000
无形资产	2000000	0	2000000	
总计			2000000	5400000

要求：

①计算确认 2008 年度递延所得税资产及递延所得税负债的发生额；

②计算确定 2008 年度应纳税所得额及应交所得税；

③编制 2008 年度所得税费用确认的会计分录；

④计算确认 2009 年递延所得税资产的年末余额及当年的变动额；

⑤计算确认 2009 年递延所得税负债的年末余额及当年的变动额；

⑥编制 2009 年度所得税费用确认的会计分录。

5.某企业 5 年内暂时性差异是因折旧方法不同所致，即企业在计算税前会计利润时采用直线法，而在申报所得税时采用年数总和法，这种方法每年计提折旧费及其税前会计利润如表 6-16 所示，前两年所得税税率为 33%；后三年为 25%。

表 6-16　某企业有关纳税资料　　单位：万元

发生年份	税前利润	年数总和法下折旧费	直线法下折旧费
1	100	150	90
2	250	120	90
3	300	90	90
4	380	60	90
5	470	30	90
合计		450	450

要求：

用资产负债表债务法分别反映该企业五年内有关所得税核算的会计分录。

项目七　个人所得税会计核算与扣缴

【学习目标】

知识目标

1. 理解个人所得税的基本税制要素；
2. 掌握各项应税所得应纳税额的计算；
3. 理解个人所得税的纳税申报；
4. 熟悉个人所得税的会计核算；
5. 了解个人所得税纳税筹划的基本思路和方法。

能力目标

1. 能根据学习内容的需要查阅有关资料；
2. 能判断居民纳税人、非居民纳税人不同所得的税率；
3. 会根据业务资料计算个人所得税税额；
4. 会根据业务资料填制扣缴个人所得税报告表、个人所得税自行申报表；
5. 能根据业务资料进行个人所得税会计核算；
6. 培养敬业精神、团队合作能力和良好的职业道德修养。

【项目引言】

在我国，个人的所得来源非常广泛，有工资、薪金所得、劳务报酬所得、稿酬所得等等。对个人的各项应税所得在我国是需要缴纳个人所得税的。个人所得税的计算正确与否，是否按要求缴纳或扣缴，对个人和企业来说都是非常重要的。如何正确判定个人所得税的纳税人，区分各项应税所得，选择正确的税率，准确计算税额，进行纳税申报和会计处理，学完本章，你将受益终生。

任务 7.1　个人所得税纳税人和征税对象的确定

【任务描述】

1. 明确纳税人身份。区分居民纳税人和非居民纳税人，确定法定扣缴义务人，明确各自的纳税义务和扣缴义务；
2. 判定征税对象。区分 11 类应税所得，确定两类纳税人来源于境内、境外的所得；
3. 选择税率。明确 11 项应税所得所适用的税率；
4. 运用优惠政策。明确各项税收优惠政策的具体含义，并能正确运用。

【教学准备】

1.《中华人民共和国个人所得税法》、《中华人民共和国个人所得税法实施条例》以及其他相关法规；

2.个人所得税纳税的经济业务资料。

【相关知识】

7.1.1 个人所得税纳税人的确定

个人所得税是对个人取得的各项应税所得所征收的一种所得税。在我国，依据住所和居住时间两个标准，个人所得税的纳税人分为居民纳税人和非居民纳税人两大类，各自承担不同的纳税义务。

1.居民纳税人

居民纳税人是指在中国境内有住所，或者无住所而在境内居住满一年，从中国境内和境外取得所得的个人。

在中国境内有住所的个人，是指因户籍、家庭、经济利益关系而在中国境内习惯性居住的个人。习惯性居住不是指实际居住或在某一个特定时期内的居住地，通常理解为个人在某地完成工作任务、一项事务或滞留一段时间后，必然要返回该居住场所。如因学习、工作、探亲、旅游等而在中国境外居住的，在其原因消除之后，必须回到中国境内居住的个人，则中国即为该纳税人习惯性居住地。

在境内居住满一年，是指在一个纳税年度（即公历1月1日起至12月31日止）在中国境内居住365日。如果纳税人在一个纳税年度中离境一次不超过30日或者多次累计不超过90日称之为临时离境。临时离境的，不扣减日数。

居民纳税人的判定是看两个标准是否存在其一，住所和居住时间两者有其一，或同时具备均为居民纳税人。因此，居民纳税人应包括两部分。第一是在中国境内有住所的中国公民和外国侨民。第二是在中国境内无住所，但是在一个纳税年度内在中国境内居住满一年的个人，包括外籍人员，海外侨胞，中国香港、澳门和台湾同胞。

居民纳税人承担无限纳税义务，应就其来源于境内、境外的所得在中国缴纳个人所得税。

2.非居民纳税人

非居民纳税人是指在中国境内无住所又不居住或者无住所而在境内居住不满一年，从中国境内取得所得的个人。

非居民纳税人的判定是看两个标准是否全部不满足。无住所且不居住或者无住所且居住不满一年的纳税人均是非居民纳税人。在现实生活中，满足在中国境内无住所条件的个人，只有外籍人员、华侨或香港、澳门和台湾同胞。因此，非居民纳税义务人实际上只能是在一个纳税年度中，没有在中国境内居住，或者在中国境内居住不满1年的外籍人员、华侨或香港、澳门、台湾同胞。

非居民纳税人承担有限纳税义务，仅就其来源于中国境内的所得在中国缴纳个人所得税。

7.1.2 个人所得税征税对象的确定

个人所得税以个人取得的各项应税所得作为征税对象，我国将各项应税所得划分为11

大类，具体分别介绍如下：

1. 工资、薪金所得

工资、薪金所得是指个人因任职或者受雇而取得的工资、薪金、奖金、年终加薪、劳动分红、津贴、补贴以及与任职或者受雇有关的其他所得。根据我国目前个人收入的构成情况，规定对一些不属于工资、薪金性质的补贴、津贴或者不属于纳税人本人工资、薪金所得项目的收入，不予征税。这些项目包括：

(1)独生子女补贴；

(2)执行公务员工资制度未纳入基本工资总额的补贴、津贴差额和家属成员的副食品补贴；

(3)托儿补助费；

(4)差旅费津贴、误餐补助。其中，误餐补助是指按照财政部规定，个人因公在城区、郊区工作，不能在工作单位或返回就餐的，根据实际误餐顿数，按规定的标准领取的误餐费。单位以误餐补助名义发给职工的补助、津贴不能包括在内。

2. 个体工商户的生产、经营所得

法律规定，个体工商户的生产、经营所得由以下所得组成：

(1)个体工商户从事工业、手工业、建筑业、交通运输业、商业、饮食业、服务业、修理业以及其他行业生产、经营取得的所得；

(2)个人经政府有关部门批准，取得执照，从事办学、医疗、咨询以及其他有偿服务活动取得的所得；

(3)其他个人从事个体工商业生产、经营取得的所得；

(4)上述个体工商户和个人取得的与生产、经营有关的各项应纳税所得。

3. 对企事业单位的承包经营、承租经营所得

对企事业单位的承包经营、承租经营所得是指个人承包经营、承租经营以及转包、转租取得的所得，包括个人按月或者按次取得的工资、薪金性质的所得。

4. 劳务报酬所得

劳务报酬所得是指个人从事设计、装潢、安装、制图、化验、测试、医疗、法律、会计、咨询、讲学、新闻、广播、翻译、审稿、书画、雕刻、影视、录音、录像、演出、表演、广告、展览、技术服务、介绍服务、经纪服务、代办服务以及其他劳务取得的所得。

区分一项所得属于工资、薪金所得还是劳务报酬所得标准有两个：第一，是否属于非独立劳动所得；第二，是否属于雇佣劳动所得。如果所得是非独立的个人雇佣劳动所得，则属于工资、薪金所得，如个人在机关、团体、学校、部队、企业、事业单位及其他组织中任职、受雇而得到的报酬；反之则是劳务报酬所得，如个人独立从事各种技艺、提供各项劳务取得的报酬。

5. 稿酬所得

稿酬所得是指个人因其作品以图书、报刊形式出版、发表而取得的所得。这里所说的作品，包括文学作品、书画作品、摄影作品以及其他作品。作者去世后财产继承人取得的遗作稿酬，亦应征收个人所得税。

6. 特许权使用费所得

特许权使用费所得是指个人提供专利权、商标权、著作权、非专利技术以及其他特许权的使用权取得的所得。提供著作权的使用权取得的所得，不包括稿酬所得。

7. 利息、股息、红利所得

利息、股息、红利所得是指个人拥有债权、股权而取得的利息、股息、红利所得。利息，是指个人拥有债权而取得的利息，包括存款利息、贷款利息和各种债券的利息。股息、红利，指个人拥有股权取得的股息、红利。按照一定的比率对每股发给的息金叫股息；公司、企业应分配的利润按股份分配的叫红利。股息、红利所得，除另有规定外，都应当缴纳个人所得税。

8. 财产租赁所得

财产租赁所得是指个人出租建筑物、土地使用权、机器设备、车船以及其他财产取得的所得。

9. 财产转让所得

财产转让所得是指个人转让有价证券、股权、建筑物、土地使用权、机器设备、车船以及其他财产取得的所得。2010 年 1 月 1 日起，对个人转让上市公司限售股征收个人所得税。

10. 偶然所得

偶然所得是指个人得奖、中奖、中彩以及其他偶然性质的所得。

11. 其他所得

个人取得的所得，难以界定应纳税所得项目的，由主管税务机关确定。

此外，法律规定，个人所得的形式，包括现金、实物、有价证券和其他形式的经济利益。所得为实物的，应当按照取得的凭证上所注明的价格计算应纳税所得额；无凭证的实物或者凭证上所注明的价格明显偏低的，参照市场价格核定应纳税所得额。所得为有价证券的，根据票面价格和市场价格核定应纳税所得额。所得为其他形式的经济利益的，参照市场价格核定应纳税所得额。

7.1.3 个人所得税税率的选择

我国个人所得税采用分类所得税制，对不同的所得项目分别确定不同的适用税率和不同的税率形式。采用的税率形式分别为比例税率和超额累进税率，适用的税率具体确定如下：

1. 工资、薪金所得

工资、薪金所得，适用九级超额累进税率，税率为 5%～45%，见表 7-1。

表 7-1 个人所得税税率表

（工资、薪金所得适用）

级数	含税级距/月	不含税级距/月	税率(%)	速算扣除数(元)
1	不超过 500 元部分	不超过 475 元部分	5	0
2	超过 500 元至 2 000 元的部分	超过 475 元至 1 825 元的部分	10	25
3	超过 2 000 元至 5 000 元的部分	超过 1 825 元至 4 375 元的部分	15	125
4	超过 5 000 元至 20 000 元的部分	超过 4 375 元至 16 375 元的部分	20	375
5	超过 20 000 元至 40 000 元的部分	超过 16 375 元至 31 375 元的部分	25	1 375
6	超过 40 000 元至 60 000 元的部分	超过 31 375 元至 45 375 元的部分	30	3 375
7	超过 60 000 元至 80 000 元的部分	超过 45 375 元至 58 375 元的部分	35	6 375
8	超过 80 000 元至 100 000 元的部分	超过 58 375 元至 70 375 元的部分	40	10 375
9	超过 100 000 元的部分	超过 70 375 元的部分	45	15 375

注：①表中所列含税级距与不含税级距，均为按照税法规定减除有关费用后的所得额。

②含税级距适用于由纳税人负担税款的工资、薪金所得；不含税级距适用于由他人（单位）代付税款的工资、薪金所得。

2. 个体工商户的生产、经营所得和对企事业单位的承包经营、承租经营所得

个体工商户的生产、经营所得和对企事业单位的承包经营、承租经营所得适用5%～35%的五级超额累进税率。个人独资企业和合伙企业比照个体工商户的生产、经营所得征税。见表7-2。

表7-2　个人所得税税率表

（独资企业、合伙企业、个体工商户的生产、经营所得和对企事业单位承包、承租经营所得适用）

级数	含税级距/月	不含税级距/月	税率(%)	速算扣除数(元)
1	不超过5 000元部分	不超过4 750元部分	5	0
2	超过5 000元至10 000元部分	超过4 750元至9 250元部分	10	250
3	超过10 000元至30 000元部分	超过9 250元至25 250元部分	20	1 250
4	超过30 000元至50 000元部分	超过25 250元至39 250元部分	30	4 250
5	超过50 000元部分	超过39 250元部分	35	6 750

注：①表中所列含税级距与不含税级距，均为按照税法规定减除有关费用（成本、损失）后的所得额。

②含税级距适用于个体工商户的生产、经营所得和由纳税人负担税款的承包经营、承租经营所得；不含税级距适用于由他人（单位）代付税款的承包经营、承租经营所得。

3. 稿酬所得

稿酬所得适用比例税率，税率为20%，并按应纳税额减征30%，故其实际税率为14%。

4. 劳务报酬所得

劳务报酬所得采用20%的比例税率，但是税法规定对一次性收入畸高（每次应纳税所得额超过2万）的要进行加成征收，具体情况如表7-3所示。

表7-3　个人所得税税率表

（劳务报酬所得适用）

级数	含税级距/月	不含税劳务报酬收入额/次	税率(%)	速算扣除数(元)
1	不超过20 000元部分	不超过21 000元部分	20	0
2	超过20 000元至50 000元部分	超过21 000元至49 500元部分	30	2 000
3	超过50 000元部分	超过49 500元部分	40	7 000

注：①表中所列含税级距为按照税法规定减除有关费用后的所得额；不含税劳务报酬收入总额为没有减除税法规定有关费用前的收入总额。

②含税级距适用于由纳税人负担税款的劳务报酬所得；不含税劳务报酬收入额适用于由他人（单位）代付税款的劳务报酬所得。

5. 财产租赁所得

财产租赁所得适用20%的比例税率。为了配合国家住房制度改革，支持住房租赁市场的健康发展，从2008年3月1日起，对个人出租住房取得的所得暂减按10%的税率征收个人所得税。

6. 特许权使用费所得，利息、股息、红利所得，财产转让所得，偶然所得，其他所得

特许权使用费所得，利息、股息、红利所得，财产转让所得，偶然所得和其他所得，适用比

例税率，税率为20%(从2007年8月15日开始，储蓄存款利息个人所得税税率调整为5%；从2008年10月9日起，储蓄存款利息所得暂免征个人所得税)。

7.1.4 个人所得税优惠政策的运用

1.免税项目

根据《个人所得税法》和相关法规、政策，对下列各项个人所得，免征个人所得税：

(1)省级人民政府、国务院部委和中国人民解放军军以上单位，以及外国组织、国际组织颁发的科学、教育、技术、文化、卫生、体育、环境保护等方面的奖金。

(2)国债和国家发行的金融债券利息。其中，国债利息，是指个人持有中华人民共和国财政部发行的债券而取得的利息；国家发行的金融债券利息，是指个人持有经国务院批准发行的金融债券而取得的利息。

(3)按照国家统一规定发给的补贴、津贴。是指按照国务院规定发给的政府特殊津贴、院士津贴、资深院士津贴和国务院规定免纳个人所得税的补贴、津贴。

(4)福利费、抚恤金、救济金。其中，福利费是指根据国家有关规定，从企业、事业单位、国家机关、社会团体提留的福利费或者从工会经费中支付给个人的生活补助费；救济金是指国家民政部门支付给个人的生活困难补助费。

(5)保险赔款。

(6)军人的转业安置费、复员费。

(7)按照国家统一规定发给干部、职工的安家费、退职费、退休工资、离休工资、离休生活补助费。其中，退职费是指符合《国务院关于工人退休、退职的暂行办法》规定的退职条件，并按该办法规定的退职费标准所领取的退职费。

离退休人员除按规定领取离退休工资或养老金外，另从原任职单位取得的各类补贴、奖金、实物，不属于免税的退休工资、离休工资、离休生活补助费，应按“工资、薪金所得”应税项目的规定缴纳个人所得税。

(8)依照我国有关法律规定应予免税的各国驻华使馆、领事馆的外交代表、领事官员和其他人员的所得。

(9)中国政府参加的国际公约、签订的协议中规定免税的所得。

(10)关于发给见义勇为者的奖金问题。对乡、镇(含乡、镇)以上人民政府或经县(含县)以上人民政府主管部门批准成立的见义勇为基金或者类似性质组织，奖励见义勇为者的奖金或奖品，经主管税务机关核准，免征个人所得税。

(11)企业和个人按照省级以上人民政府规定的比例提取并缴付的住房公积金、医疗保险金、基本养老保险金、失业保险金，不计入个人当期的工资、薪金收入，免予征收个人所得税。超过规定的比例缴付的部分计征个人所得税。个人领取原提存的住房公积金、医疗保险金、基本养老保险金时，免予征收个人所得税。

(12)对个人取得的教育储蓄存款利息所得以及国务院财政部门确定的其他专项储蓄存款或者储蓄性专项基金存款的利息所得，免征个人所得税。

(13)储蓄机构内从事代扣代缴工作的办税人员取得的扣缴利息税手续费所得，免征个人所得税。

(14)经国务院财政部门批准免税的所得。

2.减税项目

有下列情形之一的，经批准可以减征个人所得税：

(1)残疾、孤老人员和烈属的所得；

(2)因严重自然灾害造成重大损失的；

(3)其他经国务院财政部门批准减税的。

3.暂免征税项目

根据有关文件的规定，对下列所得暂免征收个人所得税：

(1)外籍个人以非现金形式或实报实销形式取得的住房补贴、伙食补贴、搬迁费、洗衣费。

(2)外籍个人按合理标准取得的境内、境外出差补贴。

(3)外籍个人取得的语言训练费、子女教育费等经当地税务机关审核批准为合理的部分。

(4)外籍个人从外商投资企业取得的股息、红利所得。

(5)凡符合下列条件之一的外籍专家取得的工资、薪金所得，可免征个人所得税：①根据世界银行专项贷款协议，由世界银行直接派往我国工作的外国专家；②联合国组织直接派往我国工作的专家；③为联合国援助项目来华工作的专家；④援助国派往我国专为该国援助项目工作的专家；⑤根据两国政府签订的文化交流项目来华工作两年以内的文教专家，其工资、薪金所得由该国负担的；⑥根据我国大专院校国际交流项目来华工作两年以内的文教专家，其工资、薪金所得由该国负担的；⑦通过民间科研协定来华工作的专家，其工资、薪金所得由该国政府机构负担的。

(6)个人举报、协查各种违法、犯罪行为而获得的奖金。

(7)个人办理代扣代缴手续，按规定取得的扣缴手续费。

(8)个人转让自用达5年以上、并且是唯一的家庭生活用房取得的所得。

(9)对个人购买福利彩票、赈灾彩票、体育彩票，一次中奖收入在1万元以下的(含1万元)暂免征收个人所得税，超过1万元的，全额征收个人所得税。

(10)达到离休、退休年龄，但确因工作需要，适当延长离休、退休年龄的高级专家(指享受国家发放的政府特殊津贴的专家、学者)，其在延长离休、退休期间的工资、薪金所得，视同离休、退休工资免征个人所得税。

(11)对国有企业职工，因企业依照《中华人民共和国企业破产法(试行)》宣告破产，从破产企业取得的一次性安置费收入，免予征收个人所得税。

(12)个人取得单张有奖发票奖金所得不超过800元(含800元)的，暂免征收个人所得税；个人取得单张有奖发票奖金所得超过800元的，应全额按照个人所得税法规定的“偶然所得”项目征收个人所得税。

(13)自2008年10月9日(含)起，对储蓄存款利息所得暂免征收个人所得税。

任务7.2　个人所得税税款计算

【任务描述】

1.计算应纳税所得额。确认收入总额，明确费用扣除标准，计算应纳税所得额；

2. 计算应纳税额。计算不同所得应该承担的个人所得税额。

【教学准备】

1.《中华人民共和国个人所得税法》、《中华人民共和国个人所得税法实施条例》以及其他相关法规；

2. 个人所得税纳税的经济业务资料。

【相关知识】

7.2.1 工资、薪金所得应纳税额的计算

1. 应纳税所得额的计算

工资、薪金所得实行按月征收，以一个月取得的应税收入减除一定的费用扣除标准后得到应纳税所得额。

(1)基本费用扣除额

一般情况下工资、薪金所得的费用扣除标准为每月 2000 元，应纳税所得额的计算公式为：应纳税所得额＝月工资、薪金收入－2000 元

(2)附加减除费用

对在中国境内无住所而在中国境内取得工资、薪金所得的纳税义务人和在中国境内有住所而在中国境外取得工资、薪金所得的纳税义务人，税法根据其平均收入水平、生活水平以及汇率变化情况，确定每月再附加减除费用 2800 元。其应纳税所得额的计算公式为：

应纳税所得额＝月工资、薪金收入－2000 元－2800 元附加减除费

附加减除费用主要适用于外籍人员、外派人员以及远洋运输船员的工资、薪金所得，具体范围包括：

①在中国境内的外商投资企业和外国企业中工作的外籍人员；

②应聘在中国境内企业、事业单位、社会团体、国家机关中工作的外籍专家；

③在中国境内有住所而在中国境外任职或者受雇取得工资、薪金所得的个人；

④财政部确定的其他人员。

此外，附加减除费用也适用于华侨和香港、澳门、台湾同胞。考虑到远洋运输具有跨国流动的特性，因此，对远洋运输船员也适用附加减除费用。

2. 应纳税额的计算

(1)一般情况下工资、薪金所得应纳税额的计算

工资、薪金所得应纳税额的计算公式为：

应纳税额＝应纳税所得额×适用税率－速算扣除数

＝(每月收入额－2 000 元或 4 800 元)×适用税率－速算扣除数

(2)全年一次性奖金应纳税额的计算

纳税人取得全年一次性奖金，单独作为 1 个月工资、薪金所得计算纳税，自 2005 年 1 月 1 日起按以下计税办法，由扣缴义务人发放时代扣代缴：

①先将雇员当月内取得的全年一次性奖金，除以 12 个月，按其商数确定适用税率和速算扣除数。

如果在发放年终一次性奖金的当月，雇员当月工资、薪金所得低于税法规定的费用扣除额，应将全年一次性奖金减除“雇员当月工资、薪金所得与费用扣除额的差额”后的余额，按

上述办法确定全年一次性奖金的适用税率和速算扣除数。

②将雇员个人当月内取得的全年一次性奖金，按上述第①条确定的适用税率和速算扣除数计算征税，计算公式如下：

如果雇员当月工资、薪金所得高于(或等于)税法规定的费用扣除额的，适用公式为：

应纳税额＝雇员当月取得全年一次性奖金×适用税率－速算扣除数

如果雇员当月工资、薪金所得低于税法规定的费用扣除额的，适用公式为：

应纳税额＝(雇员当月取得全年一次性奖金－雇员当月工资、薪金所得与费用扣除额的差额)×适用税率－速算扣除数

③在一个纳税年度内，对每一个纳税人，该计税办法只允许采用一次。

④雇员取得除全年一次性奖金以外的其他各种名目奖金，如半年奖、季度奖、加班奖、先进奖、考勤奖等，一律与当月工资、薪金收入合并，按税法规定缴纳个人所得税。

7.2.2　个体工商户的生产经营所得应纳税额的计算

1. 应纳税所得额的计算

个体工商户的生产、经营所得，以每一纳税年度的收入总额，减除成本、费用以及损失后的余额为应纳税所得额。计算公式为：

应纳税所得额＝收入总额－(成本＋费用＋损失＋准予扣除的税金)

公式中，收入总额是指个体工商户从事生产、经营以及与生产经营有关的活动所取得的各项收入，包括主营业务收入、其他业务收入和营业外收入；成本、费用，是指纳税义务人从事生产、经营所发生的各项直接支出和分配计入成本的间接费用以及销售费用、管理费用、财务费用；所说的损失，是指纳税义务人在生产、经营过程中发生的各项营业外支出。

从事生产、经营的纳税义务人未提供完整、准确的纳税资料，不能正确计算应纳税所得额的，由主管税务机关核定其应纳税所得额。

2. 应纳税额的计算

个体工商户生产、经营所得的应纳税额实行按年计算，分月或分季预缴，年终汇算清缴、多退少补的方法，计算公式为：

应纳税额＝应纳税所得额×适用税率－速算扣除数

或　　　＝(全年收入总额－成本、费用以及损失)×适用税率－速算扣除数

7.2.3　对企事业单位的承包经营、承租经营所得应纳税额的计算

1. 应纳税所得额的计算

对企事业单位的承包经营、承租经营所得，以每一纳税年度的收入总额，减除必要费用后的余额为应纳税所得额。计算公式为：

应纳税所得额＝个人承包、承租经营收入总额－每月 2000 元

每一纳税年度的收入总额，是指纳税义务人按照承包经营、承租经营合同规定分得的经营利润和工资、薪金性质的所得；所说的减除必要费用，是指按月减除 2000 元。

2. 应纳税额的计算

对企事业单位的承包经营、承租经营所得，其个人所得税应纳税额的计算公式为：

应纳税额＝应纳税所得额×适用税率－速算扣除数

或　　　=(纳税年度收入总额－必要费用)×适用税率－速算扣除数

7.2.4 劳务报酬所得应纳税额的计算

1.应纳税所得额的计算

劳务报酬所得的应纳税所得额以每人每次取得收入定额或定率减除规定费用后的余额为应纳税所得额。每次收入不超过4000元的,定额减除费用800元;每次收入在4000元以上的,定率减除20%的费用。其计算公式为:

每次收入不超过4000元的:

应纳税所得额=每次收入额－800元

每次收入在4000元以上的:

应纳税所得额=每次收入额×(1－20%)

劳务报酬所得是按次计征的,发生一次取得所得,计算征收一次个人所得税。如果只有一次收入的,以取得该项收入为一次。属于同一事项连续取得收入的,以1个月内取得的收入合并为一次。

2.应纳税额的计算

劳务报酬所得其应纳税额的计算公式为:

每次收入不超过4000元的:

应纳税额=应纳税所得额×适用税率

或　　　=(每次收入额－800元)×20%

每次收入在4000元以上,应税所得额在20000元以下的:

应纳税额=应纳税所得额×适用税率

或　　　=每次收入额×(1－20%)×20%

每次应纳税所得额在20000元以上的:

应纳税额=应纳税所得额×适用税率－速算扣除数

或　　　=每次收入额×(1－20%)×适用税率－速算扣除数

7.2.5 稿酬所得应纳税额的计算

1.应纳税所得额的计算

稿酬所得以每次取得收入定额或定率减除规定费用后的余额为应纳税所得额。每次收入不超过4000元的,定额减除费用800元;每次收入在4000元以上的,定率减除20%的费用。计算公式为:

每次收入不超过4000元的:

应纳税所得额=每次收入额－800元

每次收入在4000元以上的:

应纳税所得额=每次收入额×(1－20%)

稿酬所得实行按次计征,对于次的具体规定如下:

①同一作品再版取得的所得,应视作另一次稿酬所得计征个人所得税。

②同一作品先在报刊上连载,然后再出版,或先出版,再在报刊上连载的,应视为两次稿酬所得征税,即连载作为一次,出版作为另一次。

③同一作品在报刊上连载取得收入的，以连载完成后取得的所有收入合并为一次，计征个人所得税。

④同一作品在出版和发表时，以预付稿酬或分次支付稿酬等形式取得的稿酬收入，应合并计算为一次。

⑤同一作品出版、发表后，因添加印数而追加稿酬的，应与以前出版、发表时取得的稿酬合并计算为一次，计征个人所得税。

2. 应纳税额的计算

稿酬所得应纳税额的计算公式为：

每次收入不超过 4000 元的：

应纳税额＝应纳税所得额×适用税率×(1－30%)

或　　　＝(每次收入额－800 元)×20%×(1－30%)

每次收入在 4000 元以上的：

应纳税额＝应纳税所得额×适用税率×(1－30%)

或　　　＝每次收入额×(1－20%)×20%×(1－30%)

7.2.6 特许权使用费所得应纳税额的计算

1. 应纳税所得额的计算

特许权使用费所得以个人每次取得的收入，定额或定率减除规定费用后的余额为应纳税所得额。每次收入不超过 4000 元的，定额减除费用 800 元；每次收入在 4000 元以上的，定率减除 20%的费用。计算公式为：

每次收入不超过 4000 元的：

应纳税所得额＝每次收入额－800 元

每次收入在 4000 元以上的：

应纳税所得额＝每次收入额×(1－20%)

特许权使用费所得同样实行按次计征，每一项使用权的每次转让所取得的收入为一次。如果该次转让取得的收入是分笔支付的，则应将各笔收入相加为一次的收入，计征个人所得税。

2. 应纳税额的计算

特许权使用费所得应纳税额的计算公式为：

每次收入不超过 4000 元的：

应纳税额＝应纳税所得额×适用税率

或　　　＝(每次收入额－800 元)×20%

每次收入在 4000 元以上的：

应纳税额＝应纳税所得额×适用税率

或　　　＝每次收入额×(1－20%)×20%

7.2.7 财产租赁所得应纳税额的计算

1. 应纳税所得额的计算

财产租赁所得一般以个人每次取得的收入，定额或定率减除规定费用后的余额为应纳税所得额。每次收入不超过4000元的，定额减除费用800元；每次收入在4000元以上的，定率减除20％的费用。

应纳税所得额的计算公式为：

每次(月)收入不超过4000元的：

应纳税所得额＝每次(月)收入额－准予扣除项目－修缮费用(800元为限)－800元每次(月)

每次(月)收入超过4000元的：

应纳税所得额＝[每次(月)收入额－准予扣除项目－修缮费用(800元为限)]×(1－20％)

个人出租财产取得的财产租赁收入，在计算缴纳个人所得税时，应依次扣除以下费用：

①财产租赁过程中缴纳的税费；

②由纳税人负担的该出租财产实际开支的修缮费用。修缮费的扣除以每次800元为限。一次扣除不完的，准予在下一次继续扣除，直到扣完为止；

③税法规定的费用扣除标准。

财产租赁所得以一个月内取得的收入为一次。

2. 应纳税额的计算

财产租赁所得应纳税额的计算公式为：

每次(月)收入不超过4000元的：

应纳税额＝应纳税所得额×适用税率

或　　　＝[每次(月)收入额－准予扣除项目－修缮费用(800元为限)－800元每次(月)]×20％

每次(月)收入超过4000元的：

应纳税额＝应纳税所得额×适用税率

或　　　＝[每次(月)收入额－准予扣除项目－修缮费用(800元为限)－800元每次(月)]×(1－20％)×20％

7.2.8 财产转让所得应纳税额的计算

1. 应纳税所得额的计算

财产转让所得以个人每次转让财产取得的收入额减除财产原值和相关税、费后的余额为应纳税所得额。其计算公式如下：

应纳税所得额＝每次收入额－财产原值－合理费用

财产转让所得中允许减除的财产原值是指：

①有价证券。其原值为买入价以及买入时按规定缴纳的有关费用。

②建筑物。其原值为建造费或者购进价格以及其他有关税费。

③土地使用权。其原值为取得土地使用权所支付的金额、开发土地的费用以及其他有关税费。

④机器设备、车船。其原值为购进价格、运输费、安装费，以及其他有关费用。

⑤其他财产。其原值参照以上方法确定。

如果纳税人未提供完整、准确的财产原值凭证，不能正确计算财产原值，由主管税务机关核定其财产原值。

财产转让所得中允许减除的合理费用，是指卖出财产时按照规定支付的有关费用。

财产转让所得同样采取按次计征的方式，以一件财产的所有权一次转让取得的收入为一次。

2. 应纳税额的计算

财产转让所得应纳税额的计算公式为：

应纳税额＝应纳税所得额×适用税率

或　　　＝(收入总额－财产原值－合理税费)×20%

7.2.9 利息、股息、红利、偶然所得和其他所得应纳税额的计算

利息、股息、红利、偶然所得和其他所得应纳税额按次征收，以每次取得的收入为一次，不扣除任何费用。

利息、股息、红利、偶然所得和其他所得应纳税额的计算公式为：

应纳税额＝每次收入额×适用税率

或　　　＝每次收入额×20%

【任务设计】

工作实例：

鸿运实业有限公司的财务总监赵新，2009 年的收入构成情况如下：

①每月取得基本工资 2500 元，岗位工资 1000 元，津贴 2000 元，奖金 6000 元，法定标准内的住房公积金 2500 元，基本养老保险 1000 元，职工医疗保险 550 元，失业保险 300 元，12 月取得除当月工资外的年度绩效工资 60000 元；

②购买国债，取得利息收入 4000 元，取得个人教育储蓄存款利息所得 3000 元；

③给大华公司提供咨询服务，取得收入 45000 元；

④3 月份出版专著一本，取得稿费 8000 元；该书 6 月至 8 月被某报纸连载，6 月取得稿费 1000 元，7 月取得稿费 1000 元，8 月取得稿费 1500 元；

⑤将其自有的住房出租给王某用于居住，租期 1 年，赵新每月取得租金收入 5000 元，法定的其他税合计 500 元，能提供完税凭证，1 月份发生了修缮费用 1500 元；

⑥转让一项专利，获得收入 30000 元；

⑦转让一台设备，取得转让收入 80000 元。该设备原价为 50000 元，转让时支付有关费用 400 元。

请计算赵新 2009 年应缴纳的个人所得税。

【操作步骤】

①工资、薪金所得

第一步：计算应纳税所得额

月应纳税所得额＝2500＋1000＋2000＋6000－2500－1000－550－300－2000＝5150(元)

第二步：计算应纳税额

月应纳税额＝5150×20%－375＝655(元)

年应纳税额＝655×12＝7860(元)

第三步:计算年终一次性奖金应纳税额

60000÷12=5000(元) 适用税率15%,速算扣除数125

应纳税额=60000×15%-125=8875(元)

年工资、薪金所得应纳税额合计=7860+8875=16735(元)

②利息所得

国债利息收入和个人教育储蓄存款利息所得是免税的

③劳务报酬所得

第一步:计算应纳税所得额

应纳税所得额=45000×(1-20%)=36000(元)

第二步:计算应纳税额

应纳税额=36000×30%-2000=8800(元)

④稿酬所得

出版取得的稿酬所得

第一步:计算应纳税所得额

8000×(1-20%)=6400(元)

第二步:计算应纳税额

6400×20%×(1-30%)=896(元)

连载取得的稿酬所得

第一步:计算应纳税所得额

(1000+1000+1500)×(1-20%)=3600(元)

第二步:计算应纳税额

3600×20%×(1-30%)=504(元)

稿酬所得应纳税额=896+504=1400(元)

⑤财产租赁所得

1月份

第一步:计算应纳税所得额

(5000-500-800)×(1-20%)=2960(元)

第二步:计算应纳税额

因出租自有住房,按优惠税率10%执行

2960×10%=296(元)

2月份

第一步:计算应纳税所得额

(5000-500-700)×(1-20%)=3040(元)

第二步:计算应纳税额

3040×10%=304(元)

剩余月份

第一步:计算应纳税所得额

(5000-500)×(1-20%)=3600(元)

第二步:计算应纳税额

3600×10%×10＝3600(元)

财产租赁所得应纳税额合计＝296＋304＋3600＝4200(元)

⑥特许权使用费所得

第一步:计算应纳税所得额

应纳税所得额＝30000×(1－20%)＝24000(元)

第二步:计算应纳税额

应纳税额＝24000×20%＝4800(元)

⑦财产转让所得

第一步:计算应纳税所得额

应纳税所得额＝80000－50000＝30000(元)

第二步:计算应纳税额

应纳税额＝30000×20%＝6000(元)

赵新 2009 年应纳个人所得税＝16735＋8800＋1400＋4200＋4800＋6000＝41935(元)

7.2.10　个人所得税几种特殊情况应纳税额的计算

1.对公益救济性捐赠支出的扣除

税法规定,个人将其所得对教育事业和其他公益事业捐赠(以下称捐赠支出)的部分,按照国务院有关规定从应纳税所得额中扣除。以上所指的捐赠是指个人将其所得通过中国境内的社会团体、国家机关向教育和其他社会公益事业以及遭受严重自然灾害地区、贫困地区的捐赠。捐赠支出的扣除限额一般以应纳税所得额的 30%为限。当捐赠支出小于应纳税所得额的 30%时,捐赠支出可以从应纳税所得额中全额扣除之后再对剩余的部分征税。

个人通过非营利的社会团体和国家机关向农村义务教育的捐赠,准予在缴纳个人所得税前的所得额中全额扣除。农村义务教育的范围,是政府和社会力量举办的农村乡镇(不含县和县级市政府所在地的镇)、村的小学和初中以及属于这一阶段的特殊教育学校。纳税人对农村义务教育与高中在一起的学校的捐赠,也享受此项所得税前扣除。

【例 7-1】 中国居民王华 2010 年 1 月取得工资、薪金所得 5300 元,当月拿出 1000 元对贫困地区进行捐赠。王华当月应缴纳多少个人所得税?

①计算应纳税所得额

应纳税所得额＝5300－2000＝3300(元)

②计算扣除限额,确定扣除额

扣除限额＝3300×30%＝990(元)

1000＞990,只能扣除 990 元

③计算应纳税额

应纳税额＝(3300－990)×15%－125＝221.5(元)

2.两人或两人以上的个人共同取得一项收入的计算

两个或两个以上的个人共同取得同一项目收入的,每个人应以各自取得的收入分别按照税法规定减除费用后计算纳税,即按“先分、后扣、再税”的办法计算各自应该承担的个人所得税。

【例 7-2】 小王和小李合作写了一本书，一次性取得稿酬 30000 元，双方根据承担的工作的多少按 1∶9 对稿酬进行分配。两人各自缴纳多少个人所得税？

①计算应纳税所得额

小王：应纳税所得额＝30000÷10×1－800＝2200(元)

小李：应纳税所得额＝30000÷10×9×(1－20％)＝21600(元)

②计算应纳税额

小王：应纳税额＝2200×20％×(1－30％)＝308(元)

小李：应纳税额＝21600×20％×(1－30％)＝3024(元)

3. 境外所得已纳税款抵免的计算

当一个纳税人的所得既有来源于境内的所得，又有来源于境外的所得时，对境外所得已经在所得来源地缴纳了个人所得税，但是同一项所得回到中国境内，还需按照中国的税法要求再缴纳一次个人所得税，这样就出现了重复征税的问题。为了解决这一问题，有效行使中国的税收管辖权，并处理好和其他国家的关系，我们对境外所得已纳税款采取了分国又分项的抵免方式。

税法规定，纳税义务人从中国境外取得的所得，准予其在应纳税额中扣除已在境外缴纳的个人所得税税额。但扣除额不得超过该纳税义务人境外所得依照本法规定计算的应纳税额。其中，已在境外缴纳的个人所得税税额，是指纳税义务人从中国境外取得的所得，依照该所得来源国家或者地区的法律应当缴纳并且实际已经缴纳的税额。依照税法规定计算的应纳税额，是指纳税义务人从中国境外取得的所得，区别不同国家或者地区和不同所得项目，依照税法规定的费用减除标准和适用税率计算的应纳税额；同一国家或者地区内不同所得项目的应纳税额之和，为该国家或者地区的扣除限额。纳税义务人在中国境外一个国家或者地区实际已经缴纳的个人所得税税额，低于依照前款规定计算出的该国家或者地区扣除限额的，应当在中国缴纳差额部分的税款；超过该国家或者地区扣除限额的，其超过部分不得在本纳税年度的应纳税额中扣除，但是可以在以后纳税年度的该国家或者地区扣除限额的余额中补扣。补扣期限最长不得超过五年。

此外，纳税义务人依照税法规定申请扣除已在境外缴纳的个人所得税税额时，应当提供境外税务机关填发的完税凭证原件。

【例 7-3】 某公司外派美国的中国居民张某 2009 年度来源于境外的所得如下：在 A 国取得工资、薪金所得 72000 元(平均每月 6000 元)，取得股息收入 30000 元，两项收入在 A 国缴纳个人所得税 7000 元；在 B 国出版著作取得稿酬收入 20000 元，提供了技术服务一次，取得报酬 8000 元，两项所得在 B 国缴纳了个人所得税 3600 元。

请计算 2009 年度张某在中国需要缴纳的个人所得税。

(1)A 国的抵免限额

①工资、薪金所得

每月应纳税额为：(6000－4800)×10％－25＝95(元)

全年应纳税额为：95×12＝1140(元)

②股息所得

应纳税额：30000×20％＝6000(元)

张某从 A 国取得应税所得在 A 国缴纳的个人所得税额的抵免限额为 7140 元，其在 A

国实际缴纳个人所得税 7000 元，低于抵免限额可以全额抵扣，并需在中国补缴差额部分的税款，计 140 元。

(2)B 国的抵免限额

①稿酬所得

20000×(1－20％)×20％×(1－30％)＝2240(元)

②劳务报酬所得

8000×(1－20％)×20％＝1280(元)

来源于 B 国所得的抵免限额为 3520 元，其在 B 国实际缴纳个人所得税 3600 元，超出抵免限额 480 元，不能在本年度扣减，但可在以后 5 个纳税年度的该国减除限额的余额中补减。

4.雇主为雇员负担税款的税务处理

在实际工作中，有的雇主(单位或个人)常常为纳税人负担税款，即支付给纳税人的报酬(包括工资、薪金、劳务报酬等所得)是不含税的净所得或称为税后所得，此时纳税人的税款计算应将纳税人的不含税收入换算为应纳税所得额，即含税收入，然后再计算应纳税额。

(1)雇主全额为雇员负担税款。应将雇员取得的不含税收入换算成应纳税所得额后，计算单位或个人应当代扣代缴的税款。计算公式为：

①应纳税所得额＝(不含税收入额－费用扣除标准－速算扣除数)÷(1－税率)

②应纳税额＝应纳税所得额×适用税率－速算扣除数

公式①中的税率是指不含税所得按不含税级距对应的税率；公式②中的税率，是指应纳税所得额按含税级距对应的税率。见表 7-1 所示。

【例 7-4】 2010 年 3 月公司支付给范某的不含税工资为 6500 元，请计算公司为范某代扣代缴的个人所得税是多少？

①计算应纳税所得额

应纳税所得额＝(6500－2000－375)÷(1－20％)＝5156.25 (元)

②计算应代扣代缴的税额

应代扣代缴的个人所得税＝5156.25×20％－375＝656.25(元)

(2)雇主为其雇员负担部分税款。有定额负担和定率负担两种情形，其计算公式分别为：

①定额负担部分税款

应纳税所得额＝雇员取得的工资＋雇主代雇员负担的税款－费用扣除标准

应纳税额＝应纳税所得额×适用税率－速算扣除数

②定率负担部分税款

定率负担部分税款是指雇主为雇员负担一定比例的工资应纳的税款或负担一定比例的实际应纳税款。

应纳税所得额＝(未含雇主负担的税款的收入额－费用扣除标准－速算扣除数×负担比例)÷(1－税率×负担比例)

应纳税额＝应纳税所得额×适用税率－速算扣除数

【例 7-5】 2010 年 3 月公司支付给外籍专家工资收入 15000 元，公司负担其工资所得 40％部分的税款。该外籍专家当月应缴纳多少个人所得税？

①计算应纳税所得额

应纳税所得额＝(15000－4800－375×40％)÷(1－20％×40％)＝10923.91(元)

②计算应缴纳的税额

应缴纳的个人所得税＝10923.91×20％－375＝1809.78(元)

5.不满一个月的工资、薪金所得应纳个人所得税的计算

在中国境内无住所的个人，凡在中国境内不满一个月，并仅就不满一个月期间的工资、薪金所得申报纳税的均应以全月工资、薪金所得为依据计算实际应纳税额。其计算公式为：

应纳税额＝(当月工资、薪金应纳税所得额×适用税率－速算扣除数)×当月实际在中国境内的天数÷当月天数

如果属于上述情况的个人取得的是日工资、薪金，应以日工资、薪金乘以当月天数换成月工资、薪金后，再按上述公式计算应纳税额。

【例 7-6】 美国某公司派其雇员汤姆来我国某企业进行技术指导，汤姆在华工作时间为 8 个月，从 2009 年 1 月 1 日到 8 月 31 日。但 8 月份仅在我国居住 20 天。其工资由美方企业支付，月工资合人民币 40000 元。计算汤姆 8 月份在我国应缴纳的个人所得税。

①计算应纳税所得额

应纳税所得额＝40000－4800＝35200(元)

②计算应缴纳的税额

应缴纳的个人所得税＝(35200×25％－1375)×20÷31＝4790.32(元)

任务 7.3 个人所得税会计核算

【任务描述】

1.设置会计科目：对于个人所得税的会计处理，依据不同的缴纳方式主要通过“应交税费——应交个人所得税”、“应交税费——代扣个人所得税”两个科目来反映；

2.进行个人所得税会计核算。区分不同缴纳方式对不同所得分别进行个人所得税会计处理。

【教学准备】

1.《中华人民共和国个人所得税法》、《中华人民共和国个人所得税法实施条例》以及其他相关法规；

2.个人所得税纳税的经济业务资料。

【相关知识】

7.3.1 会计科目的设置

个人所得税有代扣代缴和自行申报两种方式，根据不同的缴纳方式会计科目的设置也有所不同。

对于个体工商户、个人独资企业和合伙企业，其自行申报缴纳个人所得税，应设置“应交税费——应交个人所得税”科目，核算个人所得税的缴纳情况。

扣缴义务人应在“应交税费”科目下设置“代扣个人所得税”明细科目。该科目属于负债

类科目，其贷方发生额反映企业应代扣代缴的个人所得税，借方发生额反映企业实际缴纳的个人所得税，期末余额在贷方反映企业尚未上交的个人所得税。

7.3.2 会计核算处理

1. 个体工商户的生产、经营所得的会计核算

自行申报缴纳方式中，个体工商户除了生产、经营所得需要进行账务处理外，其余的所得都不需要。个体工商户的生产、经营所得有查账征收和核定征收两种方式。对于实施查账征收方式的纳税人，应对应通过"留存收益"科目对其应缴纳的个人所得税进行会计核算。在计算个人所得税时，借记"留存收益"科目，贷记"应交税费——应交个人所得税"科目；实际缴纳税款时，借记"应交税费——应交个人所得税"科目，贷记"银行存款"科目。

【例 7-7】 个体工商户张某 2009 年全年收入 100000 元，发生经营成本、费用总额 30000 元，其相应的会计分录要如何编制？

①计算应纳所得税额

应纳税所得额＝100000－30000＝70000(元)

应纳税额＝70000×35％－6750＝17750(元)

②编制会计分录

企业计提个人所得税：

借：留存收益　　17 750

　　贷：应交税费——应交个人所得税　　17 750

企业实际缴纳税款：

借：应交税费——应交个人所得税　　17 750

　　贷：银行存款　　17 750

2. 代扣代缴个人所得税的会计核算

除了个体工商户的生产、经营所得和需要进行自行申报的特殊情况，一般情况下，个人所得税都采取代扣代缴的方式进行。因此，如何进行相应的会计核算对扣缴义务人来说是十分重要的。

一般情况下依据收入的不同情况分别在"应付职工薪酬"、"应付股利"、"销售费用"、"管理费用"等相关科目对代扣代缴个人所得税的情况进行反映。

【例 7-8】 郑源有限责任公司 2010 年 5 月发放了职工工资 120 万元，其中生产工人工资 72 万元，管理人员工资 24 万元，营销人员工资 24 万元，企业职工应该缴纳的个人所得税为 10 万元。请编制相应的会计分录。

①提取应付工资：

借：生产成本　　720 000

　　管理费用　　240 000

　　销售费用　　240 000

　　贷：应付职工薪酬　　1 200 000

②提取代扣代缴的个人所得税：

借：应付职工薪酬　　100 000

　　贷：应交税费——代扣个人所得税　　100 000

③实际支付工资：

借：应付职工薪酬　　1100 000

　贷：银行存款　　1100 000

④实际缴纳税款：

借：应交税费——代扣个人所得税　　100 000

　贷：银行存款　　100 000

【例 7-9】 2010 年 5 月郑源有限责任公司支付外聘技术顾问小王技术咨询费 23000 元，并代扣代缴了个人所得税。请编制相应的会计分录。

①计算应纳所得税额

应纳税所得额＝23000×(1－20％)＝18400(元)

应纳税额＝18400×20％＝3680(元)

②编制会计分录

企业支付劳务报酬：

借：销售费用　　230 00

　贷：银行存款　　19 320

　　应交税费——应交个人所得税　　3 680

企业实际缴纳税款：

借：应交税费——代扣个人所得税　　3 680

　贷：银行存款　　3 680

任务 7.4　个人所得税申报与扣缴

【任务描述】

1. 确定源泉扣缴征收方式。确定扣缴义务人、扣缴范围、扣缴期限；

2. 确定自行申报的征收方式。确定自行申报的范围、申报期限、申报地点、申报内容；

3. 填制扣缴个人所得税报告表或个人所得税自行申报表。

【教学准备】

1.《中华人民共和国个人所得税法》、《中华人民共和国个人所得税法实施条例》以及其他相关法规；

2. 扣缴个人所得税报告表、个人所得税纳税申报表；

3. 个人所得税纳税的经济业务资料。

【相关知识】

7.4.1　个人所得税扣缴申报

1. 扣缴义务人

个人所得税法规定，个人所得税以所得人为纳税义务人，以支付所得的单位或者个人为扣缴义务人。个人所得税的扣缴义务人包括凡支付个人应纳税所得的企业(公司)、事业单位、机关、社团组织、军队、驻华机构、个体户等单位或者个人。扣缴义务人在向个人支付应税款项时，应当依照税法规定代扣税款，按时缴库，并专项记载备查。

扣缴义务人应当按照国家规定办理全员全额扣缴申报。全员全额扣缴申报，是指扣缴义务人在代扣税款的次月内，向主管税务机关报送其支付所得个人的基本信息、支付所得数额、扣缴税款的具体数额和总额以及其他相关涉税信息。全员全额扣缴申报的管理办法，由国务院税务主管部门制定。

2. 代扣代缴的范围

扣缴义务人在向个人支付下列所得时，应代扣代缴个人所得税：工资、薪金所得；对企事业单位的承包经营、承租经营所得；劳务报酬所得；稿酬所得；特许权使用费所得；利息、股息、红利所得；财产租赁所得；财产转让所得；偶然所得；经国务院财政部门确定征税的其他所得。

3. 代扣代缴税款的缴纳期限

扣缴义务人每月所扣的税款，应当在次月 7 日内缴入国库，并向税务机关报送《扣缴个人所得税报告表》(见表 7-5)、代扣代收税款凭证和包括每一纳税人姓名、单位、职务、收入、税款等内容的支付个人收入明细表(见表 7-4)以及税务机关要求报送的其他有关资料。

4. 代扣代缴税款的手续费

对扣缴义务人按照所扣缴的税款，付给百分之二的手续费。退还扣缴义务人手续费时，应当按月填开收入退还书发给扣缴义务人。扣缴义务人持收入退还书向指定的银行办理退库手续。

以上所指的支付，包括现金支付、汇拨支付、转账支付和以有价证券、实物以及其他形式的支付。

表 7-4　支付个人收入明细表

扣缴义务人编码：□□□□□□□□□□□□□□□□□□□□

扣缴义务人名称(公章)：　　　　金额单位：元(列至角分)

所属期：年 月 日至 年 月 日　　　　填表日期：　年　月　日

姓名	身份证照类型及号码	收入额						备注
		合计	工资薪金所得	承包、承租所得	劳务报酬所得	利息、股息、红利所得	其他各项所得	
1	2	3	4	5	6	7	8	9
合计								

制表人：　　　　审核人：

本表一式两份，一份扣缴义务人留存，一份报主管税务机关。

表 7-5　扣缴个人所得税报告表

扣缴义务人编码：□□□□□□□□□□□□□□□□□□□□

扣缴义务人名称(公章)：　　　　　　　　　　　　　　　　　　　　金额单位：元(列至角分)

填表日期：　　年　　月　　日

序号	纳税人姓名	身份证照类型	身份证照号码	国籍	所得项目	所得期间	收入额	免税收入额	允许扣除的税费	费用扣除标准	准予扣除的捐赠额	应纳税所得额	税率%	速算扣除数	应扣税额	已扣税额	备注
1	2	3	4	5	6	7	8	9	10	11	12	13	14	15	16	17	18
合计										—	—	—	—	—			

扣缴义务人声明	我声明：此扣缴报告表是根据国家税收法律、法规的规定填报的，我确定它是真实的、可靠的、完整的。 声明人签字：

会计主管签字：　　　　　　负责人签字：　　　　　　扣缴单位(或法定代表人)(签章)：

受理人(签章)：　　　　　　受理日期：　　年　　月　　日　　　　受理税务机关(章)：

本表一式两份，一份扣缴义务人留存，一份报主管税务机关。

7.4.2 个人所得税自行申报

1. 自行申报的范围

纳税义务人有下列情形之一的，应当按照规定到主管税务机关办理纳税申报：

(1)个人所得超过国务院规定数额的(2006 年 1 月 1 日起当年取得所得 12 万元以上者)；

(2)从中国境内两处或者两处以上取得工资、薪金所得的；

(3)从中国境外取得所得的；

(4)取得应纳税所得，没有扣缴义务人的；

(5)国务院规定的其他情形。

年所得 12 万元以上的纳税人，无论取得的各项所得是否已足额缴纳了个人所得税，均应当按照本办法的规定，填写《个人所得税纳税申报表(适用于年所得 12 万元以上的纳税人申报)》(见表 7-6)，于法定时间内向主管税务机关办理纳税申报；其他情形的纳税人，均应当按照自行申报纳税管理办法的规定，于取得所得后向主管税务机关办理纳税申报。

2. 自行申报的期限

(1)年所得 12 万元以上的纳税义务人，在年度终了后 3 个月内到主管税务机关办理纳税申报。

(2)个体工商户和个人独资、合伙企业投资者取得的生产、经营所得应纳的税款，分月预缴的，纳税人在每月终了后 7 日内办理纳税申报；分季预缴的，纳税人在每个季度终了后 7 日内办理纳税申报。纳税年度终了后，纳税人在 3 个月内进行汇算清缴。

(3)纳税人年终一次性取得对企事业单位的承包经营、承租经营所得的，自取得所得之日起 30 日内办理纳税申报；在 1 个纳税年度内分次取得承包经营、承租经营所得的，在每次取得所得后的次月 7 日内申报预缴，纳税年度终了后 3 个月内汇算清缴。

(4)从中国境外取得所得的纳税人，在纳税年度终了后 30 日内向中国境内主管税务机关办理纳税申报。

(5)除以上情形外，纳税人取得其他各项所得须申报纳税的，在取得所得的次月 7 日内向主管税务机关办理纳税申报。

3. 自行申报纳税的地点

(1)在中国境内有任职、受雇单位的，向任职、受雇单位所在地主管税务机关申报。

(2)在中国境内有两处或者两处以上任职、受雇单位的，选择并固定向其中一处单位所在地主管税务机关申报。

(3)在中国境内无任职、受雇单位，年所得项目中有个体工商户的生产、经营所得或者对企事业单位的承包经营、承租经营所得(以下统称生产、经营所得)的，向其中一处实际经营所在地主管税务机关申报。

(4)在中国境内无任职、受雇单位，年所得项目中无生产、经营所得的，向户籍所在地主管税务机关申报。在中国境内有户籍，但户籍所在地与中国境内经常居住地不一致的，选择并固定向其中一地主管税务机关申报。在中国境内没有户籍的，向中国境内经常居住地主管税务机关申报。

(5)从中国境外取得所得的，向中国境内户籍所在地主管税务机关申报。在中国境内有户籍,但户籍所在地与中国境内经常居住地不一致的,选择并固定向其中一地主管税务机关申报。在中国境内没有户籍的,向中国境内经常居住地主管税务机关申报。

(6)个体工商户向实际经营所在地主管税务机关申报。

(7)个人独资、合伙企业投资者兴办两个或两个以上企业的,区分不同情形确定纳税申报地点:①兴办的企业全部是个人独资性质的,分别向各企业的实际经营管理所在地主管税务机关申报;②兴办的企业中含有合伙性质的,向经常居住地主管税务机关申报;③兴办的企业中含有合伙性质,个人投资者经常居住地与其兴办企业的经营管理所在地不一致的,选择并固定向其参与兴办的某一合伙企业的经营管理所在地主管税务机关申报。

4.年所得12万元以上的申报纳税的内容

年所得12万元以上的纳税人,在纳税年度终了后,应当填写《个人所得税纳税申报表(适用于年所得12万元以上的纳税人申报)》(见表7-6),并在办理纳税申报时报送主管税务机关,同时报送个人有效身份证件复印件,以及主管税务机关要求报送的其他有关资料。有效身份证件,包括纳税人的身份证、护照、回乡证、军人身份证件等。

(1)12万元所得的构成

年所得12万元包括纳税人一年内取得的工资、薪金所得;个体工商户的生产、经营所得;对企事业单位的承包经营、承租经营所得;劳务报酬所得;稿酬所得;特许权使用费所得;利息、股息、红利所得;财产租赁所得;财产转让所得;偶然所得;经国务院财政部门确定征税的其他所得。

(2)不计入12万元的所得

①免税所得。即省级人民政府、国务院部委、中国人民解放军军以上单位,以及外国组织、国际组织颁发的科学、教育、技术、文化、卫生、体育、环境保护等方面的奖金;国债和国家发行的金融债券利息;按照国家统一规定发给的补贴、津贴,即《个人所得税法实施条例》第十三条规定的按照国务院规定发放的政府特殊津贴、院士津贴、资深院士津贴,以及国务院规定免征个人所得税的其他补贴、津贴;福利费、抚恤金、救济金;保险赔款;军人的转业费、复员费;按照国家统一规定发给干部、职工的安家费、退职费、退休工资、离休工资、离休生活补助费。

②暂免征税所得。即依照我国有关法律规定应予免税的各国驻华使馆、领事馆的外交代表、领事官员和其他人员的所得;中国政府参加的国际公约、签订的协议中规定免税的所得。

③可以免税的来源于中国境外的所得,如按照国家规定单位为个人缴付和个人缴付的基本养老保险费、基本医疗保险费、失业保险费、住房公积金。

(3)确定各项所得的年所得的方法

①工资、薪金所得。以按照未减除费用及附加减除费用的收入额计算。

②劳务报酬所得及特许权使用费所得。不得减除纳税人在提供劳务或让渡特许权使用权过程中缴纳的有关税费。

③财产租赁所得。不得减除纳税人在出租财产过程中缴纳的有关税费;对于纳税人一次取得跨年度财产租赁所得的,全部视为实际取得所得年度的所得。

④个人转让房屋所得。采取核定征收个人所得税的,按照实际征收率(1%、2%、3%)分别换算为应税所得率(5%、10%、15%),据此计算年所得。

⑤企业债券利息所得。全部视为纳税人实际取得所得年度的所得。

⑥对个体工商户、个人独资企业投资者。按照征收率核定个人所得税的，将征收率换算为应税所得率，据此计算应纳税所得额。合伙企业投资者按照上述方法确定应纳税所得额后，合伙人应根据合伙协议规定的分配比例确定其应纳税所得额，合伙协议未规定分配比例的，按合伙人数平均分配确定其应纳税所得额。对于同时参与两个以上企业投资的，合伙人应将其投资所有企业的应纳税所得额相加后的总额作为年所得。

⑦股票转让所得。以1个纳税年度内，个人股票转让所得与损失盈亏相抵后的正数为申报所得数额，盈亏相抵为负数的，此项所得按“零”填写。

【任务设计】

工作实例：

承任务7.2的工作实例，请判断赵新是否需要进行自行申报？如果需要，应如何填写申报表？

【操作步骤】

第一步：计算2009年度所得

①年工资、薪金所得

按照未减除费用（每月2000元）及附加减除费用（每月2800元）的收入额计算。

年工资、薪金所得＝(2500＋1000＋2000＋6000－2500－1000－550－300)×12＋60000＝145800(元)

②年利息所得

按照收入额全额计算，但国债利息以及个人教育储蓄存款利息所得不包括在内，所以年利息所得为0。

③年劳务报酬所得

按照未减除费用（每次800元或者每次收入的20%）的收入额计算。

年劳务报酬所得＝45000(元)

④年稿酬所得

按照未减除费用（每次800元或者每次收入的20%）的收入额计算。

年稿酬所得＝8000＋1000＋1000＋1500＝11500(元)

⑤年财产租赁所得

按照未减除费用（每次800元或者每次收入的20%）和修缮费用的收入额计算。也不得减除纳税人在出租财产过程中缴纳的有关税费。

年财产租赁所得＝5000×12＝60000(元)

⑥年特许权使用费

按照未减除费用（每次800元或者每次收入的20%）的收入额计算。

年特许权使用费所得＝30000(元)

⑦年财产转让所得

年财产转让所得＝80000(元)

⑧赵新2009年度所得

赵新年所得＝145800＋45000＋11500＋60000＋30000＋80000＝372300(元)

因此赵新要进行自行申报。

第二步：填写纳税申报表

表 7-6　个人所得税纳税申报表

（适用于年所得 12 万元以上的纳税人申报）

所得年份：　2009　年　　填表日期：　　年　　月　　日　　金额单位：　人民币元（列至角分）

<table>
<tr><td>纳税人姓名</td><td>赵新</td><td>国籍（地区）</td><td>中国</td><td>身份证照类型</td><td>身份证</td><td>身份证照号码</td><td colspan="3">××××××××××××××××××</td></tr>
<tr><td>任职、受雇单位</td><td>鸿运实业有限公司</td><td>任职受雇单位税务代码</td><td>××××</td><td>任职受雇单位所属行业</td><td>××××××</td><td>职务</td><td></td><td>职业</td><td>×××××</td></tr>
<tr><td>在华天数</td><td></td><td>境内有效联系地址</td><td colspan="3">××××××××××××</td><td>境内有效联系地址邮编</td><td>××××××</td><td>联系电话</td><td>×××××××</td></tr>
<tr><td>此行由取得经营所得的纳税人填写</td><td>经营单位纳税人识别号</td><td colspan="2"></td><td colspan="2"></td><td>经营单位纳税人名称</td><td colspan="3"></td></tr>
</table>

所得项目	年所得额			应纳税所得额	应纳税额	已缴（扣）税额	抵扣税额	减免税额	应补税额	应退税额	备注
	境内	境外	合计								
1. 工资、薪金所得	145800		145800	121800	16735	16735			0		
2. 个体工商户的生产、经营所得											
3. 对企事业单位的承包经营、承租经营所得											
4. 劳务报酬所得	45000		45000	36000	8800	8800			0		
5. 稿酬所得	11500		11500	10000	1400	1400			0		
6、特许权使用费所得	30000		30000	24000	4800	4800			0		
7. 利息、股息、红利所得											
8. 财产租赁所得	60000		60000	42000	4200	4200			0		
9. 财产转让所得	80000		80000	30000	6000	6000					
其中：股票转让所得										—	
个人房屋转让所得	80000		80000	30000	6000	6000			0		
10. 偶然所得								—			
11. 其他所得											
合　计	372300		372300	263800	41935	41935			0		

我声明，此纳税申报表是根据《中华人民共和国个人所得税法》及有关法律、法规的规定填报的，我保证它是真实的、可靠的、完整的。

纳税人（签字）

代理人（签章）：　　　　联系电话：

税务机关受理人（签字）：　　税务机关受理时间：　　年　　月　　日　　受理申报税务机关名称（盖章）

能力测试 7.1 职业能力判断与选择

一、判断题

1. 凡是外籍人员都是个人所得税的非居民纳税人。 ( )

2. 作者去世后财产继承人取得的遗作稿酬,应征收个人所得税。 ( )

3. 个人福利彩票的中奖收入不需要缴纳个人所得税。 ( )

4. 个人出租住房取得的所得属于财产租赁收入,按 20%的税率征收个人所得税。 ( )

5. 半年奖、季度奖、加班奖、先进奖、考勤奖均属于工资、薪金所得,按全年一次性奖金计算个人所得税。 ( )

6. 劳务报酬所得属于同一事项连续取得收入的,以 1 个月内取得的收入合并为一次。 ( )

7. 计算财产租赁所得应纳个人所得税时,由纳税人负担的该出租财产实际开支的修缮费用可以据实全额一次性扣除。 ( )

8. 公益性捐赠支出的扣除限额一般以应纳税所得额的 30%为限。 ( )

9. 纳税人取得的不满一个月的工资、薪金所得应该按一个月的收入计算缴纳个人所得税。 ( )

10. 年所得 12 万元以上的申报纳税的地点一般为收入的支付地。 ( )

二、单项选择题

1. 小王的下列各项所得适用加成征收的是( )。

A. 2010 年 3 月帮人翻译文稿取得收入 4000 元

B. 2010 年 4 月给某企业安装设备取得收入 5000 元

C. 2010 年 5 月给外公司提供技术咨询取得收入 20000 元

D. 2010 年 6 月受托设计一张图纸取得收入 25000 元

2. 以下不适用附加减除费用的是( )。

A. 在中国境内无住所而在中国境外任职或者受雇取得工资、薪金所得的个人

B. 应聘在中国境内企业、事业单位、社会团体、国家机关中工作的外籍专家

C. 远洋运输船员

D. 在中国境内的外商投资企业和外国企业中工作的外籍人员

3. 小李将一本翻译后的外文著作出版取得了出版社支付的报酬 20000 元,这笔收入应按( )缴纳个人所得税。

A. 工资、薪金所得　　B. 稿酬所得

C. 劳务报酬所得　　D. 偶然所得

4. 以下所得不属于代扣代缴范围的是( )。

A. 合伙企业的合伙人小范取得的企业生产、经营所得

B. 某专利所有人小唐取得的专利转让收入

C. 个体工商户小马取得的生产、经营所得

D. 某房屋所有人小朱取得月房屋租金收入

5. 财产租赁所得是按"次"征收的,"次"的定义是(　　)。

A. 以一个月的租金收入为一次

B. 以取得租金收入时为一次

C. 以年租金收入为一次

D. 以出租期限内全部收入为一次

6. 某外国人 2007 年 12 月 5 日来华工作,2008 年 6 月 20 日回国,2008 年 6 月 30 日返回中国,2008 年 10 月 15 日至 2008 年 10 月 30 日期间,因工作需要去了美国,2008 年 11 月 1 日返回中国,后于 2009 年 12 月 5 日离华回国,则该纳税人(　　)。

A. 2007 年度为我国居民纳税人,2008 年度为我国非居民纳税人

B. 2008 年度为我国居民纳税人,2009 年度为我国非居民纳税人

C. 2007 年度和 2008 年度均为我国非居民纳税人

D. 2008 年度和 2009 年度均为我国居民纳税人

7. 以下所得属于个体工商户的生产、经营所得的是(　　)。

A. 某杂志社的记者在本杂志上发表文章获得的收入

B. 编剧从电视剧制作单位获得的剧本使用费

C. 某歌星举行演唱会取得的收入

D. 经营自家小卖部取得的收入

8. 境内某公司代其雇员(中国公民)缴纳 10%的个人所得税,2010 年 5 月支付给小赵工资 8000 元,则该雇员当月应缴纳的个人所得税是(　　)。

A. 825 元　　B. 1225 元　　C. 841.84 元　　D. 487.63 元

三、多项选择题

1. 个人所得税两类纳税人的划分标准是(　　)。

A. 住所　　B. 居住时间　　C. 国籍　　D. 永久性居住

2. 下列所得按次征收个人所得税的是(　　)。

A. 劳务报酬所得　　B. 稿酬所得

C. 个体工商户的生产、经营所得　　D. 特许权使用费所得

3. 以下所得不需要缴纳个人所得税的是(　　)。

A. 独生子女补贴　　B. 误餐补贴

C. 差旅费津贴　　D. 住房公积金

4. 以下所得适用超额累进税率的是(　　)。

A. 工资、薪金所得　　B. 个人独资企业所得

C. 劳务报酬所得　　D. 对企事业单位的承包经营、承租经营所得

5. 以下关于稿酬所得说法正确的是(　　)。

A. 同一作品先在报刊上连载,然后再出版,或先出版,再在报刊上连载的,应视为两次稿酬所得征税

B. 同一作品在出版和发表时,以预付稿酬或分次支付稿酬等形式取得的稿酬收入,应合并计算为一次,计征个人所得税。

C. 同一作品在报刊上连载取得收入的，以连载完成后取得的所有收入合并为一次，计征个人所得税

D. 同一作品再版取得的所得，应视作另一次稿酬所得计征个人所得税

6. 下列所得不需要进行费用扣除，以所得直接计算个人所得税的是(　　)。

A. 对企事业单位承租经营、承包经营所得

B. 财产转让所得

C. 偶然所得

D. 股息、利息、红利所得

7. 以下按照财产转让所得缴纳个人所得税的是(　　)。

A. 企业债券转让所得

B. 机器设备转让所得

C. 土地使用权的转让所得

D. 个人转让上市公司限售股所得

8. 符合下列(　　)应由纳税人自行申报个人所得税。

A. 从两处或两处以上取得收入的

B. 取得应税所得没有扣缴义务人的

C. 年所得 12 万元以上的

D. 从中国境外取得所得的

能力测试 7.2　项目实训

1. 某公司工程师张某 2009 年 12 月取得如下几笔收入：

(1)取得单位发放的工资 4000 元，单位在所在省规定的范围内按月扣除了“三险一金”共计 800 元，从中拿出 500 元送给了生病的同事，本月还取得了全年一次性奖金 12000 元；

(2)出版的著作非常畅销，本月加印了 1000 本，取得出版社给予的报酬 6000 元。本书第一次出版时取得收入 18000 元并缴纳了个人所得税 2016 元；

(3)将一项专利转让出去，取得收入 30000 元，将其中的 2000 元通过国家机关捐赠给了希望工程。

当月张某应该缴纳多少个人所得税？

2. 2010 年 5 月企业支付给企业行政人员贾某工资 4000 元，车间工人徐某工资 3000 元，企业外聘技术人员报酬 5000 元，并代扣代缴了个人所得税。请计算税额并编制会计分录。

3. 吴某是一家投资公司的职员，其每月从企业领取税后工资 4000 元，2010 年 5 月取得了以下收入：

(1)取得特许权使用费收入两次，分别为 3000 元、7000 元。第二次为技术转让收入，支付中介费 700 元，可以提供有效合法凭证；

(2)来源于境外的财务咨询收入 40000 元，已经在国外缴纳个人所得税 7000 元；

(3)取得上市公司分配的股息 5000 元；

(4)当月获得保险赔款 20000 元。

吴某 2010 年 5 月应该缴纳的个人所得税是多少？

4.鲁教授和钱教授合作出了一本书，取得稿酬所得 30000 元，两人按四六分成，请计算两人应缴纳的个人所得税，并帮助出版社编制相应的会计分录。

项目八 其他税会计核算与申报

【学习目标】

知识目标

1.掌握房产税、城镇土地使用税、印花税、城市维护建设税和车船税应纳税额的计算方法；

2.熟悉房产税、城镇土地使用税、印花税、城市维护建设税和车船税的会计处理；

3.了解房产税、城镇土地使用税、印花税、城市维护建设税和车船税的基本知识。

能力目标

1.能根据相关规定计算房产税、城镇土地使用税、印花税、城市维护建设税和车船税应纳税额；

2.能熟练填制房产税、城镇土地使用税、印花税、城市维护建设税和车船税纳税申报表，正确进行纳税申报；

3.能根据相关业务进行房产税、城镇土地使用税、印花税、城市维护建设税和车船税的会计处理。

【项目引言】

在税收大家庭中，除了前面分章阐述的大税种外，还有许多税种小姐妹，它们分布广泛，大多是地方税，一般在发生时一次性缴纳。本项目选取其中企业经常碰到的税种作一介绍。虽然是小税种，但我们可不能忽视它们，因为它们普遍存在，其应缴金额之和在某些企业也相当可观，甚至超过“大税种”，而且其会计处理也各有特点，在纳税实务中是不可或缺的内容。

任务8.1 城市维护建设税会计核算与申报

【任务描述】

1.确定城市维护建设税纳税人和课税对象；

2.确定计税依据，选择税率，计算应纳税额；

3.明确纳税地点、纳税期限，正确进行纳税申报；

4.进行城市维护建设税的会计处理。

【教学准备】

1.《中华人民共和国城市维护建设税暂行条例》、《中华人民共和国城市维护建设税暂行条例实施细则》和城市维护建设税其他相关法规；

2. 企业不同情形下城市维护建设税的经济业务资料。

【相关知识】

8.1.1 纳税人和征税对象的确定

城市维护建设税是以纳税人实际缴纳的"三税"(增值税、消费税、营业税)税额为计税依据而征收的一种税。城市维护建设税是一种具有附加税性质的税种,按"三税"税额附加征收,其本身没有特定的、独立的课税对象。开征的目的主要是为了筹集城市公用事业和公共设施的维护、建设资金,加快城市开发建设步伐。

城市维护建设税的纳税人,是指负有缴纳"三税"义务的单位与个人。包括国有企业、集体企业、私营企业、股份制企业、行政事业单位、军事单位、社会团体、个体工商户以及其他个人,但不包括外商投资企业、外国企业和外籍人员。

8.1.2 城市维护建设税的计算

1. 计税依据的确定

城市维护建设税的计税依据是指纳税人实际缴纳的"三税"税额,但不包括纳税人违反"三税"有关税法而加收的滞纳金和罚款,但纳税人在被查补"三税"和被处以罚款时,应同时对其偷漏的城市维护建设税进行补税、征收滞纳金和罚款。城市维护建设税以"三税"税额为计税依据并同时征收,如果免征或减征"三税",也就同时免征或减征城市维护建设税。但对出口商品退还增值税、消费税时,不退还已缴纳的城市维护建设税。

2. 税率的选择

城市维护建设税采用比例税率。按纳税人所在地的不同,设置三档差别比例税率(见表 8-1)。

表 8-1 城市维护建设税税率表

纳税人所在地区	税率
市区	7%
县城和镇	5%
市区、县城和镇以外的其他地区	1%

城市维护建设税的适用税率,应当按照纳税人所在地的规定税率执行。但是,对下列两种情况,可按缴纳"三税"所在地的规定税率就地缴纳城建税:

(1)由受托方代扣代缴、代收代缴"三税"的单位和个人,其代扣代缴、代收代缴的城市维护建设税按受托方所在地适用税率执行;

(2)流动经营等无固定纳税地点的单位和个人,在经营地缴纳"三税"的,其城市维护建设税的缴纳按经营地适用税率执行。

3. 优惠政策的运用

城市维护建设税原则上不单独减免,但因其具有附加税性质,当主税发生减免时,城市维护建设税也相应发生减免。具体有以下三种情况:

(1)随"三税"的减免而减免。

(2)随“三税”的退库而退库。

(3)对海关代征的进口货物增值税、消费税，不征收城市维护建设税。

(4)个别缴纳城市维护建设税确有困难的单位和个人，由县(市)级人民政府审批，酌情给予税收减免。

4. 应纳税额的计算

城市维护建设税的应纳税额是按纳税人实际缴纳的“三税”税额计算的，其计算公式为：

应纳税额＝(纳税人实际缴纳的增值税＋消费税＋营业税税额)×适用税率

【例 8-1】 某一市区企业 2008 年 9 月实际缴纳增值税 60 000 元，缴纳消费税 10 000 元，缴纳营业税 20 000 元。计算该企业应交城市维护建设税税额。

应纳税额＝(60 000＋10 000＋20 000)×7%＝6 300(元)

8.1.3　城市维护建设税的核算

城市维护建设税的会计核算应设置“应交税费——应交城市维护建设税”科目。计提城市维护建设税时，应借记“营业税金及附加”科目，贷记本科目；实际缴纳城市维护建设税时，应借记本科目，贷记“银行存款”科目。本科目期末贷方余额反映企业应交而未交的城市维护建设税。

【例 8-2】 根据例 8-1 资料，进行会计处理。

(1)计提城市维护建设税时

借：营业税金及附加——城市维护建设税　　6300

　　贷：应交税费——应交城市维护建设税　　6300

(2)实际缴纳城市维护建设税时

借：应交税费——应交城市维护建设税　　6300

　　贷：银行存款　　6300

8.1.4　城市维护建设税的缴纳

1. 纳税地点

城市维护建设税以纳税人实际缴纳的增值税、消费税、营业税税额为计税依据，分别与“三税”同时缴纳。所以，纳税人缴纳“三税”的地点，就是该纳税人缴纳城市维护建设税的地点。但是属于下列情况的，纳税地点为：

(1)代扣代缴、代收代缴“三税”的单位和个人，同时也是城市维护建设税的代扣代缴、代收代缴义务人，其城市维护建设税的纳税地点在代扣代收地。

(2)跨省开采的油田，下属生产单位与核算单位不在一个省内的，其生产的原油，在油井所在地缴纳增值税，其应纳税款由核算单位按照各油井的产量和规定税率汇拨各油井所在地缴纳。所以各油井应纳的城市维护建设税，应由核算单位计算，随同增值税一并汇拨油井所在地，由油井在缴纳增值税的同时，一并缴纳城市维护建设税。

(3)对管道局输油部分的收入，由取得收入的各管道局于所在地缴纳营业税。所以，其应纳城市维护建设税，也应由取得收入的各管道局于所在地缴纳营业税时一并缴纳。

(4)对流动经营等无固定纳税地点的单位和个人，应随同“三税”在经营地按适用税率缴纳。

2. 纳税期限

由于城市维护建设税是由纳税人在缴纳“三税”时同时缴纳的，所以其纳税期限分别与“三税”的纳税期限一致。

3. 纳税申报

城市维护建设税与“三税”同时申报缴纳，纳税人应按照有关税法的规定，如实填写《城市维护建设税纳税申报表》(见表 8-2)。

表 8-2 城市维护建设税纳税申报表

填表日期： 年 月 日

纳税人识别号： 金额单位：元(列至角分)

<table>
<tr><td>纳税人名称</td><td colspan="2"></td><td>税款所属时期</td><td colspan="2"></td></tr>
<tr><td>计税依据</td><td>计税金额</td><td>税率</td><td>应纳税额</td><td>已纳税额</td><td>应补(退)税额</td></tr>
<tr><td>1</td><td>2</td><td>3</td><td>4=2×3</td><td>5</td><td>6=4−5</td></tr>
<tr><td>增值税</td><td></td><td></td><td></td><td></td><td></td></tr>
<tr><td>消费税</td><td></td><td></td><td></td><td></td><td></td></tr>
<tr><td>营业税</td><td></td><td></td><td></td><td></td><td></td></tr>
<tr><td>合计</td><td></td><td></td><td></td><td></td><td></td></tr>
<tr><td colspan="2">如纳税人填报，由纳税人填写以下各栏</td><td colspan="4">如委托代理人填报，由代理人填写以下各栏</td></tr>
<tr><td rowspan="3">会计主管
(签章)</td><td rowspan="3">纳税人
(公章)</td><td>代理人名称</td><td></td><td rowspan="2" colspan="2">代理人
(公章)</td></tr>
<tr><td>代理人地址</td><td></td></tr>
<tr><td>经办人</td><td></td><td>电话</td><td></td></tr>
<tr><td colspan="6">以下由税务机关填写</td></tr>
<tr><td>收到申报表日期</td><td colspan="2"></td><td>接收人</td><td colspan="2"></td></tr>
</table>

附：教育费附加

教育费附加是对缴纳增值税、消费税、营业税的单位和个人征收的一种专项附加费，是正税以外的政府行政收费。国务院于 1986 年 4 月 28 日发布了《征收教育费附加的暂行规定》，并于同年 7 月 1 日起实施。目的是为了多渠道筹集教育经费，改善中小学办学条件，促进地方教育事业的发展。

教育费附加对缴纳“三税”的单位和个人征收，以其实际缴纳的“三税”税额为计费依据，分别与“三税”同时缴纳。现行教育费附加的征收率为“三税”税额的 3%。从 2005 年 10 月 1 日起对生产卷烟和烟叶的单位也按 3%征收。

教育费附加的减免规定：海关进口商品征收的增值税、消费税，不征收教育费附加；对由于减免“三税”而发生退税的，可同时退还已征收的教育费附加，但对出口产品退还增值税、消费税的，不退还已征收的教育费附加。

教育费附加通过“应交税费”科目核算。计提教育费附加时应借记“营业税金及附加”科目，贷记本科目；交纳教育费附加时应借记本科目，贷记“银行存款”科目；本科目期末贷方余额反映应交而未交的教育费附加。

任务8.2 印花税会计核算与申报

【任务描述】

1.确定印花税纳税人和课税对象；

2.确定计税依据，选择税率，计算应纳税额；

3.明确纳税地点、纳税期限，正确进行纳税申报；

4.进行印花税的会计处理。

【教学准备】

1.《中华人民共和国印花税暂行条例》、《中华人民共和国印花税暂行条例实施细则》和印花税其他相关法规；

2.企业不同情形下印花税的经济业务资料。

【相关知识】

8.2.1 纳税人和征税对象的确定

印花税是对经济活动和经济交往中书立、使用、领受具有法律效力的凭证的单位和个人征收的一种行为税。印花税具有覆盖面广、税率低、税负轻以及实行"三自"纳税办法(纳税人自行计算应纳税额、自行购买印花税票并贴花、自行盖章注销或划销)等特点。

印花税的纳税义务人，是指在我国境内书立、使用、领受印花税法所列举的应税凭证的单位和个人。按照书立、使用、领受应税凭证，上述单位和个人分别确定为立合同人、立据人、立账簿人、领受人和使用人五种。

(1)立合同人。是指合同的当事人，是对应税凭证有直接权利义务关系的单位和个人，但不包括合同的担保人、证人和鉴定人。各类合同的纳税人是立合同人。

(2)立据人。产权转移书据的纳税人是立据人。

(3)立账簿人。是指设立并使用账簿的单位和个人。营业账簿的纳税人是立账簿人。

(4)领受人。是指领取或接受并持有该凭证的单位和个人。权利许可证照的纳税人是领受人。

(5)使用人。在国外书立、领受，但在国内使用的应税凭证，其纳税人是该凭证的使用人。

印花税的征税对象是税法列举的各种应税凭证，即合同或具有合同性质的凭证；产权转移书据；营业账簿；权利许可证照；财政部确定的其他应税凭证。列入税目的就要征税，未列入税目的就不征税。

8.2.2 印花税的计算

1.计税依据的确定

印花税的计税依据是应税凭证的计税金额或应税凭证的件数，具体为：

(1)购销合同的计税依据为购销金额。

(2)加工承揽合同的计税依据为加工或承揽收入的金额。

(3)建设工程勘察设计合同的计税依据为收取的费用。

(4)建筑安装工程承包合同的计税依据为承包金额。

(5)财产租赁合同的计税依据为租赁金额;经计算,税额不足1元的,按1元贴花。

(6)货物运输合同的计税依据为运输费用,但不包括装卸费用、保险费。

(7)仓储保管合同的计税依据为仓储保管费用。

(8)借款合同的计税依据为借款金额。

(9)财产保险合同的计税依据为保险费,不包括所保财产的金额。

(10)技术合同的计税依据为合同所载金额、报酬或使用费。

(11)产权转移书据的计税依据为合同所载金额。

(12)营业账簿税目中记载金额的账簿的计税依据为“实收资本”与“资本公积”两项的合计金额,其他账簿的计税依据为应税凭证件数。

(13)权利许可证照的计税依据为应税凭证件数。

同一凭证,载有两个或以上经济事项而适用不同税目、税率,如分别记载金额的,应分别计算应纳税额,相加后按合计税额贴花;如未分别记载金额的,按税率高的计税贴花。

2.税率的选择

印花税的税率设计,遵循税负从轻、共同负担的原则。所以,税率比较低,凭证的当事人均应就其所持凭证依法纳税。

印花税采用比例税率和定额税率两种形式。在印花税的13个税目中,“权利许可证照”税目、“营业账簿”税目中的其他账簿,适用定额税率,均为按件贴花,税额为5元;其他税目,均采用比例税率。印花税税目、税率见表8-3。

表8-3 印花税税目、税率表

税目	范围	税率	纳税人	说明
1.购销合同	包括供应、预购、采购、购销结合及协作、调剂、补偿等合同	按购销金额的万分之三贴花	立合同人	
2.加工承揽合同	包括加工、定做、修缮、修理、印刷、广告、测绘、测试等合同	按加工或承揽收入的万分之五贴花	立合同人	
3.建设工程勘察设计合同	包括勘察设计合同	按收取费用的万分之五贴花	立合同人	
4.建筑安装工程承包合同	包括建筑、安装工程承包合同	按承包金额的万分之三贴花	立合同人	
5.财产租赁合同	包括租赁房屋、船舶、飞机、机动车辆、机械、器具、设备等合同	按租赁金额的千分之一贴花;税额不足1元的按1元贴花	立合同人	

续表

税　目	范　围	税　率	纳税人	说　明
6.货物运输合同	包括民航、铁路、海上、内河、公路运输和联合运输等合同	按运输费用的万分之五贴花	立合同人	单据作为合同使用的按合同贴花
7.仓储保管合同	包括仓储、保管合同	按仓储保管费用的千分之一贴花	立合同人	仓单或栈单作为合同使用的按合同贴花
8.借款合同	银行及其他金融机构和借款人(不包括银行同业拆借)所签订的借款合同	按借款金额的万分之零点五贴花	立合同人	单据作为合同使用的按合同贴花
9.财产保险合同	包括财产、责任、保证、信用等保险合同	按保险费收入的千分之一贴花	立合同人	单据作为合同使用的按合同贴花
10.技术合同	包括技术开发、转让、咨询、服务等合同	按所载金额的万分之三贴花	立合同人	
11.产权转移书据	包括财产所有权和版权、商标专用权、专利权、专有技术使用权等转移书据	按所载金额的万分之五贴花	立合同人	
12.营业账簿	生产经营用账册	记载金额的账簿按"实收资本"、"资本公积"两项合计金额的万分之五贴花;其他按件贴花5元	立账簿人	记载资金的账簿按"实收资本"、"资本公积"两项合计金额贴花后,以后年度资金总额比已贴花资金总额增加的,增加部分应按规定贴花
13.权利许可证照	包括政府部门发给的房屋产权证、工商营业执照、土地使用证	按件贴花5元	领受人	

注:因证券交易税暂未开征,现行A股、B股股权转让,以证券市场当日实际成交价格计算的金额,由卖出方按1‰(2008年9月19日起)的税率缴纳印花税。

3.优惠政策的运用

下列凭证免征印花税:

(1)已缴纳印花税的凭证的副本或抄本。

(2)财产所有者将财产赠给政府、社会福利机构、学校所书立的书据。

(3)国家指定的收购部门与村民委员会、农民个人书立的农副产品收购合同。

(4)无息、贴息贷款合同。

(5)外国政府或国际金融组织向我国政府及国家金融机构提供优惠贷款所书立的合同。

(6)房地产管理部门与个人签订的用于生活居住的租赁合同。

(7)农牧业保险合同。

(8)特殊的货运凭证,如:军需物资运输凭证、抢险救灾物资运输凭证。

4.应纳税额的计算

根据应税凭证的性质,印花税的计算可采用从价定率计算和从量定额计算两种方法,其计算公式为:

应纳税额=应税凭证计税金额×适用税率

或　　=应税凭证件数×适用税额

【例 8-3】 某企业 2008 年 6 月开业,当年发生以下有关业务事项:领受房屋产权证、工商营业执照、土地使用证各 1 件;订立一份商品购销合同,合同金额为 100 万元;订立借款合同一份,所载金额为 100 万元;企业记载资金的账簿,"实收资本"为 500 万元,"资本公积"为 100 万元,其他账簿 20 本。计算该企业当年应缴纳的印花税税额。

(1)企业领受权利许可证照应纳税额

应纳税额=3×5=15(元)

(2)企业订立购销合同应纳税额

应纳税额=1000000×0.3‰=300(元)

(3)企业订立借款合同应纳税额

应纳税额=1000000×0.05‰=50(元)

(4)企业记载资金的账簿应纳税额

应纳税额=(5000000+1000000)×0.5‰=3000(元)

(5)企业其他营业账簿应纳税额

应纳税额=20×5=100(元)

(6)企业当年应纳印花税税额

15+300+50+3000+100=3465(元)

8.2.3 印花税的核算

由于企业缴纳的印花税,不发生应付未付税款的情况,也不需要预计应缴税款数,为了简化会计处理,可以不通过"应交税费"科目核算,缴纳的印花税直接在"管理费用——印花税"科目中反映。企业购买印花税票时,按实际支付的款项借记"管理费用——印花税"科目,贷记"银行存款"科目。

【例 8-4】 根据例 8-3 资料,进行会计处理。

借:管理费用——印花税　　3465

　贷:银行存款　　3465

8.2.4 印花税的缴纳

1.纳税方法

印花税的纳税办法,根据应纳税额的大小、纳税次数的多少,以及税收征收管理的需要,分别采用以下三种纳税方法。

(1)自行贴花办法

这种办法,一般适用于应税凭证较少或同一种纳税次数较少的纳税人,使用范围较为广泛。纳税人书立、领受或者使用印花税法列举的应税凭证的同时，纳税义务即已产生，应当根据应税凭证的性质和适用的税目、税率，自行计算应纳税额，自行向当地税务机关购买印花税票，并在应税凭证上一次贴足印花税票并加以注销或划销，纳税义务才算全部履行完毕。这就是印花税的“三自”纳税办法。按比例税率纳税而应纳税额不足1角的免纳印花税，应纳税额在1角以上的，其税额尾数不满5分的不计，满5分的按1角计算缴纳；对财产租赁合同规定了最低1元的应纳税额起点，即税额超过1角但不足1元的，按1元纳税。采用该纳税方法的纳税人，一般无需填写印花税纳税申报表。

(2)汇贴或汇缴办法

这种办法，一般适用于应税税额较大或贴花次数频繁的纳税人。

一份凭证应纳税额超过500元的，应向当地税务机关申请填写缴款书或者完税证，将其中一联粘贴在凭证上或由税务机关在凭证上加注完税标记代替贴花。这就是通常所说的“汇贴”办法。

对同一种凭证需频繁贴花的，纳税人可根据实际情况自行决定是否采用按期汇总缴纳印花税的方式。汇总缴纳的期限最长不得超过一个月。纳税期满后，纳税人应填写《印花税纳税申报表》(见表8-4)，向主管税务机关申报纳税。凡汇缴印花税的凭证，应加盖税务机关的汇缴戳记，编号并装订成册后，将已贴印花税票或缴款书的一联粘附册后，盖章注销，保存备查。

(3)委托代征

委托代征是受托单位按税务机关的要求，以税务机关的名义向纳税人征收税款的一种方式。受托单位一般是发放、鉴证、公证应税凭证的政府部门或其他社会组织。税务机关应与代征单位签订代征委托书。纳税人在办理应税凭证相关业务时，由上述受托单位代为征收印花税款，要求纳税人购花并贴花，这主要是为了加强税源控制。

2. 纳税环节

印花税一般在应税凭证书立或领受时贴花。具体是指权利许可证照在领取时贴花，合同在签订时贴花，产权转移书据在立据时贴花，营业账簿在启用时贴花。如果合同是在国外签订，并且不便在国外贴花的，应在将合同带入境时办理贴花纳税手续。

3. 纳税地点

印花税一般实行就地纳税。如果是全国性订货会所签合同应纳的印花税，由纳税人回其所在地办理贴花；对地方主办，不涉及省际关系的订货会、展销会上所签合同的印花税，由省级政府自行确定纳税地点。

4. 纳税申报

印花税的纳税人应按照条例的规定及时办理纳税申报，并如实填写《印花税纳税申报表》(见表8-4)。

表 8-4 印花税纳税申报表

填表日期： 年 月 日

纳税人识别号： 金额单位：元(列至角分)

<table>
<tr><td colspan="2">纳税人名称</td><td colspan="4"></td><td colspan="2">税款所属时期</td><td colspan="3"></td></tr>
<tr><td rowspan="2">应税凭证名称</td><td rowspan="2">件数</td><td rowspan="2">计税金额</td><td rowspan="2">适用税率</td><td rowspan="2">应纳税额</td><td rowspan="2">已纳税额</td><td rowspan="2">应补(退)税额</td><td colspan="4">本期贴花情况</td></tr>
<tr><td>上期购进</td><td>本期购进</td><td>本期贴花</td><td>本期结存</td></tr>
<tr><td>1</td><td>2</td><td>3</td><td>4</td><td>5=2×3×4</td><td>6</td><td>7=5-6</td><td>8</td><td>9</td><td>10</td><td>11=8+9-10</td></tr>
<tr><td colspan="5">如纳税人填报，由纳税人填写以下各栏</td><td colspan="6">如委托代理人填报，由代理人填写以下各栏</td></tr>
<tr><td colspan="2" rowspan="3">会计主管
(签章)</td><td colspan="3" rowspan="3">纳税人
(公章)</td><td colspan="2">代理人名称</td><td colspan="2"></td><td colspan="2" rowspan="2">代理人
(公章)</td></tr>
<tr><td colspan="2">代理人地址</td><td colspan="2"></td></tr>
<tr><td colspan="2">经办人</td><td colspan="2"></td><td>电话</td><td></td></tr>
<tr><td colspan="11">以下由税务机关填写</td></tr>
<tr><td colspan="3">收到申报表日期</td><td colspan="3"></td><td colspan="2">接受人</td><td colspan="3"></td></tr>
</table>

任务 8.3 城镇土地使用税会计核算与申报

【任务描述】

1. 确定城镇土地使用税纳税人和课税对象；
2. 确定计税依据，选择税率，计算应纳税额；
3. 明确纳税地点、纳税期限，正确进行纳税申报；
4. 进行城镇土地使用税的会计处理。

【教学准备】

1.《中华人民共和国城镇土地使用税暂行条例》、《中华人民共和国城镇土地使用税暂行条例实施细则》和城镇土地使用税其他相关法规；

2. 企业不同情形下城镇土地使用税的经济业务资料。

【相关知识】

8.3.1 纳税人和征税对象的确定

城镇土地使用税是对城市、县城、建制镇和工矿区范围内使用土地的单位和个人，按实际占用土地面积所征收的一种税。城镇土地使用税是一种资源税性质的税种。城镇土地使用税的征收有利于合理使用城镇土地，用经济手段加强对土地的控制和管理，变土地的无偿使用为有偿使用；调节不同地区、不同地段之间的土地级差收入，使纳税人的收入水平大体均衡；促进全社会节约使用土地，提高土地使用效益。

城镇土地使用税的纳税人是我国境内城市、县城、建制镇范围内使用土地的单位和个人。拥有土地使用权的纳税人不在土地所在地的，由该土地的代管人或实际使用人缴纳；土地使用权未确定或权属纠纷未解决的，由实际使用人纳税；土地使用权为多方共有的，由共有各方分别纳税。

城镇土地使用税的课税对象是土地。城镇土地使用税的征税范围为城市、县城、建制镇范围内的国家所有和集体所有的土地。

8.3.2 城镇土地使用税的计算

1. 计税依据的确定

城镇土地使用税以纳税人实际占用的土地面积为计税依据。土地面积计量标准为每平方米，按下列办法确定：

(1)由省、自治区、直辖市人民政府确定的单位组织测定土地面积的，以测定的面积为准；

(2)尚未组织测量，但纳税人持有政府部门核发的土地使用证书的，以证书确认的土地面积为准；

(3)尚未核发土地使用证书的，应由纳税人据实申报土地面积，据以纳税，待核发土地使用证以后再作调整。

2. 税率的选择

城镇土地使用税采用定额税率，即采用有幅度的差别税额，按大、中、小城市和县城、建制镇、工矿区分别规定每平方米土地使用税年应纳税额。城镇土地使用税税率见表 8-5。

表 8-5 城镇土地使用税税率表

级 别	人 口(人)	每平方米税额(元)
大城市	50 万以上	1.5—30
中等城市	20 万～50 万	1.2—24
小城市	20 万以下	0.9—18
县城、建制镇、工矿区	—	0.6—12

各省、自治区、直辖市人民政府可根据市政建设情况和经济繁荣程度在规定幅度内，确定所辖地区的适用税额幅度。经济落后地区，土地使用税的适用税额标准可适当降低，但降低额不得超过上述规定最低税额的 30%，经济发达地区的适用税额标准可以适当提高，但须报财政部批准。

3. 优惠政策的运用

下列土地免征城镇土地使用税：

(1)国家机关、人民团体、军队自用的土地。

(2)由国家财政部门拨付事业经费的单位自用土地。

(3)宗教寺庙、公园、名胜古迹自用的土地。

(4)市政街道、广场、绿化地带等公共用地。

(5)直接用于农、林、牧、渔业的生产用地。

(6)经批准开山填海整治的土地和改造的废弃土地，从使用之月起免交土地使用税 5 年至10年。

(7)非营利性医疗机构、疾病控制机构和妇幼保健机构自用的土地，自2000年7月起免征城镇土地使用税。对营利性医疗机构自用的土地自取得执照之日起免征城镇土地使用税3年。

(8)企业办学校、医院、托儿所、幼儿园，其用地能与企业其他用地明确区分的，免征城镇土地使用税。

(9)免税单位无偿使用纳税单位的土地，如公安、海关等单位使用铁路、民航等单位的土地免税；但纳税单位无偿使用免税单位的土地，纳税单位应依法缴纳城镇土地使用税。

(10)部分特殊行业用地暂免征收土地使用税：①高校后勤实体用地；②企业的铁路专用线及公路等用地；③企业厂区以外的公共绿化用地和向社会开放的公园用地；④港口的码头用地；⑤盐场的盐滩和盐矿的矿井用地；⑥水利设施管护用地；⑦机场飞行区。

(11)下列土地由省级地方税务局确定减免土地使用税：个人所有的居住房屋及院落用地；单位职工家属的宿舍用地；集体和个人办的学校、医院、托儿所及幼儿园用地；基建项目在建期间使用的土地以及城镇集贸市场用地等。

4.应纳税额的计算

城镇土地使用税的应纳税额可以通过纳税人实际占用的土地面积乘以该土地所在地段适用税额求得，其计算公式为：

全年应纳税额＝实际占用应税土地面积(平方米)×适用税额

【例8-5】 物美企业坐落于某中等城市，占用土地20 000平方米，其中企业自办的托幼机构占用土地1 000平方米，当地政府核定的土地使用税税额为每平方米4元，计算该企业当年应纳的土地使用税税额。

全年应纳土地使用税税额＝(20 000－1 000)×4＝76 000(元)

8.3.3 城镇土地使用税的核算

城镇土地使用税的会计核算应设置“应交税费——应交城镇土地使用税”科目。该科目贷方登记本期应缴纳的城镇土地使用税税额；借方登记企业实际缴纳的城镇土地使用税税额；期末贷方余额表示企业应交而未交的城镇土地使用税税额。

核算时，企业按规定计算应交城镇土地使用税，借记“管理费用”科目，贷记“应交税费——应交城镇土地使用税”科目；上交土地使用税时，借记“应交税费——应交城镇土地使用税”科目，贷记“银行存款”科目。

【例8-6】 根据例8-5资料，进行会计处理。

(1)计提城镇土地使用税时

借：管理费用——城镇土地使用税　　76 000

　贷：应交税费——应交城镇土地使用税　　76 000

(2)交纳城镇土地使用税时

借：应交税费——应交城镇土地使用税　　76 000

　贷：银行存款　　76 000

8.3.4 城镇土地使用税的缴纳

1. 纳税期限

城镇土地使用税实行按年计算、分期缴纳的征收方法，具体纳税期限由省、自治区、直辖市人民政府确定。

2. 纳税义务发生时间

(1)纳税人购置新建商品房，自房屋交付使用之次月起，缴纳土地使用税。

(2)纳税人购置存量房，自办理房屋权属转移、变更登记手续，房地产权属登记机关签发房屋权属证书之次月起，缴纳土地使用税。

(3)纳税人出租出借房产，自交付出租、出借房产之次月起，缴纳土地使用税。

(4)纳税人新征用的耕地，自批准征用之日起满 1 年时开始缴纳土地使用税。

(5)纳税人新征用的非耕地，自批准征用次月起缴纳土地使用税。

(6)纳税人以出让或转让方式有偿取得土地使用权的，应由受让方从合同约定交付土地时间的次月起缴纳土地使用税；合同未约定交付时间的，由受让方从合同签订的次月起缴纳土地使用税。

3. 纳税地点

城镇土地使用税的纳税地点为土地所在地，由土地所在地地方税务机关征收。

纳税人使用的土地不属于同一省、自治区、直辖市管辖的，由纳税人分别向土地所在地的税务机关申报缴纳；在同一省、自治区、直辖市管辖范围内，纳税人跨地区使用土地，其纳税地点由各省、自治区、直辖市税务机关确定。

4. 纳税申报

城镇土地使用税的纳税人应按照条例的有关规定及时办理纳税申报，如实填写《城镇土地使用税纳税申报表》(见表 8-6)。

表 8-6 城镇土地使用税纳税申报表

填表日期： 年 月 日

纳税人识别号： 金额单位：元(列至角分)

<table>
<tr><td colspan="3">纳税人名称</td><td colspan="3"></td><td colspan="6">税款所属时期</td><td colspan="3"></td></tr>
<tr><td colspan="5">房产坐落地点</td><td colspan="10"></td></tr>
<tr><td rowspan="2">坐落地点</td><td rowspan="2">上期占地面积</td><td rowspan="2">本期增减</td><td rowspan="2">本期实际占地面积</td><td rowspan="2">法定免税面积</td><td rowspan="2">应税面积</td><td colspan="2">土地等级</td><td colspan="2">适用税额</td><td rowspan="2">全年应纳税额</td><td rowspan="2">缴纳次数</td><td colspan="3">本 期</td></tr>
<tr><td>Ⅰ</td><td>Ⅱ</td><td>Ⅰ</td><td>Ⅱ</td><td>应纳税额</td><td>已纳税额</td><td>应补(退)税额</td></tr>
<tr><td>1</td><td>2</td><td>3</td><td>4=2+3</td><td>5</td><td>6=4−5</td><td>7</td><td>8</td><td>9</td><td>10</td><td>11=6×9或10</td><td>12</td><td>13=11÷12</td><td>14</td><td>15=13−14</td></tr>
<tr><td></td><td></td><td></td><td></td><td></td><td></td><td></td><td></td><td></td><td></td><td></td><td></td><td></td><td></td><td></td></tr>
<tr><td></td><td></td><td></td><td></td><td></td><td></td><td></td><td></td><td></td><td></td><td></td><td></td><td></td><td></td><td></td></tr>
<tr><td></td><td></td><td></td><td></td><td></td><td></td><td></td><td></td><td></td><td></td><td></td><td></td><td></td><td></td><td></td></tr>
<tr><td></td><td></td><td></td><td></td><td></td><td></td><td></td><td></td><td></td><td></td><td></td><td></td><td></td><td></td><td></td></tr>
<tr><td></td><td></td><td></td><td></td><td></td><td></td><td></td><td></td><td></td><td></td><td></td><td></td><td></td><td></td><td></td></tr>
<tr><td></td><td></td><td></td><td></td><td></td><td></td><td></td><td></td><td></td><td></td><td></td><td></td><td></td><td></td><td></td></tr>
<tr><td>合计</td><td></td><td></td><td></td><td></td><td></td><td></td><td></td><td></td><td></td><td></td><td></td><td></td><td></td><td></td></tr>
</table>

续表

<table>
<tr><td rowspan="3">会计主管
（签章）</td><td rowspan="3">纳税人
（公章）</td><td>代理人名称</td><td></td><td rowspan="2">代理人
（公章）</td><td rowspan="2"></td></tr>
<tr><td>代理人地址</td><td></td></tr>
<tr><td>经办人姓名</td><td></td><td>电话</td><td></td></tr>
<tr><td colspan="6">以下由税务机关填写</td></tr>
<tr><td>收到申报表日期</td><td colspan="2"></td><td>接受人</td><td colspan="2"></td></tr>
</table>

任务 8.4　房产税会计核算与申报

【任务描述】

1.确定房产税纳税人和课税对象；

2.确定计税依据，选择税率，计算应纳税额；

3.明确纳税地点、纳税期限，正确进行纳税申报；

4.进行房产税的会计处理。

【教学准备】

1.《中华人民共和国房产税暂行条例》、《中华人民共和国房产税暂行条例实施细则》和房产税其他相关法规；

2.企业不同情形下房产税的经济业务资料。

【相关知识】

8.4.1　纳税人和征税对象的确定

房产税是依据房产价值或房产租金收入向房产所有人或经营人征收的一种税。该税是一种财产性质的税种，目的是运用税收杠杆加强对房产的管理，提高房产使用效率，控制固定资产投资规模和配合国家房产政策的调整，合理调节房产所有人和经营人的收入。

房产税的纳税义务人是房产的产权所有人。产权属于国家的，由经营管理单位缴纳；产权属于集体和个人所有的，由集体和个人缴纳；产权出典的，由承典人缴纳；产权所有人、承典人不在房产所在地的，或者产权未确定及租典纠纷未解决的，由房产代管人或使用人缴纳。

房产税的课税对象是房产。所谓房产是指有屋面和围护结构（有墙或两边有柱），能够遮风避雨，可供人们在其中生产、学习、工作、娱乐、居住或贮藏物资的场所。房产税的征税范围为城市、县城、建制镇和工矿区范围内的房产。房产税的征税范围不包括农村，这主要是为了减轻农民的负担。

8.4.2　房产税的计算

1.计税依据的确定

房产税的计税依据为房产的计税价值或房产的租金收入。按房产的计税价值征税的，称为从价计征；按房产的租金收入计征的，称为从租计征。

(1)从价计征

从价计征的，计税依据是房产原值减除一定比例后的余值。房产原值是“固定资产”账户中记载的房屋原价；减除一定比例是省、自治区、直辖市人民政府确定的10%～30%的扣除比例。

(2)从租计征

从租计征的，计税依据为房产租金收入，即房屋产权所有人出租房产使用权所得的报酬，包括货币收入和实物收入。

2.税率的选择

我国房产税采用的是比例税率，由于房产税的计税依据分为从价计征和从租计征两种形式，所以房产税的税率也有两种：采用从价计征的，税率为1.2%；采用从租计征的，税率为12%。从2001年1月1日起，对个人按市场价格出租的居民住房，用于居住的，可暂减按4%的税率征收房产税。

3.优惠政策的运用

(1)国家机关、人民团体、军队自用的房产免税。但上述免税单位的出租房屋以及非自身业务使用的生产、经营用房，不属于免税范围。

(2)由国家财政部门拨付经费的单位，其自身业务范围内使用的房产免税。

(3)宗教寺庙、公园、名胜古迹自用的房产免税。

(4)个人所有非营业用的房产免税。

(5)经财政部批准免税的其他房产。例如，因大修理停用半年以上的房产，损坏不堪使用和危房停用后的房产，地下人防设施，老人服务机构自用房产，非营利性医疗机构、疾病控制机构和妇幼保健机构等卫生机构自用房产，高校后勤实体等免征房产税。

4.应纳税额的计算

(1)从价计征

从价计征是按房产原值减除一定比例后的余值计征，其计算公式为：

应纳税额＝应税房产原值×(1－扣除比例)×1.2%

(2)从租计征

从租计征是按房产的租金收入计征，其计算公式为：

应纳税额＝租金收入×12%

【例8-7】 某公司2007年12月31日房屋原始价值为1 000万元。2008年3月底公司将其中的200万元房产出租给外单位使用，租期2年，每年收取租金10万元。当地政府规定，从价计征房产税的，扣除比例为20%。房产税按年计算，分半年缴纳。计算该公司2008年上半年应纳房产税税额。

①从价计征部分房产应缴纳的税额：

应纳房产税税额＝800×(1－20%)×1.2%÷2＋200×(1－20%)×1.2%÷4
＝3.84＋0.48＝4.32(万元)

②从租计征部分房产应缴纳的税额：

应纳房产税税额＝10÷4×12%＝0.3(万元)

③上半年应纳房产税税额＝4.32＋0.3＝4.62(万元)

8.4.3 房产税的核算

房产税的会计核算应设置“应交税费——应交房产税”科目。该科目贷方登记本期应缴纳的房产税税额；借方登记企业实际缴纳的房产税税额；期末贷方余额表示企业应交而未交的房产税税额。

核算时，企业按规定计算应交的房产税，借记“管理费用”科目，贷记“应交税费——应交房产税”科目；缴纳房产税时，借记“应交税费——应交房产税”科目，贷记“银行存款”科目。

【例 8-8】 根据例 8-7 资料，进行会计处理。

计提房产税时：

借：管理费用——房产税　　46 200

　贷：应交税费——应交房产税　　46 200

实际缴纳上半年房产税时：

借：应交税费——应交房产税　　46 200

　贷：银行存款　　46 200

8.4.4 房产税的缴纳

1. 纳税期限

房产税实行按年计算，分期缴纳的征税方法，具体纳税期限由各省、自治区、直辖市人民政府确定。各地一般按季度或半年征收一次，在季度或半年内规定某一月份征收。

2. 纳税义务发生时间

(1)纳税人将原有房产用于生产经营的，从生产经营之月起，计征房产税。

(2)纳税人自行新建房屋用于生产经营的，自建成之次月起，计征房产税。

(3)纳税人委托施工企业建设的房屋，从办理验收手续之次月起，计征房产税。对于在办理验收手续前已使用或出租、出借的新建房屋，应从使用或出租、出借的当月起按规定计征房产税。

(4)纳税人购置新建商品房，自房屋权属交付使用之次月起计征房产税。

(5)纳税人购置存量房，自办理房屋权属转移、变更登记手续，房地产权属登记机关签发房屋权属证书之次月起计征房产税。

(6)纳税人出租、出借房产，自交付出租、出借房产之次月起计征房产税。

(7)纳税人是房地产开发企业的，其自用、出租、出借本企业建造的商品房，自房屋使用或者交付之次月起计征房产税。

3. 纳税地点

房产税的纳税地点为房产所在地。房产不在同一地方的纳税人，应按房产的坐落地点分别向房产所在地的税务机关纳税。

4. 纳税申报

纳税人应按照条例的要求，将现有房屋的坐落地点、结构、面积、原值、出租收入等情况，如实向房屋所在地税务机关办理纳税申报，如实填写《房产税纳税申报表》(见表 8-7)。

表 8-7 房产税纳税申报表

填表日期：　　年　　月　　日

纳税人识别号：　　　　　　　　　　　　　　　　　　　　金额单位：元(列至角分)

<table>
<tr><td colspan="3">纳税人名称</td><td colspan="4"></td><td colspan="8">税款所属时期</td><td colspan="3"></td></tr>
<tr><td colspan="2">坐落地点</td><td colspan="2"></td><td colspan="2">建筑面积(m²)</td><td colspan="2"></td><td colspan="7">房屋结构</td><td colspan="3"></td></tr>
<tr><td rowspan="2">上期申报房产原值</td><td rowspan="2">本期增减</td><td rowspan="2">本期实际房产原值</td><td colspan="3">其中</td><td rowspan="2">扣除率%</td><td colspan="3">以房产余值计征房产税</td><td colspan="3">以租金收入计征房产税</td><td rowspan="2">全年应纳税额</td><td rowspan="2">缴纳次数</td><td colspan="3">本期</td></tr>
<tr><td>从价计税的房产原值</td><td>从租计税的房产原值</td><td>免税房产原值</td><td>房产余值</td><td>适用税率1.2%</td><td>应纳税额</td><td>租金收入</td><td>适用税率12%</td><td>应纳税额</td><td>应纳税额</td><td>已纳税额</td><td>应补(退)税款</td></tr>
<tr><td>1</td><td>2</td><td>3=1+2</td><td>4=3−5−6</td><td>5=3−4−6</td><td>6</td><td>7</td><td>8=4−4×7</td><td>9</td><td>10=8×9</td><td>11</td><td>12</td><td>13=11×12</td><td>14=10+13</td><td>15</td><td>16=14÷15</td><td>17</td><td>18=16−17</td></tr>
<tr><td></td><td></td><td></td><td></td><td></td><td></td><td></td><td></td><td></td><td></td><td></td><td></td><td></td><td></td><td></td><td></td><td></td><td></td></tr>
<tr><td></td><td></td><td></td><td></td><td></td><td></td><td></td><td></td><td></td><td></td><td></td><td></td><td></td><td></td><td></td><td></td><td></td><td></td></tr>
<tr><td>合计</td><td></td><td></td><td></td><td></td><td></td><td></td><td></td><td></td><td></td><td></td><td></td><td></td><td></td><td></td><td></td><td></td><td></td></tr>
<tr><td colspan="7">如纳税人填报，由纳税人填写以下各栏</td><td colspan="8">如委托代理人填报，由委托代理人填写以下各栏</td><td colspan="3">备注</td></tr>
<tr><td colspan="3" rowspan="3">会计主管
（签章）</td><td colspan="4" rowspan="3">纳税人
（公章）</td><td colspan="5">代理人名称</td><td colspan="3"></td><td colspan="2" rowspan="2">代理人
（公章）</td><td rowspan="2"></td></tr>
<tr><td colspan="5">代理人地址</td><td colspan="3"></td></tr>
<tr><td colspan="5">经办人姓名</td><td colspan="3"></td><td colspan="2">电话</td><td></td></tr>
<tr><td colspan="18">以下由税务机关填写</td></tr>
<tr><td colspan="3">收到申报表日期</td><td colspan="4"></td><td colspan="2">接受人</td><td colspan="9"></td></tr>
</table>

任务 8.5 车船税会计核算与申报

【任务描述】

1. 确定车船税纳税人和课税对象；
2. 确定计税依据，选择税率，计算应纳税额；
3. 明确纳税地点、纳税期限，正确进行纳税申报；
4. 进行车船税的会计处理。

【教学准备】

1.《中华人民共和国车船税暂行条例》、《中华人民共和国车船税暂行条例实施细则》和车船税其他相关法规；

2. 企业不同情形下车船税的经济业务资料。

【相关知识】

8.5.1 纳税人和征税对象的确定

车船税是指国家对行驶于境内公共道路的车辆和航行于河流、湖泊或者领海的船舶，依法征收的一种税。征收车船税，有利于运用税收经济杠杆，加强对车船的管理和使用，同时通过税收手段集中财力，缓解发展交通运输事业资金短缺的矛盾。

车船税的纳税人是车辆、船舶的所有人或管理人，其中，所有人是指在我国境内拥有车船的单位和个人；管理人是指对车船具有管理使用权，但不具有所有权的单位。上述所称的单位包括国有企业、集体企业、私营企业、股份制企业、外商投资企业、外国企业以及其他企业和事业单位、社会团体、国家机关、军队以及其他单位；所称的个人，包括个体工商户以及其他个人。

一般情况下，拥有与使用车船的单位和个人是同一的，纳税人既是车船使用人，又是车船拥有人。如存在租赁关系，车船拥有人与使用人不一致时则应由租赁双方协商确定纳税人；租赁双方未商定的，由车船的使用人纳税。

从事机动车交通事故责任强制保险业务的保险机构为机动车车船税的扣缴义务人，在销售机动车交通事故责任强制保险时代收代缴车船税。

车船税的课税对象是税法规定的车辆和船舶。车船税的征税范围是依法应在公安、交通、农业等车船管理部门登记的车船，具体分为车辆和船舶两大类。车辆为机动车，即依靠燃油、电力等能源作为动力运行的车辆，包括载客汽车、载货汽车、三轮汽车、低速货车、摩托车、专项作业车和轮式专用机械车。船舶为机动船和非机动驳船，机动船指依靠燃料等能源作为动力运行的船舶，包括客船、货船、气垫船、拖船等；非机动驳船是指依靠其他力量运行的驳船。在机场、港口以及其他企业内部场所行驶或者作业，并在车船管理部门登记的车船，应当缴纳车船税。

8.5.2 车船税的计算

1.计税依据的确定

车船税对各类车船分别以辆、自重吨位和净吨位为计税依据，具体规定如下：

(1)车船税实行从量计税的办法，分别选择了三种单位的计税标准，即辆、净吨位和自重吨位：①采用以辆为计税标准的车辆有载客汽车、摩托车；②采用以净吨位为计税标准的主要是船舶；③采用以自重吨位为计税标准的有载货汽车、专项作业车、三轮汽车和低速货车。

(2)车辆自重尾数在0.5吨以下(含0.5吨)的，按照0.5吨计算；超过0.5吨的，按照1吨计算。船舶净吨位尾数在0.5吨以下(含0.5吨)的不予计算，超过0.5吨的按照1吨计算。1吨以下的小型车船，一律按照1吨计算。

(3)拖船按照发动机功率每2马力折合净吨位1吨计算征收车船税。

(4)客货两用汽车按照载货汽车的计税单位和税额标准计征车船税。

(5)所涉及的核定载客人数、自重、净吨位、马力等计税标准，以车船管理部门核发的车船登记证书或者行驶证书相应项目所载数额为准。纳税人未到车船管理部门办理登记手续的，上述计税标准以车船出厂合格证明或者进口凭证相应项目所在数额为准；不能提供车船出厂合格证明或者进口凭证的，由税务机关根据车船自身状况并参照同类车船核定。

2.税目与税率的选择

车船税实行定额税率，即对征税的车船规定单位固定税额。由于车辆与船舶的行驶情况不同，车船税的税额也有所不同(见表8-8)。

表8-8 车船税税目、税额表

税目	计税单位	每年税额(元)	备注
载客汽车	每辆	60～660	包括电车
载货汽车、专项作业车	按自重每吨	16～120	包括半牵引车、挂车
三轮汽车、低速货车	按自重每吨	24～120	
摩托车	每辆	36～180	
船舶	按净吨位每吨	3～6	拖船和非机动驳船分别按船舶税额的50%计算

国务院财政部门、税务主管部门可以根据实际情况，划分子税目，并明确车辆的子税目税额幅度和船舶的具体适用税额(见表8-9)。车辆的具体适用税额由省、自治区、直辖市人民政府在规定的税额幅度内确定。

表 8-9 车船税子税目、税额表

税目	子税目	计税单位	每年税额(元)	划分标准
载客汽车	大型客车	每辆	480～660	核定载客人数大于或等于 20 人
	中型客车	每辆	420～660	核定载客人数大于 9 人且小于 20 人
	小型客车	每辆	360～660	核定载客人数小于或等于 9 人
	微型客车	每辆	60～480	发动机气缸总排气量小于或等于 1 升
船舶		按净吨位每吨	6	净吨位 10 001 吨及其以上
		按净吨位每吨	5	净吨位 2001 吨～10 000 吨
		按净吨位每吨	4	净吨位 201 吨～2 000 吨
		按净吨位每吨	3	净吨位小于或等于 200 吨

3. 优惠政策的运用

下列车船免征车船税：

(1)非机动车船(不包括非机动驳船)；

(2)拖拉机；

(3)捕捞、养殖渔船；

(4)军队、武警专用的车船；

(5)警用车船；

(6)按照有关规定已经缴纳船舶吨税的船舶；

(7)依照我国有关法律和我国缔结或者参加的国际条约的规定应当予以免税的外国驻华使馆、领事馆和国际组织驻华机构及其有关人员的车船。

此外，省、自治区、直辖市人民政府可以根据当地实际情况，对城市、农村公共交通车船给予定期减税、免税。

4. 应纳税额的计算

车船税应根据不同类型的车船和其适用的计税标准分别计算。

(1)载客汽车和摩托车

应纳税额＝应纳税车辆数量×单位税额

(2)载货汽车、三轮汽车、低速货车和船舶

应纳税额＝应纳税车船的自重或净吨位数量×单位税额

【例 8-9】 通友运输公司拥有载货汽车 40 辆(每辆车自重吨位数 10 吨)，单位税额为 80 元/自重吨；拥有载客汽车 10 辆，其中核定载客人数 30 人的 6 辆，核定载客人数 10 人的 4 辆，大型客车单位税额为 600 元/辆，中型客车单位税额为 500 元/辆，小型客车单位税额为 400 元/辆。计算该公司全年应纳车船税税额。

全年应纳车船税税额＝40×10×80＋6×600＋4×500

＝32 000＋3 600＋2 000＝37 600(元)

8.5.3 车船税的核算

车船税的会计核算应设置“应交税费——应交车船税”科目。该科目贷方登记本期应缴

纳的车船税税额;借方登记企业实际缴纳的车船税税额;期末贷方余额表示企业应交而未交的车船税税额。

核算时,企业按规定计算应交的车船税,借记“管理费用”科目,贷记“应交税费——应交车船税”科目;缴纳车船税时,借记“应交税费——应交车船税”科目,贷记“银行存款”科目。

【例 8-10】 根据例 8-9 资料,进行会计处理。

计算缴纳车船税时:

借:管理费用——车船税　　37 600

　贷:应交税费——应交车船税　　37 600

实际缴纳车船税时:

借:应交税费——应交车船税　　37 600

　贷:银行存款　　37 600

8.5.4 车船税的缴纳

1. 纳税期限

车船税按年申报缴纳。纳税年度,自公历 1 月 1 日至 12 月 31 日止。具体纳税期限由省、自治区、直辖市人民政府确定。

2. 纳税义务发生时间

车船的纳税义务发生时间,为车船管理部门核发的车船登记证书或者行驶证书所载日期的当月。纳税人未到车船管理部门办理登记手续的,以车船购置发票所载开具时间的当月作为车船税的纳税义务发生时间。对未办理车船登记手续且无法提供车船购置发票的,由主管税务机关核定纳税义务发生时间。

3. 纳税地点

车船税由地方税务机关负责征收。纳税地点,由省、自治区、直辖市人民政府根据当地实际情况确定。

跨省、自治区、直辖市使用的车船,纳税地点为车船的登记地。

4. 纳税申报

(1)车船的所有人或管理人未缴纳车船税的,使用人应当代为缴纳车船税。

(2)从事机动车交通事故责任强制保险业务的保险机构为机动车车船税的扣缴义务人,应当依法代收代缴车船税。

(3)机动车车船税的扣缴义务人代收代缴车船税时,纳税人不得拒绝。由扣缴义务人代收代缴机动车车船税的,纳税人应当在购买机动车交通事故责任强制保险的同时缴纳车船税。

(4)扣缴义务人在代收车船税时,应当在机动车交通事故责任强制保险的保险单上注明已收税款的信息,作为纳税人完税的证明。

(5)在一个纳税年度内,已完税的车船被盗抢、报废、灭失的,纳税人可以凭有关管理机关出具的证明和完税证明,向纳税所在地的主管税务机关申请退还自被盗抢、报废、灭失月份起至该纳税年度终了期间的税款。

已办理退税的被盗抢车船,失而复得的,纳税人应当从公安机关出具相关证明的当月起计算缴纳车船税。

(6)纳税人应按照规定及时办理纳税申报,并如实填写《车船税纳税申报表》(见表 8-10)。

表 8-10 车船税纳税申报表

填报日期: 年 月 日

纳税人识别号: 金额单位:元(列至角分)

<table>
<tr><td colspan="2">纳税人名称</td><td colspan="4"></td><td>税款所属时期</td><td colspan="2"></td></tr>
<tr><td rowspan="2">车船类别</td><td rowspan="2">计税标准</td><td rowspan="2">数量</td><td rowspan="2">单位税额</td><td rowspan="2">全年应纳税额</td><td rowspan="2">年缴纳次数</td><td colspan="3">本期贴花情况</td></tr>
<tr><td>应纳税额</td><td>已纳税额</td><td>应补(退)税额</td></tr>
<tr><td>1</td><td>2</td><td>3</td><td>4</td><td>5=3×4</td><td>6</td><td>7=5/6</td><td>8</td><td>9=7−8</td></tr>
<tr><td></td><td></td><td></td><td></td><td></td><td></td><td></td><td></td><td></td></tr>
<tr><td></td><td></td><td></td><td></td><td></td><td></td><td></td><td></td><td></td></tr>
<tr><td></td><td></td><td></td><td></td><td></td><td></td><td></td><td></td><td></td></tr>
<tr><td></td><td></td><td></td><td></td><td></td><td></td><td></td><td></td><td></td></tr>
<tr><td></td><td></td><td></td><td></td><td></td><td></td><td></td><td></td><td></td></tr>
<tr><td>合计</td><td></td><td></td><td></td><td></td><td></td><td></td><td></td><td></td></tr>
</table>

<table>
<tr><td colspan="2">如纳税人填报,由纳税人填写以下各栏</td><td colspan="3">如委托代理人填报,由代理人填写以下各栏</td><td>备注</td></tr>
<tr><td rowspan="3">纳税人
(公章)</td><td>代理人名称</td><td></td><td rowspan="2">代理人
(公章)</td><td rowspan="2"></td><td rowspan="3"></td></tr>
<tr><td>代理人地址</td><td></td></tr>
<tr><td>经办人</td><td></td><td>电话</td><td></td></tr>
<tr><td colspan="6">以下由税务机关填写</td></tr>
<tr><td>收到申报表日期</td><td colspan="2"></td><td>接受人</td><td colspan="2"></td></tr>
</table>

能力测试 8.1 职业能力判断与选择

一、判断题

1. 由受托方代收代缴消费税的,应代收代缴的城市维护建设税按委托方所在地的适用税率计税。 ( )

2. 发生增值税、消费税、营业税减征时，不减征城市维护建设税。（　　）

3. 对应税凭证，凡由两方或以上当事人共同订立的，由当事人协商确定其中一方为印花税纳税人。（　　）

4. 对于多贴印花税票者，可以向当地税务机关申请退税或者抵用。（　　）

5. 同一应税凭证载有两项经济事项，并分别记载金额的，可按两项金额合计和最低的适用税率，计税贴花。（　　）

6. 对城市征收城镇土地使用税不包括其郊区的土地。（　　）

7. 农民在农村开设的商店占地，不缴纳城镇土地使用税。（　　）

8. 对个人按市场价格出租的居民住房，可暂按其租金收入的4%征收房产税。（　　）

9. 宗教寺庙附设的营业单位使用的房产，免征房产税。（　　）

10. 车辆的具体适用税额由省、自治区、直辖市人民政府在规定的税额幅度内确定。（　　）

二、单项选择题

1. 下列情况应缴纳城市维护建设税的是（　　）。

A. 外贸单位进口货物　　B. 外贸单位出口货物

C. 内资企业销售免征增值税货物　　D. 旅行社取得营业收入

2. 纳税人所在地在县城的，其适用的城市维护建设税的税率是（　　）。

A. 1%　　B. 3%　　C. 5%　　D. 7%

3. 对于获准汇总缴纳印花税的纳税人，其汇总缴纳的期限，最长不得超过（　　）。

A. 1个月　　B. 2个月　　C. 3个月　　D. 半个月

4. 市区某公司委托县城内一加工厂加工材料，加工后收回产品时，加工厂为该公司代扣代缴消费税10万元，那么应代扣代缴城市维护建设税（　　）。

A. 5 000元　　B. 7 000元　　C. 3 000元　　D. 1 000元

5. 甲公司向乙公司租入2辆载重汽车，签订的合同规定，汽车总价值为20万元，租期2个月，租金为1.28万元，则甲公司应纳印花税额为（　　）。

A. 3.2元　　B. 12.8元　　C. 60元　　D. 240元

6. 经济落后地区土地使用税的适用税额标准降低幅度为（　　）。

A. 10%　　B. 20%　　C. 30%　　D. 40%

7. 某企业占用土地面积1万平方米，经税务部门核定，该土地税额为每平方米5元，则该企业全年应缴纳土地使用税（　　）。

A. 5万元　　B. 7.5万元　　C. 6.25万元　　D. 60万元

8. 按照房产租金收入计算房产税所适用的税率是（　　）。

A. 12%　　B. 10%　　C. 2%　　D. 1.2%

9. 我国不征收房产税的地方是（　　）。

A. 城市的市区　　B. 县城　　C. 农村　　D. 城市的郊区

10. 下列项目中以"净吨位"为计税单位的是（　　）。

A. 载客汽车　　B. 摩托车　　C. 船舶　　D. 载货汽车

三、多项选择题

1. 对出口产品退还（　　　　）的，不退还已缴纳的城市维护建设税。

A. 增值税　　B. 关税　　C. 营业税　　D. 消费税

2. 城市维护建设税的计税依据有(　　)。

A. 纳税人缴纳的增值税额　　B. 纳税人缴纳的营业税额

C. 纳税人缴纳的消费税额　　D. 纳税人缴纳的所得税额

3. 财产所有人将财产赠给(　　)所书立的书据，免纳印花税。

A. 乡镇企业　　B. 国有独资企业　　C. 社会福利单位　　D. 政府

4. 适用印花税定额税率的有(　　)。

A. 借款合同　　B. 产权转移书据

C. 其他账簿　　D. 权利许可证照

5. 记载资金的账簿，印花税计税依据是(　　)的合计数。

A. 实收资本　　B. 注册资本　　C. 资本公积　　D. 盈余公积

6. 城镇土地使用税的纳税人包括(　　)。

A. 土地的实际使用人　　B. 土地的代管人

C. 拥有土地使用权的单位和个人　　D. 土地使用权共有的各方

7. 下列项目中，税法明确规定免征城镇土地使用税的有(　　)。

A. 市妇联办公楼用地　　B. 寺庙开办的旅店用地

C. 街道绿化地带用地　　D. 个人居住房屋用地

8. 房产税的纳税人有(　　)。

A. 产权所有人　　B. 承典人　　C. 房产使用人　　D. 经营管理人

9. 房产税的计税依据有(　　)。

A. 房产净值　　B. 房产的租金收入　　C. 房产余值　　D. 房产的计税价值

10. 车船税的免税项目有(　　)。

A. 军队自用的车船　　B. 消防车船

C. 游船　　D. 行政单位自用的车船

能力测试 8.2　项目实训

1. 某市区一公司 2008 年 9 月缴纳增值税 100 万元、消费税 20 万元，补交上月应纳消费税 10 万元，计算该公司应缴纳的城市维护建设税和教育费附加并进行会计处理。

2. 甲建筑安装工程公司与某工厂签订了一项金额为 2 000 万元的工程承包合同后，又将其中的 500 万元工程分包给了乙建筑公司，并签订了正式合同。计算甲建筑安装工程公司应纳的印花税并进行会计处理。

3. 某公司 2008 年 5 月开业，领受房产权证、工商营业执照各一件；签订借款合同一份，金额为 100 万元；资金账簿中载明实收资本 500 万元，资本公积 100 万元，其他账簿 12 本。计算该公司应纳的印花税并进行会计处理。

4. 某公司实际占用土地面积 10 000 平方米，其中自办幼儿园占地 1 000 平方米，经当地税务机关核定适用的税额为每平方米 8 元。计算该公司应纳的土地使用税并做相关会计处理。

5.某公司 2008 年 1 月 1 日的房产原值为 2 000 万元，4 月 1 日将其中原价为 500 万元的房产出租给某企业使用，月租金为 5 万元，当地政府规定的扣除比例为 20%。计算该公司当年应纳的房产税并做相关会计处理。

6.某运输公司拥有载货汽车 20 辆(每辆自重吨位数 6 吨)，单位税额为 90 元/自重吨；拥有载客汽车 8 辆，其中核定载客人数 30 人的 5 辆，核定载客人数 9 人的 3 辆，大型客车单位税额为 600 元/辆，中型客车单位税额为 500 元/辆，小型客车单位税额为 400 元/辆。计算该公司全年应纳车船税税额并做相关会计处理。

7.某运输公司 2008 年拥有净吨位 1000 吨的机动船舶 5 艘，拥有净吨位 200 吨的机动船舶 8 艘。计算其应缴纳的车船税税额并做会计处理。

参考文献

1. 梁伟祥.税务会计(第二版).北京:高等教育出版社,2006
2. 梁伟祥.税法(第二版).北京:高等教育出版社,2009
3. 梁伟祥.企业纳税实务.北京:清华大学出版社,2009
4. 盖地.税务会计与纳税筹划(第三版).大连:东北财经大学出版社,2008
5. 盖地.税务会计(第五版). 上海:立信会计出版社,2007
6. 财政部会计司编写组.企业会计准则讲解.北京:人民出版社,2007
7. 全国注册税务师执业资格考试教材编写组. 税法Ⅰ.北京:中国税务出版社,2009
8. 全国注册税务师执业资格考试教材编写组. 税法Ⅱ.北京:中国税务出版社,2009
9. 王碧秀.税务会计.北京:清华大学出版社,2007.
10. 中国注册会计师协会.税法.北京:经济科学出版社,2008
11. 中国注册会计师协会.会计.北京:中国财政经济出版社,2008
12. 傅胜.企业纳税实务.大连:东北财经大学出版社,2008
13. 杨博.纳税模拟.北京:中国人民大学出版社,2004
14. 代义国.小企业纳税实战.广州:广州经济出版社,2008
15. 国家税务总局教材编写组.国税征管实务.北京:中国财政经济出版社,2005
16. 王曙光.税法学.大连:东北财经大学出版社,2006
17. 唐晓.税务会计.北京:机械工业出版社,2007
18. 苏春林.税法及纳税操作.北京:中国人民大学出版社,2004

图书在版编目（CIP）数据

税务会计实务/梁伟祥主编. —杭州：浙江大学出版社，2011. 3
ISBN 978-7-308-08344-7

Ⅰ.①税… Ⅱ.①梁… Ⅲ.①税收会计 Ⅳ.①F810.42

中国版本图书馆 CIP 数据核字（2011）第 000909 号

税务会计实务
梁伟祥 主编
廖翊尧 主审

责任编辑 周卫群
封面设计 联合视务
出版发行 浙江大学出版社
（杭州市天目山路 148 号 邮政编码 310007）
（网址：http://www.zjupress.com）
排　　版 杭州中大图文设计有限公司
印　　刷 杭州浙大同力教育彩印有限公司
开　　本 787mm×1092mm 1/16
印　　张 17.25
字　　数 420 千
版 印 次 2011 年 3 月第 1 版 2011 年 3 月第 1 次印刷
书　　号 ISBN 978-7-308-08344-7
定　　价 30.00 元

浙江大学出版社发行部邮购电话 （0571）88925591